普通高等教育“十三五”规划教材

高等院校物流管理与工程类精品教材系列

现代仓储管理

（第二版）

白世贞　李　腾　主　编

张　静　邓春姊　副主编

科学出版社

北　京

内 容 简 介

本书紧密结合仓储管理的实践，系统介绍了仓储管理的概念及功能等，反映了最新的物流理论与技术。全书共有十一章，内容系统性强，体系编排严谨，每章由导入案例开始、由案例分析结束，借助于配套的数字化资源，方便读者使用。

本书适合高等院校及职业院校物流管理、物流工程等专业的本、专科学生使用，也可作为相关专业研究生的参考用书或物流从业人员的培训资料。

图书在版编目(CIP)数据

现代仓储管理/白世贞，李腾主编. —2版. —北京：科学出版社，2016
（普通高等教育“十三五”规划教材/高等院校物流管理与工程类精品教材系列）

ISBN 978-7-03-048839-8

Ⅰ. ①现… Ⅱ. ①白… ②李… Ⅲ. ①仓库管理—高等学校—教材 Ⅳ. ①F253.4

中国版本图书馆CIP数据核字（2016）第134282号

责任编辑：任锋娟　赵　茜 / 责任校对：王万红
责任印制：吕春珉 / 封面设计：东方人华平面设计部

科学出版社出版
北京东黄城根北街16号
邮政编码：100717
http://www.sciencep.com

北京虎彩文化传播有限公司印刷
科学出版社发行　各地新华书店经销
*
2010年6月第一版　开本：787×1092　1/16
2016年6月第二版　印张：18
2018年7月第七次印刷　字数：410 000

定价：41.00元

（如有印装质量问题，我社负责调换〈虎彩〉）
销售部电话 010-62136230　编辑部电话 010-62135741（HF02）

出 版 说 明

物流产业是物流资源产业化而形成的一种复合型或聚合型产业。物流资源包括运输、仓储、装卸、搬运、包装、流通加工、配送、信息平台等八大类业务资源，每一种业务资源又可细分为多种资源，如运输又包括铁路、公路、水运、航空、管道五种运输资源。八大类业务资源产业化就形成了运输业、仓储业、装卸业、包装业、物流加工业、配送业、物流信息服务业等，分散在多种领域，包括制造业、农业、流通业等，把产业化的物流资源加以整合，就形成了专门从事物流服务的、规模庞大的国民经济支柱产业——物流产业。

物流产业在国民经济中涉及的领域非常宽广，链接各个经济主体，并使之成为一个有机的系统，其发展程度是衡量一个国家现代化程度和综合国力的重要标志之一。物流产业在国民经济中起到促进生产和拉动消费的重要作用。随着我国经济的高速发展，现代物流产业在促进我国产业结构调整、转变经济发展方式和增强国民经济竞争力等方面，都发挥着重要作用。而在国际上，物流产业一直被认为是国民经济发展的动脉和基础产业，被喻为促进经济发展的“加速器”。

随着科技的发展和社会的进步，特别是在信息技术、互联网技术、自动化技术等多种高新技术武装的现代物流产业，产生了新的行业变革，降低了物流成本，提高了服务水平和企业经济效益，对于优化社会生产力布局和资源配置，改善投资环境、促进全球经济一体化的发展，发挥了无可替代的作用。目前，中国经济在全球经济发展中的地位越来越重要，中国正在快速融入全球的供应链体系中，中国物流行业需要更多具备国际化视野、能够参与全球供应链整合的高端人才。

为了满足社会发展对物流人才的需求，根据《国家中长期教育改革和发展规划纲要(2010～2020年)》规划，结合教育部最新的《物流管理与工程类专业教学质量国家标准》，科学出版社组织全国高校一线任课教师召开了教材建设研讨会、立体化数字资源建设研讨会，在北京市科技计划专项课题“面向移动学习的交互式知识服务系统研发”研究基础上对原有物流管理类教材系列进行了重新规划、修订，最终形成了一套创新教材，即“高等院校物流管理与工程类精品教材系列”。本系列教材突出了优质、立体教学资源的配套建设特点，可为广大院校在“十三五”期间的教学改革提供有力的支撑。

本系列教材主要包括《现代物流管理》《物流英语》《现代仓储管理》《采购管理实务》《供应链管理》《运输与配送管理》《物流管理信息系统》《电子商务物流管理》《企业物流管理》《第三方物流管理》《国际物流学》《物流工程》《物流运筹学》《现代物流设施与设备》《物流工程系统规划与设计》《物流成本分析与控制》等，主要体现了以下特点：

1）根据教育部最新版《物流管理与工程类专业教学质量国家标准》编写。

2）激发学生学习主动性，包含多种拓展学习资料。

3）数据、案例与时俱进，选用最近几年有影响力的案例。

4）配套资源立体化，读者可通过扫描书中二维码免费获取多种类型的学习资源，主要包括：数据、案例资料（同步最新数据、精彩案例）；直观呈现业务流程、操作步骤的视频资料；三维立体工艺过程仿真视频；课程讲解、扩展资源的音频资料；知识点讲解的微课、课程录像等教学配套资源。

以上资料会不断进行补充、完善和更新，望读者多提宝贵意见，帮助我们不断提高，希望所做的这些工作能为物流管理与物流工程类专业建设以及物流产业的发展产生应有的价值。

高等院校物流管理与工程类精品教材系列编委会

2016年3月

第二版前言

本书第一版自 2010 年出版以来，得到了读者的广泛认可，取得了不错的销售成绩和良好社会反响。6 年来，本书的部分内容已经不能适应现实需要，因此第二版对部分理论内容和大部分案例进行了修订与更新，特别借鉴和吸收了国内外最新仓储管理理论和实践，同时进行了相关立体资源的建设，以期进一步丰富全书内容，辅助读者阅读。

仓储活动是商品流通中不可缺少的重要环节，对于任何物流企业都具有重要意义。仓储管理的研究范围十分广泛，具体包括两大方面：一是“仓”，即各种类型的仓库的管理活动，其内容包含仓库的选址、仓库规模的确定、仓库的布置与布局等；二是“储”，即储存，包含货物的入库作业、出库作业，以及仓储期间物品的储存规划、商品养护等内容。

仓储是物流管理的重要环节，本书作为物流管理的专业书籍，注重理论与实践相结合，每章中设计了学习目标、导入案例、阅读资料、知识拓展和案例分析等栏目。本书共分十一章，第一章主要介绍仓储的发展历史、仓储的地位与作用、仓储管理概述；第二章主要介绍仓库的基本知识、仓库储存设备、装卸搬运设备、分拣设备等；第三章主要介绍仓库的选址设计、仓库的规模设计、仓库的布局设计、仓库仓储规划等；第四章主要介绍仓储商务管理概述、仓储合同及仓单的相关知识等；第五章介绍仓储作业管理，包括仓储作业流程、仓储组织，以及入库、在库及出库 3 个典型仓储作业；第六章介绍商品养护管理，盘点和呆废料管理；第七章介绍商品库存管理，包括典型库存控制方法及供应链下的库存控制方法；第八章介绍装卸搬运管理、装卸搬运方法的选择、装卸搬运系统的分析与设计、装卸搬运合理化等；第九章介绍仓库安全管理及仓储作业安全管理等；第十章介绍仓库绩效管理概述、仓库绩效指标管理和仓库绩效管理过程等；第十一章主要介绍现代化的仓储管理，包括仓储信息化管理、客户化仓储管理、物联网技术与仓储管理、大数据技术与仓储管理等内容。

本书由哈尔滨商业大学白世贞、李腾担任主编，由张静、邓春姊担任副主编。其中，白世贞负责全书统筹及审稿，第一章由邓春姊编写，第二、三、五、六、七、十一章由李腾编写，第四、八、九、十章由张静编写，付秀琴、胡晓秋、吴雪艳、王俊雷等负责前期资料收集和整理。编者在编写本书的过程中借鉴了国内外多位专家的观点、论文以及资料，在此表示感谢。

由于编写时间仓促，加之编者水平有限，书中难免有疏漏和不妥之处，敬请广大读者、专家不吝赐教，以便进一步修订完善。

编　者

2016 年 5 月

第一版前言

随着市场经济发展的加快，市场竞争也日趋激烈，物流行业得到了快速发展，作为现代物流的一大支柱——仓储管理也越来越受到制造商、分销商、零售商等各类企业的重视。仓储活动是商品流通中不可缺少的重要环节，对于任何物流企业都起着重要作用。仓储管理的研究范围十分广泛，具体包括两大方面：一是“仓”，即各种类型的仓库的管理活动，其内容包含仓库的选址、仓库规模的确定、仓库的布置与布局等；二是“储”，即储存，包含货物的入库作业、出库作业以及仓储期间物品的储存规划、商品养护等内容。

仓储是物流管理的重要环节，本书作为物流管理的专业书籍，注重理论与实践相结合，每章中设计了学习目标、学习要点、导入案例、阅读资料、知识拓展和案例分析等栏目。本书共分十章：第一章主要介绍仓储的发展历史，仓储的地位与作用，仓储管理概述，仓储业务流程、绩效管理及仓储组织；第二章主要介绍仓库的基本知识，仓库储存设备，仓库装卸搬运设备，分拣系统等；第三章主要介绍仓库的选址设计，仓库的规模设计，仓库的布局设计等；第四章主要介绍仓储商务管理概述，仓储合同及仓单的相关知识等；第五章介绍入库管理，出库和发运管理；第六章介绍商品养护管理，盘点和呆废料管理，商品库存管理等内容；第七章介绍装卸搬运概述，装卸搬运方法的选择，装卸搬运系统的分析与设计，装卸搬运合理化等；第八章介绍仓库安全管理及仓储作业安全管理等；第九章介绍仓库绩效管理概述，仓库绩效指标管理和仓库绩效管理过程等；第十章主要介绍仓储信息化管理，客户化仓储管理，仓储成本管理，仓储增值业务管理等内容。

本书具体的编写分工如下：第一章由白世贞编写，第二～六章、第八章、第十章由刘莉编写，第七章由胡云峰、潘尤兴编写，第九章由金燕波编写。本书在编写的过程中借鉴了国内外多位专家的观点、论文以及资料，在此表示感谢。

由于时间仓促，本书难免有不足之处，敬请各位读者批评指正。

编　者

2010年5月

目　录

第一章　现代仓储管理概述

学习目标

- 理解仓储的性质、作用和仓储管理的相关知识，包括仓储管理的含义和功能。
- 掌握仓储管理的内容和模式。
- 熟练掌握仓储与仓储管理的联系与区别。

导入案例

富日物流仓储管理的改进

不论是在流通领域还是在制造领域，仓储管理都起着不可忽视的重要作用，仓储环节集中了上下游流程整合的所有矛盾，仓储设备配置及管理效率在很大程度上影响着企业乃至整个供应链的操作成本，提高仓储管理水平对企业运营管理、客户关系改善至关重要。

杭州富日物流有限公司（以下简称“富日物流”）是在原杭州富达运输公司基础上，于2001年投资建立的一家现代第三方物流企业。富日物流已建成30万平方米的常温带月台式物流中心，并已全部投入使用，现在公司已为可口可乐、金光纸业、康师傅、科龙电器、朝阳轮胎等200多家制造商提供物流服务。富日物流的商业模式是基于配送的仓储服务，制造商或批发商把货品存放在富日物流的仓库里，然后根据店面的需求，用小车配送到零售店。富日物流为客户提供仓储、配送、装卸、加工、代收款、信息咨询等物流服务，利润来源包括仓租费、物流配送费、流通加工服务费等。

月雅库区是富日物流四大库区之一，也是最早建成的库区。当时由于资金和技术等方面的原因，该库区建设得不是很完备。经过近10年的使用，月雅库区的问题愈发明显，越来越满足不了公司的发展需求。富日物流月雅库区的仓库全都是平面仓，仓库储位规划不合理，库内搬运工作采用托盘和叉车进行，少量采用人工搬运，工作效率低、劳动力成本耗费高。富日物流的信息化一直处于比较原始的阶段，只有简单的单机订单管理系统，以手工处理单据为主。仓库硬件条件及信息化水平严重制约了富日物流的业务发展。

针对现有库房条件落后、存储混乱、信息化水平较低等问题，富日物流提出了针对性措施。

1）采取随机库位与固定库位结合的方式。对各供应商库存区采用固定库区，而同一供应商产品库位采用随机库位法储存，这样，既有利于提高仓储空间利用率，也有利于出库时及时、准确地寻找到目标商品。

2）借助托盘货架合理规划存储空间。尽可能提高仓储空间利用率，货物托盘化堆垛后，采用货架式储存。对单个品项储货量大的货物采用驶入式托盘货架；对品项多、储量小、托盘货物高度差异大的货物采用可调式托盘货架；对一些重量较轻、体积不大的货物采用移动式托盘货架，以此提高仓储空间利用率。

3）库内作业要匹配相应的搬运设备。库内存货设备与取货设备以电动前移式托盘叉车为主，并根据货架高度，也可匹配一定量的臂式堆高机，对重量大的货物，可采用平衡式燃油叉车；库内水平移动设备以座驾式电动叉车（距离长）、自走式电动叉车（距离短）为主，并配一定量的手动托盘叉车；分拣设备以多层分拣车为主，并配少量的（根据货架高度）高位分拣机。

4）提升整体的物流信息管理水平。富日物流除了开发符合其自身业务特点的物流信息化管理系统外，还积极采用基于射频识别技术的配送中心解决方案，该方案由多套射频识别系统、中间件、数据库系统以及仓库管理系统组成，用以帮助企业提升物流信息技术整体水平。

（资料来源：吴群．2014．物流案例分析．北京：北京大学出版社．）

第一节　仓储的发展历史

一、仓储的产生

所谓仓储，是指通过仓库对物资进行储存和保管。物资的储存和运输是随着社会化大分工和商品交换而逐渐产生和发展起来的。在商品流通中，仓储是很重要的一个环节，同时也是支持物流系统的重要支柱。

人类自从有了剩余产品，仓储就应运而生。随着生产力的发展，也就产生了专门的储存产品的场所和条件，于是慢慢形成了诸如“窖穴”这样的词汇。它们多在居住区的密集处，与房屋相互交错在一起，所以是仓库的雏形。仓是指专门藏谷的地方，库是指存放物品的地方，故把储存和保管物资的建筑物叫作“仓库”。

随着生产规模和生产能力的发展，越来越多的商品投入流通领域，仓库的需求量越来越大，所以仓库在数量上得到了迅速的增长。

知识拓展

仓储业是专为他人储藏、保管货物的商业营业活动，是现代化大生产和国际、国内商品流转中一个不可或缺的环节。到目前为止，仓储业的作用有输送、保管、配送、理货，发展的趋势是连接起生产和销售。

二、仓储的发展

仓储的发展很快，每个地域呈现不同的趋势。

（一）美国仓储业的发展

美国仓储业有以下几个基本特点。

1）美国的仓储业社会化水平较高，已成为一个相对独立的行业，在一些大型仓储公司中，一个仓库就是一个配送中心。

2）美国仓储业普遍推行系统化、程序化、现代化的管理，从而使仓储系统运行达到高效率、高效益。

3）美国仓储业高度重视服务质量，实现全方位客户服务。

4）美国仓储业的人员素质较高，非常重视人力资源管理。

基于上述特点，美国仓储业的水平随着物流业的发展而不断发展。

（二）日本仓储业的发展

日本仓储业的特点是由于资源缺乏，因此特别重视仓库的建设，而且现代化程度较高。在仓储经营方面，越来越多的日本仓储企业在从事拆、分、拼装商品等多种经营业务，并出现众多的为生产企业和商业连锁网点服务的配送中心，使各部门自备仓库中的货物存储量大大地减少。

日本非常重视仓储业运作水平的提高。伴随着仓储设施的改进，利用便捷的信息交换系统进行信息传递是不可或缺的。电子数据交换（electronic data interchange，EDI）系统，使得信息传递在准确性和便捷性方面取得了更大的发展。为了满足客户的需要，现在已开发出了一种标准的物流电子数据交换系统，以实现仓储业的信息传递。

（三）中国仓储业的发展

中国仓储业的发展历史大致经历了下列4个阶段。

1. 中国古代仓储业

中国古代商业仓库是随着社会分工和专业化生产的发展而逐渐形成和扩大的。随着社会分工的进一步发展和商品交换的不断扩大，专门储存商品的“窖穴”逐渐成为带有企业性质的商业仓库。

2. 中国近代仓储业

随着商品经济的发展和商业活动范围的扩大，中国近代仓储业得到了相应的发展。中国近代商业仓库叫作“堆栈”，即指堆存和保管物品的场地和设备。堆栈业与交通运输业、工商业以及与商品交换的深度和广度关系极为密切。当时的堆栈业主要在东南沿海地区发展。

3. 新中国成立初期的仓储业

新中国成立以后，政府改造了旧中国留下来的仓库。当时采取对口接管改造的政策，例如，铁路仓库、港口仓库由交通运输部门接管，物资部门的仓库由全国物资清理委员会接管，私营库由商业部门对口接管改造等。

同时，根据社会主义计划经济的需要，国家对重要的工业品生产资料，逐步实行与生活资料不同的管理方法，即计划分配制度。

在这一阶段，无论仓库建筑、装备，还是装卸搬运设施，都有很大发展，是旧中国商业仓库无法比拟的。

4. 仓储业现代化发展阶段

中国在一个较长时期里，仓库管理存在很多弊端。仓储企业一直属于劳动密集型企业，因此，仓库中大量的装卸、搬运、堆码、计量等作业是由人力完成的。仓库不仅占用了大量的劳动力，而且劳动强度大、劳动条件差，特别是在一些危险品仓库，还极易发生中毒等事故。此时，人工作业的劳动效率低下，库容利用率不高。

改建旧式仓库，增加设备的投入，配备各种装卸、搬运、堆码等设备，减轻工人的劳动强度，改善劳动条件，提高仓储作业的机械化水平，建设具有先进技术水平的现代化仓库，这些事情刻不容缓，只有这样才能彻底改变仓库管理的落后状态。

随着世界经济发展和科学技术的突飞猛进，仓库的性质发生了根本性变化，从单纯地进行储存保管货物的静态储存一跃进入了多功能的动态储存新领域，成为生产、流通的枢纽和服务中心。特别是大型自动化立体仓库的出现，使仓储技术上了一个新台阶。中国仓储业进入了自动化的新阶段。

第二节 仓储的性质、地位与作用

一、仓储的性质

从生产性和非生产性而言，仓储活动是生产性的。仓储的性质可以从以下几个方面看出。

1. 仓储是社会再生产过程中不可缺少的一环

因为产品的使用价值只有在消费中才能实现，所以只有当产品进入消费领域后才算产品生产过程的终结。而产品要经过运输和储存才能从生产领域到达消费领域，所以仓储是社会再生产过程的中间环节。

2. 商品仓储具有生产三要素

商品仓储具有生产三要素，分别是：①劳动力，即仓库作业人员；②劳动资料，即各种仓库设施；③劳动对象，即储存保管的物质。

3. 商品仓储的某些环节是生产过程的组成部分

商品仓储中的某些环节实际上已经构成生产过程的一个组成部分。商品仓储活动具有生产性质，但它与一般的物质生产活动相比有所不同，主要表现在以下几个方面。

1）商品仓储活动消耗的物化劳动和活劳动只是保持或延续其使用价值。

2）商品仓储活动的产品，虽然无实物形态，但是却有实际内容，即仓储劳务。

3）商品经过储存保管使用价值不变，但其价值增加。在仓储活动中，还要消耗一定数量的原材料和有适当的机械设备相配合，这部分消耗和设备的磨损要转移到库存商品中去，构成其价值增量的一部分。

4）仓储劳务，其生产过程和消费过程是同时进行的，既不能储存也不能积累。

4. 仓储的分类

仓储的分类如表 1.1 所示。

表 1.1　仓储的分类

分类方法	种类	分类方法	种类
按仓储经营主体划分	企业自营仓储	按仓储功能划分	储存仓储
	商业营业仓储		物流中心仓储
	公共仓储		配送仓储
	战略储备仓储		运输转换仓储
按仓储物的处理方式划分	保管式仓储	按仓储对象划分	普通物品仓储
	加工式仓储		特殊物品仓储
	消费式仓储		

二、仓储的地位

仓储过程是物流管理中最为重要的环节，也是必不可少的环节。下面讨论的是仓储在物流管理中的地位。

1. 仓储在物流操作中的地位

（1）运输整合和配载

运输的费用率随着运量的增大而减少，所以大批量运输是节省运费的有效手段。将连续不断产出的产品集中成大批量运输，可以减少仓储和运输成本。

在运输整合中还可以对商品进行成组、托盘化等作业，提高运输作业的效率。运输服务商也可以通过在仓储中整合众多小批量的托运货物，进行合并运输和运输配载，以便充分利用运输工具，降低物流成本。

（2）产品分拣和产品组合

仓储的整合作用适用于在不同产地生产的系列产品，在仓库整合成系列体系，向销售商供货。生产商对于众多的零配件，要把分散的供应商的供应品送到指定的仓库，由仓库进行虚拟配装组合，再送到生产线上进行装配。

（3）流通加工

将产品从生产环节转移到物流环节中进行的作业安排称为流通加工。由于仓储中物资处于停滞状态，适合在仓储中进行流通加工，既不影响商品的流通速度，又能实现产品及时满足市场消费变化的需要和不同客户的需要。

（4）平衡生产和保证供货

许多产品具有季节性销售的特性，如果都在销售高峰前才组织大批生产，这样会耗费大量的劳动成本，显然不可能。一定时间的持续经济生产的产品通过仓储的方式储存，能在销售旺季集中向市场供货，并通过仓储点的妥善分布实现及时向所有市场供货。

对于一般商品、生产原材料适量地进行安全储备，是保证生产稳定进行和促进销售的重要手段。

（5）存货控制

存货控制就是对仓储中的商品存量进行控制的工作，并且是对整个供应链的仓储存量控制。仓储存货控制包括存量控制、补充控制、仓储点安排、出货安排等工作。

2. 仓储在物流成本管理中的地位

仓储不仅是物流成本的组成部分，也是从整体上对物流成本实施管理的控制性环节。仓储成本的降低直接实现物流成本的降低。优良的仓储管理，准确的数量控制，对商品实施有效的保管和养护，会大大减少风险成本。

合理和准确的仓储会减少商品的换装、流动，减少作业次数，采取机械化和自动化的仓储作业，都有利于降低作业成本。

3. 仓储是物流增值服务功能的实现环节

产品销售的增值主要来源于产品质量的提高、功能的扩展、及时性的时间价值、削峰平谷的市场价值、个性化服务的增值等。

众多的物流增值服务在仓储环节进行，通过加工，可提高产品质量、改变功能，实现产品个性化；通过仓储的时间控制，使生产节奏与消费节奏同步，实现物流管理的时间效用的价值；通过仓储的商品整合，开展消费个性化的服务等。

三、仓储的作用

仓储的作用集中体现在以下 3 个方面。

1. 仓储活动是社会再生产顺利进行的必要条件

及时、齐备、按质、按量供应生产需要的物资是确保社会再生产顺利进行的必要条件。

2. 仓储活动是保持库存商品原有使用价值和合理使用的重要手段

当产品生产出来但尚未进入消费领域时，商品由于自身的性质和所处的条件，都可能使其在数量上减少、质量上降低。因此，必须进行科学管理，加强对商品的养护，搞好仓储活动，以保护好处于暂时停滞状态的商品的使用价值。

同时，在仓储过程中，努力使商品流向合理，做到合理分配、合理供料，提高工作效率，使有限的商品资源发挥最大的效用。

3. 仓储活动可以加快商品周转速度，节约流通费用，降低物流成本，提高经济效益

仓储活动对整个社会再生产，对国民经济各部门、各行业的生产经营活动的顺利进行，都有着巨大的作用。

仓储活动必然要消耗一定的物化劳动和活劳动，尽管这些合理费用的支出是必要的，但由于它不能创造使用价值。因此，在保证商品使用价值得到有效保护，有利于社会再生产顺利进行的前提下，费用支出越少越好。

搞好商品的仓储活动，既可以减少商品在仓储过程中的物质耗损和劳动消耗，也可以加速商品的流通和资金的周转，从而节省费用支出，降低物流成本，开拓“第三利润源泉”，提高社会效益和企业效益。

 **阅读材料**

《2015 中国仓储业蓝皮书》前言

2014 年是贯彻落实党的十八届三中全会精神、全面深化改革的第一年，也是加快行业结构调整，推进转型升级的重要一年。一年来，政府主管部门、行业协会与广大仓储企业围绕仓储业转型升级、培育行业核心竞争力做了大量工作、取得了新的成绩，呈现以下突出特征。

1）国家《物流业发展中长期规划》、《关于促进商贸物流发展的实施意见》等重要文件的出台，对仓储业发展提出许多新任务、新要求。相关主管部门在商贸物流标准化、担保存货管理规范化、中药材现代物流体系建设等方面提出指导性意见。未来 3 年，国家将围绕仓储业法规建设、仓储建设用地、绿色仓储、减轻企业税负、加强仓储标准化与行业监管等方面陆续研究出台相关具体政策。

2）在经济发展新常态、电子商务快速发展、国家三大区域经济发展战略等大背景下，仓储业投资增速较往年放缓，电商仓储设施以及二、三线城市仓储网点成为投资热点，企业经营成本与收入同步增长，效益略有下降。为了适应新的形势与需求，仓储企业围绕城市共同配送、托盘循环共用、生产制造企业供应链整合与延伸、电子商务的快速发展、线上线下交易的物流整合等，转变经营理念、完善服务功能、创新服务模式，仓储业转型升级呈现良好态势。

3）仓储标准化与一些专业仓储出现可喜变化。新颁布 4 项行业急需的仓储标准，研究提出仓储标准体系。中药材现代物流体系破题，商务部发布指导意见，未来在全国规划建设 25 个仓储基地。存货融资业务下降，金融仓储进入调整、规范阶段，有关部门就防范存货融资风险与规范担保存货管理形成政策性共识。自助仓储快速发展，网点发展到二、三线城市。行业协会举办“首届中国绿色仓储与配送大会”，发布《中国绿色仓储配送发展报告》，“中国绿色仓储与配送行动计划”得到众多企业响应。

（资料来源：http://www.caws.org.cn.）

第三节　仓储管理的内涵

一、仓储管理的含义

仓储管理是对仓库及仓库内的物资所进行的管理，是仓储机构为了充分利用拥有的仓储资源，提供高效的仓储服务所进行的计划、组织、控制和协调过程。具体来说，仓储管理包括仓储资源的获得、仓库管理、经营决策、商务管理、作业管理、仓储保管、安全管理、人力资源管理、财务管理等一系列管理工作。从广义上看，仓储管理是对物流过程中货物的储存以及由此带来的商品包装、分拣、整理等活动进行的管理。仓储管理是一门经济管理科学，同时涉及应用技术科学，故属于边缘性学科。

二、仓储管理的功能

仓储管理系统是一个企业或地区的物流系统中不能缺少的子系统。仓储管理可以在合适的时间和地点为客户提供适当的产品，可以提高产品的时间效用和空间效用。

仓储管理的功能主要表现在以下几个方面。

1. 降低运输成本、提高运输效率

在销售物流方面，企业将各个工厂的产品大批量运到市场仓库，然后根据客户的要求，小批量运到市场或客户；在供应物流方面，企业分别从多个供应商小批量购买原材料并运至仓库，然后将其拼箱并整车运输至工厂，可以大大降低运输成本，提高运输效率。

2. 进行产品整合

企业的一个产品线包括了数十种不同的产品，仓储企业可以根据客户要求，先将产品在仓库中进行配套、组合，然后运往各地客户，而直接从不同工厂订货将导致不同的交货期。

3. 使物品在效用最高的时候发挥作用

生产和消费之间存在时间或空间上的差异，仓储可以提高产品的时间效用，调整均衡生产和集中消费或均衡消费和集中生产在时间上的矛盾。

4. 支持企业的销售服务

仓库合理地靠近客户，使产品适时地到达客户手中，将会提高客户的满意度并扩大企业销售。

5. 监督供应商和承运人

储存活动出现在再生产过程的各个领域和各个环节，始终发挥承上启下的作用。仓库通过对到库物品进行验收，对供应者的产品质量和承运者的服务质量进行监督，拒绝不合格产品进入；同时，还可以通过出库业务管理对生产企业消耗定额等的执行进行监督。

另外，仓储管理可以对物料、半成品和成品的进仓、出仓进行管制，对成品进行分类、整理和保管，还可以确保库存记录的正确性，仓储工作现场的安全性，并且控制仓储成本。

三、仓储管理的基本原则

仓储管理具有复杂性，因此要遵循以下几项基本原则。

1. 效率原则

效率是指在一定劳动要素投入量时的产品产出量。高效率意味着较小的劳动要素投入和较高的产品产出。高效率是现代生产的基本要求。仓储的高效率表现为仓容利用率高、货物周转率高、进出库时间短、装卸车时间短等。

效率管理是仓储生产管理的核心，其目的是在获得最大的产品产出的同时实现最小的劳动要素投入。效率是仓储管理的基础，没有生产的效率，就不会有经营的效益，就无法开展优质的服务。

高效率还需要有效管理过程的保证，包括现场的组织、督促，标准化、制度化的操作管理，严格的质量责任制的约束。

2. 经济效益的原则

注重经济效益是仓储管理的重要原则。作为市场主体的仓储企业，应围绕获得最大经济效益的目的进行组织和经营，但也需要承担部分的社会责任，履行环境保护、维护社会安定、满足社会不断增长的需要等社会义务，实现生产经营的社会效应。

3. 服务的原则

仓储定位、仓储具体操作、对储存货物的控制都围绕着服务进行，因此服务是贯穿仓储管理的一条主线，仓储活动本身就是向社会提供服务产品。

仓储服务水平与仓储经营成本有着密切的相关性，两者互相对立。服务好，成本高，收费则高。仓储管理就是在降低成本和提高（保持）服务水平之间保持平衡。

仓储企业进行服务定位的策略：在引起竞争时期的定位策略是高服务、低价格且不惜增加仓储成本；在积极竞争时期的定位策略是用一定的成本实现较高的仓储服务；在稳定竞争时期的定位策略是提高服务水平，争取成本不断降低；在已占有足够的市场份额处于垄断竞争时期的定位策略是服务水平不变，尽力降低成本；在退出阶段或完全垄断时期的定位策略是大幅降低成本，同时降低服务水平。

4. 维护品质的原则

仓储的设计应当考虑温度、光线、湿度等自然因素对产品的影响，有效储存期间及其保证，物料搬运的便利性与安全性等诸多方面的影响，目的是为了实现维护商品品质的原则。

5. 降低成本的原则

物料存量过少，生产线易于停顿而造成损失；物料存量过多，则造成过高的物料储存成本。因此，仓储作业应把握成本管理控制原则。

四、仓储管理的内容

仓储管理的对象是“一切库存物资”，管理的手段既有经济的，也有纯技术的，具体包括以下几个方面。

1）仓库的选址与建筑问题。仓库的选址与建筑问题包括仓库的选址原则、库内运输道路与作业的布置、仓库建筑面积的确定等。

2）仓库机械作业的配置与选择问题。仓库机械作业的配置与选择问题包括如何根据仓库作业特点和储存物资的种类及其理化特性，选择机械装备及应配备的数量，并对这些机械进行管理等。

3）仓库的业务管理问题。仓库的业务管理问题包括如何组织物资入库前的验收，如何存放入库物资，如何对在库物资进行保管保养、发放出库等。

4）仓库的库存管理问题。仓库的库存管理问题包括如何满足企业生产需求状况，储存合理数量的物资，既不致因为储存过少引起生产中断造成损失，又不致因为储存过多占用过多的流动资金等。

此外，仓库业务考核问题，新技术、新方法在仓库管理中的运用问题，仓库安全与消防问题等，都是仓储管理涉及的内容。

五、中国现代仓储业的发展趋势

我国仓储业发展的方向应为充分利用已具有的仓储资源，实现仓储社会化；提高仓储效率，促进仓储业分工发展，实现仓储功能专业化；提高物流效率，使仓储业满足社会生产发展，实现仓储标准化；提高仓储自身效益，实现仓储及仓储管理的现代化。我国仓储未来的发展趋势表现在以下几方面。

1. 仓储经营主体化

目前，我国仓库利用率不高、作业条件差、缺乏自身发展能力，其主要根源在于仓储业长期存在条块性的分割、处于附属的地位、产权及企业体制的约束等。我国仓储业要通过市场化资源配置及企业重组等手段，按照“产权明晰、权责明确、政企分开、管理科学”的原则进行现代企业改造，建立科学先进的企业管理结构，真正成为自主经营、自负盈亏的市场竞争主体，唯其如此，才能彻底改变自身的不良状况，进一步发展壮大。

2. 功能专业化

社会化分工是生产力发展的必然结果，又是促进生产力发展的动力。我国仓储业的低水平重复建设和功能相互接近的现状，只有通过分工和专业化的发展才能加以改变。社会对仓储的需要也同对其他社会资源的需要一样，向着专业化、特性化、功能化、个性化的方向发展。同时，仓储业内部在市场竞争中也只有通过专业化的发展，充分利用企业资源为用户提供个性化、差异化的产品，才能提高经济效益、形成竞争优势。

3. 仓储信息化和信息网络化

仓储信息化和信息网络化对现代仓储企业显得尤为重要。仓储信息化管理包括应用计算机和相关信息输入/输出设备，对货物进行识别、理货、入库、存放、出库等管理，进行账目处理、结算处理，提供适时的查询，进行货位管理、存量控制，制作各种单证和报表，甚至进行自动控制等。对于存量巨大、存货品种繁多的物流中心和配送中心，要提高仓库利用率，保持高效率的货物周转，实施精确的存货控制，没有计算机的信息管理和处理是不可想象的。因此，仓储要提高效率、减少损耗、降低成本，就必须实现信息化。

仓储信息网络化是指在仓库、厂商、物流管理者、物资需求者、运输工具之间建立有效的信息网络，实现仓储信息共享，通过信息网络控制物流。仓储是企业存货管理的核心环节，企业生产、经济的决策需要仓储及时和准确地反映存货信息，只有在充分掌握物质的储备、存量、存放地点、消费速度的情况下，才能进行准确的生产和经营决策。有效的物流管理是建立在对物流的实时控制和支配的基础上的，管理的决策应及时到达仓库，由仓库对物流进行控制和组织。

知识拓展

电子商务仓储

伴随计算机科学技术与全球经济一体化的发展，电子商务作为现代管理和交易的重要手段异军突起。电子商务是一个集信息流、商流、资金流、物流于一体的贸易过程，前三种“流”都可以通过网络和计算机快速实现，而物流则是整个电子商务实现过程中必不可少的实物流环节。长期以来，物流始终是制约电子商务发展的瓶颈环节，物流水平决定了电子商务的最终成败，高水平的物流服务能够提高电子商务的效率与效益。

仓储物流是物流体系中至关重要的环节，在物流成本中占据了相当大的比重，在电子商务发展中发挥着不可取代的作用。电子商务仓储物流是网络经济和现代物流一体化的产物，既要实现传统的仓储功能，又要满足电子商务发展的需要。企业选择适合自己的电子商务仓储物流模式，可以降低经营成本、提高客户响应速度与客户满意度。因而，研究电子商务仓储物流的模式并选择适合企业自身发展的模式，成为电子商务企业发展的重中之重。

扫一扫：电子商务仓储特点

4. 仓储机械化和自动化

随着生产技术的发展，生产机械化已是社会生产的基本要求。机械具有承重能力强、工作时间久、效率高、损害低等众多的优势。仓储作业大都负荷重、量大、时间紧、环境恶劣，存在着众多系统性安全隐患，因而仓储机械化是仓储发展的必然趋势，仓储通过机械化可尽量少使用人力作业，而加大作业集成度，减少人身伤害和货物损害，同时提高作业效率。因此，随着货物运输包装的大型化、托盘化的发展，仓储也必然需要机械化作业。

仓储自动化是指由计算机来管理和控制仓库的技术。在自动化仓库中，货物的作业控制、环境管理等仓储工作通过信息管理、条形码、扫描技术、射频通信、数据处理等技术指挥仓库堆垛机、传送带、自动导引车、自动分拣机等自动设备来自动控制空调、制冷设备、监控设备进行环境管理，向运输设备下达运输指令、安排运输等，并同时完成报表、单证的制作和传送。对于危险品仓储、冷库暖库、粮食等特殊仓储，采取自动化仓储就更有必要。

微课：KivaAGV货到人分拣系统

自动化仓库的资金投入巨大，建设和改造成自动化仓库需要进行细致的论证和评估，保证有巨量的仓储周转量才能分摊投资成本，否则会产生资源的严重浪费，也会造成后期的经营困难。目前，我国某些自动化仓库投入很大，却没有产生相应的经济效益，给我们带来的教训较为深刻。

5. 仓储标准化

标准化是指采用法律法规规定的标准或者社会普遍实行的习惯来进行仓储管理。一般采用的标准主要有国际标准化组织（International Organization for Standardization，ISO）的推荐标准，国家质量监督检验检疫总局（以下简称“国家质检总局”）发布的中华人民共和国国家标准、行业主管部门或者行业协会发布的行业标准、企业制定的企业标准等。

仓储标准化主要有包装标准化、标志标准化、托盘成组标准化、容器标准化、计量标准化、条形码标准化、作业工具标准化、仓储信息标准化等技术标准化，以及服务、单证报表、合同格式、仓单等标准化。

现代仓储没有标准化的支撑是不可想象的。整体物流标准化是实现无缝结合的重要手段。物流标准化需要仓储标准化，仓储标准化不仅是为了实现仓储环节与其他环节的密切配合，同时也是仓储内部提高作业效率、充分利用仓储设施和设备的有效手段，是开展信息化、机械化、自动化仓储的前提条件。

6. 仓储管理科学化

仓储管理包括仓储的管理体制、治理结构、管理组织、管理方法和管理目标等几方面。根据仓储管理体制，仓储活动可以分为向社会提供仓储服务的商业仓储和为企业生产和经营提供服务的企业自营仓储。无论管理体制如何，仓储管理都需要进行科学化的管理，实现高效率、高效益的仓储。

商业仓储要想成为独立的市场经济主体，必须按照独立市场经济主体进行现代企业改造和开展科学化的现代企业管理，使仓储企业产权独立，企业有充分的经营自主权，按照满足社会需要的原则向社会提供产品，使企业利润最大化。而对于为企业生产经营服务的自营仓储，应在企业整体发展目标的基础上进行正确定位，高度重视仓储的作用，强化对仓储的管理，合理地调配企业资源，使企业仓储部门成为企业生产和经营发展的有效保障。

为此，仓储企业内部应实行现代企业管理制度，采用高效化的组织机构，实行规章化的岗位责任制，建立和健全促进生产率提高的动态的奖惩分配制度，实施有效和系统的职工教育培训制度，采取科学化的管理方法，培养积极向上的优秀企业文化，从而提高仓储企业的核心竞争力。

第四节 仓储管理模式

库存保管的方法和措施的总和就是仓储管理模式。企业生产经营过程和部门管理的重要环节是库存控制和保管，在企业的物流总成本中仓储成本是重要组成部分。

因此，选择适当的仓储管理模式，既可以保证企业的资源供应，又可有效地控制仓储成本。

一、仓储管理模式分类

仓储管理模式有着不同的分类方法，根据以下两个方面进行分类。

（一）根据库存的所有权分类

仓储管理模式根据库存所有权可以划分为供应商管理库存和寄售等。

1. 供应商管理库存

供应商管理库存是指供应商等上游企业基于其下游客户的生产经营、库存信息对下游客户的库存进行管理与控制。供应商管理库存通常可以理解为企业的原材料库存由供应商进行管理，当企业需要时再运送过来，这种模式与准时化生产系统和有效客户反应有着共同之处。

2. 寄售

寄售是指供应商将产品直接存放在用户的仓库中并拥有库存的所有权，用户只在领用这些产品后才与供应商进行货款的结算。寄售的实质是供应商实现的是产成品库存零库存，而产成品库存资金占用不为“零”，用户实现的是库存原材料或存货商品资金占用为“零”，而实物不为“零”。这种仓储管理模式是企业实现“零库存资金占用”的一种有效方式。从供应商的角度而言，寄售的优点是有利于节省供应商在产品库存方面的仓库建设投资和日常仓储管理方面的投入，大大降低产品的仓储成本。从用户的角度而言，寄售有利于保证原材料或存货商品的及时供应而又不占用资金，可以大幅度地节约采购成本。

（二）根据仓储活动的运作方式分类

扫一扫：电子商务仓储物流模式

仓储活动的运作方式就是指仓储的管理、运营方式。仓储管理模式可以按仓储活动的运作方式分为自建仓库仓储、租赁仓库仓储和第三方仓储。

1. 自建仓库仓储

自建仓库仓储就是企业自己修建仓库进行仓储。

（1）自建仓库仓储的优点

1）降低仓储长期成本。如果仓库长期得到充分利用，就可以降低单位货物的仓储成本，这是规模经济的体现。

2）加强仓储控制能力。自建仓库是企业自己建立并运营的，因此，企业作为货主能够对仓储实施更大程度的控制，并且有助于与其他系统进行协调。

3）提高管理灵活性。灵活性并不是指能迅速增加或减少仓储空间，而是指由于企业是仓库的所有者，所以可以按照企业要求和产品的特点对仓库进行设计与布局。

4）树立企业良好形象。当企业将产品储存在自有自建的仓库中时，客户会认为企业经营十分稳定、可靠，是产品的持续供应者，这有助于提高企业的竞争优势。

（2）自建仓库仓储的缺点

1）位置和结构具有局限性。如果企业只能使用自有仓库，市场的大小和位置以及客户的偏好经常变化，那么会由于数量限制而失去战略性优化选址的灵活性；如果企业在仓库结构和服务上不能适应这种变化，那么企业将失去许多商业机会。

2）长期占用企业资金。不管企业对仓储空间的需求如何，仓库的容量是不能随着需求的增加或减少而扩大或减小的。当企业对仓储空间的需求减少时，仍需承担仓库中未利用部分的成本；而当企业对仓储空间有额外需求时，仓库却又无法满足。

2. 租赁仓库仓储

租赁仓库仓储就是对委托营业型仓库进行仓储管理。

（1）租赁仓库仓储的优点

1）可以降低企业的资本投资。从经济的角度看，不需要企业作出资本投资是租赁仓库的优点。任何一项资本投资都要建立在详细的可行性研究基础上，但租赁仓库仓储可以使企业避免资本投资和财务风险。企业可以不对仓储设施和设备作出任何投资，只需支付相对较少的租金即可得到仓储服务。

2）灵活满足企业的额外库存需求。企业的经营具有季节性，那么采用租赁仓库仓储的方式将满足企业在销售淡、旺季所需要的仓储空间，并且不会出现仓库闲置或不足的现象；而自建仓库仓储则经常会受到仓库容量的限制。大多数企业的存货水平会因为产品的季节性、促销活动或其他原因而变化，利用租赁仓库仓储，能够满足企业在不同时期对仓储空间的需求，尤其是库存高峰时大量额外的库存需求。

3）实现规模经济，降低仓储成本。首先，与企业自用的仓库相比，租赁仓库可以大大提高仓库的利用率，从而降低库存物品的单位储存成本；其次，规模经济还使营业型仓库能够采用更加有效的物料搬运设备，从而提供更好的服务；最后，营业型仓库的规模经济还有利于拼箱作业和大批量运输，降低货主的运输成本。

4）便于掌握企业保管和搬运成本。租赁仓库仓储可以使企业清楚地掌握保管和搬运成本，预测和控制不同仓储水平的成本；而企业自己拥有仓库时，很难确定其可变成本和固定成本的变化情况。

5）减少管理的难度。员工的培训和管理是任何一类仓库都要面临的一个重要问题，尤其是对于产品需要特殊搬运或具有季节性的企业而言，要维持一支有经验的仓库员工队伍是很难办到的，而使用公共租赁仓储就可以避免这个问题。

6）提高企业经营活动的柔性。当市场、产品销售或企业财务状况发生变化，或者企业搬迁时需要设立仓库的位置发生变化，那么原来的自有仓库就有可能变成了企业的负担。租赁合同通常都是有期限的，企业能在已知的期限内灵活地改变仓库的位置。企业还不必因仓库业务量的变化而增减员工，还可以根据仓库对整个分销系统的贡献以及成本和服务质量等因素，临时签订或终止租赁合同。

（2）租赁仓库仓储的缺点

1）增加了企业控制库存的难度和风险。租赁仓库的风险比较大，虽然企业与仓库经营者都有履行合同的义务，但盗窃等对货物的损坏给货主造成的损失将远大于得到的赔偿。另外，在租赁仓库中泄露有关商业机密的风险也比自建仓库大。

2）增加了企业的包装成本。与自建仓库相比，营业型仓库中存储了不同企业的各种不同种类的货物，而各种不同性质的货物有可能互相影响。因此，企业租赁仓库进行仓储时必须增强货物的保护性包装，从而增加了包装成本。

3. 第三方仓储

第三方仓储是指企业将仓储管理等物流活动转包给外部公司，由外部公司为企业提供综合物流服务。

第三方仓储不仅可以提供存储服务，而且可以为货主提供一整套物流服务。因为这些仓库的设计水平更高，并且符合特殊商品的高标准、专业化的搬运要求。第三方仓储企业与传统仓储企业相比，能为货主提供特殊要求的空间、人力、设备和特殊服务。

第三方仓储与自建仓库仓储和租赁仓库仓储相比较有以下特点。

1）有利于企业有效利用资源。第三方仓储拥有专业性的管理方式和管理制度，它的设备也比企业自建仓库仓储更完善，也更能有效处理季节性产业普遍存在的产品的淡、旺季存储问题，有效地利用仓储空间。第三方仓储公司的管理具有专业性，管理专家拥有更具创新性的分销理念、掌握更多降低成本的方法，因此物流系统的效率更高。

2）有利于企业降低运输成本。第三方仓储公司同时处理不同货主的大量产品，经过拼箱作业后可通过大规模运输大大降低运输成本。

3）有利于企业进行新市场的测试。货主企业在促销现有产品或推出新产品时，可以利用短期第三方仓储来考察产品的市场需求。当企业试图进入一个新的市场区域时，需要很长时间建立一套分销设施。然而，通过合同仓储网络，企业可利用这一地区的现有设施为客户服务。

4）有利于企业扩大市场。第三方仓储企业具有经过战略性选址的设施与服务，货主在不同位置得到的仓储管理和一系列物流服务都是相同的。许多企业将其自有仓库数量减少到有限的几个，而将各地区的物流转包给合同仓储公司。

通过这种自有仓储和合同仓储相结合的网络，企业在保持对集中仓储设施的直接控制的同时，利用合同仓储来降低直接人力成本，扩大市场的地理范围。

二、管理模式的决策依据

扫一扫：Ballou 物流二维决策模型

企业可以根据各个区域市场的具体情况，分别采用不同的仓储管理模式。自建仓库仓储、租赁仓库仓储和第三方仓储各有优势，企业决策的依据是物流的总成本最低。

1. 三种仓储管理模式的成本比较

租赁仓库仓储和第三方仓储的成本只含可变成本，随着存储总量的增加，租赁的空间就会增加，由于营业型仓库一般按库存产品所占用的空间来收费，这样成本就与总周转量成正比，其成本函数是线性的。

自建仓库仓储的成本结构中存在固定成本，但由于营业型仓库具有营利性质，因此自建仓库仓储的可变成本增长速率通常低于租赁仓库仓储和第三方仓储的仓储成本增长速率。三种仓储管理模式的成本比较如图 1.1 所示。

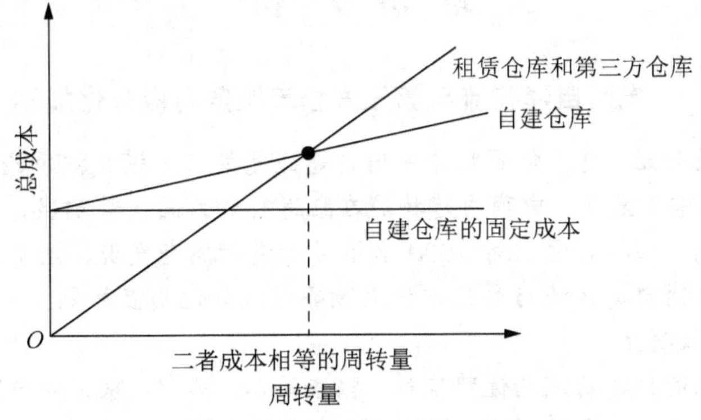

图 1.1　三种仓储管理模式的成本比较

2. 仓储管理模式还可以根据需求稳定性、市场密度和周转总量进行选择

（1）需求稳定性

仓储管理模式的选择与需求稳定性有很大的关系。假设厂商仓库具有稳定的周转量，具有多种产品线，自建仓库仓储的运作将更为经济。相反，采用租赁仓库仓储和利用第三方仓储会使生产和经营更具灵活性。

（2）市场密度

当市场密度较大或供应商相对集中时，自建仓库将提高企业对供应链稳定性和成本的控制能力。相反，当供应商和用户较为分散而使市场密度较低时，在不同地区同时使用几个公共仓库要比一个自有仓库服务一个很大的地区更经济。

（3）周转总量

在存货周转量较高时，自建仓库仓储的平均成本低于租赁仓库仓储和第三方仓库仓储的平均成本，自建仓库仓储更经济。当周转量相对较低时，选择租赁仓库仓储或第三方仓储更为合理。

本章小结

仓储是现代物流过程中的一个重要环节。仓储的形成是社会产品出现剩余和产品流通的需要，当产品不能被即时消耗掉，需要专门的场所存放时，就产生了静态的仓储。而将物品存入仓库以及对存放在仓库里的物品进行保管、控制、提供使用等的管理，便形成了动态仓储。仓储是对有形物品提供存放场所、物品存取的过程和对存放物品的保管、控制的过程。

仓储管理是仓储机构为了充分利用拥有的仓储资源提供高效的仓储服务所进行的计划、组织、控制和协调过程。具体来说，仓储管理是对物流过程中货物的储存以及由此带来的包括仓储资源的获得、经营决策、作业管理、安全管理、人事管理、经济管理等进行的一系列管理工作。

案例分析

电商自建物流与第三方物流服务两极分化加剧

从电商自建物流开始，关于电商物流采用自建还是第三方模式就争论不休。北商研究院发布的《电商物流报告》显示，电商自建物流在配送时效方面优势明显，虽然第三方物流近年来时效有明显提高，但报告通过对1000名消费者进行调查发现，消费者对第三方物流服务方面并不满意。电商自建物流与第三方物流服务两极分化明显加剧。

1. 自建物流时效明显

同城配送成为电商自建物流的优势项目。报告显示，苏宁、京东等电商企业在上百个主要城市均能做到当时达，并提供一日三送、急时送等个性服务。报告认为，自建物流的分仓措施，使自建物流系统将全国分为几个大区，避免了全国范围内长距离“奔袭”，进一步放大配送优势。同时，苏宁的大量线下门店也为配送提供支撑，大范围内提供两小时急时送和

到店取货等服务。

数据显示，苏宁等自建物流在上百个城市可提供当日达和次日达服务。即前一天晚上11时前下单，次日上午可送达；当日上午下单，下午或晚上即可送达。据了解，苏宁快递已完成了在中国内地、中国香港等280多个地级城市的网络布局。

对于国美在线、亚马逊中国等B2C电商平台而言，通过“自建+第三方”的模式也已基本完成全国布局，主要城市也能完成快速配送，但对于偏远地区则要借助第三方物流，时效大幅下滑。

值得一提的是，此前电商自建物流主要为平台自营商品提供服务。近年来，苏宁、京东自建物流开始向第三方商家开放，并提供仓配一体化服务，入驻后的商家在物流体验方面也将得到大幅度提升。

2. 服务差距拉大

随着第三方物流领域硬件升级，物流时效较此前已有大幅提高，如“江浙沪”次日达、“珠三角”次日达等。不过，报告调查数据显示，自建物流与第三方物流方面的服务差距却进一步拉大。

报告显示，苏宁和京东在物流体验方面领先于其他电商平台，在物流满意度方面分别占比26.6%和26.4%。以第三方物流为主的天猫和淘宝则远远落后，分别占比10.4%和5.4%。

根据问卷统计，消费者反映的问题主要集中在送快件不提前致电或发短信通知、不送货上门、不支持当面开箱验货等方面。数据显示，第三方物流中仅有29.3%的快递员会送货上门，其余70.7%的快递员会将快件送至小区门口或打电话让消费者到指定地点自取。同时，有49%的消费者反映虽然支持当面验货，但需要和快递员协商，另有10%的消费者表示快递员明确表示不支持当面验货。针对第三方物流，有42.1%的消费者反映曾面临投诉无门的情况。

与第三方物流相比，电商自建物流则在服务上大做文章。苏宁不仅要求快递员送货上门，还提供顺手倒垃圾等服务，同时还借门店专业力量提供上门安装、上门试机等服务。

案例解析

物流是电商企业绕不过去的“坎”，目前电商在物流配送环节中，存在第三方物流和自建物流两种模式。我国经济的增长、消费结构的变化以及电子商务的快速发展，都对物流行业提出了很高的要求，但中国的物流系统滞后于电子商务的发展需求，能力有限，不平衡性比较明显。预计未来会有更多的电子商务企业自建物流公司，或者寻找合适的快递或物流企业进行不同程度合作。

尽管京东等电商巨头正日益坚定地选择自建物流，但电子商务市场当前几家独大的市场格局、自营物流拿地的难度、所需承担的资本投入和时间成本、自营物流所需具备的知识储备及企业的人力资源等，均已成为中等以下规模电商企业自建物流的壁垒。自建物流成本比较高，对整个行业的竞争力影响非常大。第三方服务的价格则比较低，服务也越来越完善。

（资料来源：http://www.chinawuliu.com.cn/information/201510/29/306442.shtml.）

练 习 题

一、选择题

1．仓储管理的基本原则不包括（　　）。

A．效率原则　　B．维护品质原则

C．降低成本原则　　D．创造功能原则

2．仓储管理模式主要有（　　）。

A．自建仓库仓储　　B．租赁仓库仓储

C．联合仓储　　D．第三方仓储

二、填空题

1．仓储具有的生产三要素分别是_______、_______和_______。

2．从生产性和非生产性而言，仓储活动是_______的。

3．除考虑成本外，仓储管理的模式可以根据_______、_______和_______三个方面进行选择。

三、简答题

1．什么是仓储？

2．如何看待仓储业的发展方向？

3．什么是仓储管理？有什么基本任务？

4．仓储管理要遵循的原则有哪些？

练习题答案

第二章　仓库设施与设备

学习目标

- 了解仓库的定义、功能、分类。
- 了解每种特种仓库的特点及管理要点。
- 掌握自动化立体仓库的定义、特点、组成及分类。
- 掌握仓库储存设备和仓库装卸搬运设备的分类。
- 掌握自动化立体仓库的优势。
- 熟悉常见的仓库储存设备和仓库装卸搬运设备。

京东“亚洲一号”

京东立志将自动化运营中心打造成亚洲范围内 B2C 行业内建筑规模最大、自动化程度最高的现代化运营中心。因此，京东将该项目定名为“亚洲一号”。

京东将投资在北京、上海、广州、沈阳、成都、武汉等地新建“亚洲一号”，构建覆盖全国的自营现代化运营体系。2012 年，京东商城率先在华东区筹建第一座集商品暂存、订单处理、分拣配送功能于一体的电子商务运营中心，支撑和推动公司华东区的业务发展。

1. “亚洲一号”的特点

1）所有的商品集中存储在同一物流中心的仓库内，减少跨区作业，提升客户满意度、降低成本。

2）快速完成商品的拆零拣选，合并属于同一订单的商品。

3）自动化设备进行订单快速分拣，确保分拣效率和准确性。

2. “亚洲一号”的现状

在全国多个城市有建设“亚洲一号”项目计划，并陆续开工和投入使用。2014 年 10 月，京东位于上海的首个“亚洲一号”现代化物流中心（一期）在“双十一”大促前夕正式投入使用。

3. “亚洲一号”的关键物流设备

1）货到人系统：用于对纸箱、周转箱等容器进行自动化存取、搬运并可实现货物到人的拣选技术。

2）AS/RS 系统：自动化立体仓库系统，高密度存储形式，能够充分利用存储空间。

3）交叉带分拣机系统：高速自动化分拣系统，适用于中、小件型的包裹分拣，配合全自动供包形式，最大化降低人员投入，提高分拣效率。

4）AGV 系统：AGV（自动引导小车）替代了人工模式的搬运重物和重复常规的物料搬运工作，能够和机器人、自动化立体仓库等联合作业。

5）阁楼货架系统：一种充分利用空间的由钢结构搭建而成的多层货架系统，员工在巷道内拣货。“亚洲一号”的部分项目中，采用四层阁楼货架系统，增加可用拣选面积，同时最大化利用了存储空间。

6）输送系统：“亚洲一号”各物流中心内使用了大量的输送线以减少货物搬运量，减轻人员的劳动强度，提升自动化水平。

4. “亚洲一号”项目的远景

1）将给项目所在区域消费者带来物美价廉、安全快捷的购物体验。

2）规模和自动化程度在世界范围内领先，树立现代物流服务业的标杆，促进现代物流业的发展。

（资料来源：http://baike.baidu.com.）

第一节 仓库的基本知识

一、仓库的定义

仓库（warehouse）是存储、保管物品的建筑物和场所的总称。仓库的定义可以理解为用来存放货物（生活资料、生产资料、商品、工具或其他财产），并对其数量和状态进行保管的场所或建筑物等设施，还包括用于减少或防止货物损伤而进行作业的土地或水面。仓库还应包括设置在仓库内，为仓储作业服务的设备和设施，如地坪、货架、衬垫、固定式提升设备、通风照明设备等。

二、仓库的功能与分类

1. 仓库的功能

仓库的一个最基本的功能就是存储物资，并对存储的物资实施保管和控制。但是，随着对仓库定义的深入理解，人们发现仓库还担负着物资处理、流通加工、物流管理和信息服务等功能，其含义远远超出了单一的储存功能。

以系统的观点来看待仓库，仓库应该具备以下几个功能。

（1）储存和保管

仓库用于储存物品，并根据储存物品的特性配备相应的设备，以保持储存物品的完好性。例如，储存精密仪器的仓库，需防潮、防尘、恒温，因此，应设立空调等恒温设备。储存挥发性溶剂的仓库，必须设有通风设备，以防止空气中挥发性物质含量过高而引起爆炸。在仓库作业时，还有一个基本要求，那就是要防止搬运和堆放时碰坏、压坏物品，从而要求搬运机具和操作方法的不断改进和完善，使仓库真正起到储存和保管的作用。

（2）调节供需

创造物资的时间效用是物流的两大基本职能之一，它是由物流系统中的仓库来完成的。现代化大生产的形式多种多样，从生产和消费的连续性来看，每种产品都有不同的特点，有些产品的生产是均衡的，而消费是不均衡的；还有一些产品的生产是不均衡的，而消费却是均衡的。要使生产和消费协调起来，就需要仓库来起“蓄水池”的调节作用。

（3）调节货物运输能力

各种运输工具的运输能力是不一样的。船舶的运输能力很大，海运船一般是万吨级，内河船舶也有几百吨至几千吨的。火车的运输能力较小，每节车皮能装运 30～60 吨，一列火车的运量最多可达几千吨。汽车的运输能力很小，一般每辆车能装 4～10 吨。它们之间的运输衔接是很困难的，这种运输能力的差异，也是通过仓库进行调节和衔接的。

（4）流通配送加工

现代仓库的功能已处在由保管型向流通型转变的过程之中，即仓库从储存、保管货物的中心向流通、销售的中心转变。仓库不仅要有储存、保管货物的设备，而且要增加分拣、配套、捆装、流通加工、信息处理等设施。这样，既扩大了仓库的经营范围，提高了物资的综合利用率，又方便了消费，提高了服务质量。

（5）信息传递

伴随着以上功能的改变，导致了仓库对信息传递的要求。在处理与仓储活动有关的各项事务时，需要依靠计算机和互联网，通过电子数据交换和条形码等技术来提高仓储物品信息的传递速度，及时而又准确地了解仓储信息，如仓库利用水平、进出库的频率、仓库的运输情况、顾客的需求以及仓库人员的配置等。

（6）产品生命周期的支持

美国物流管理协会（Council of Logistics Management，CLM）2002 年 1 月发布对物流的定义：物流是在供应链运作中，以满足客户要求为目的，对货物、服务和相关信息在产出地和销售地之间实现高效率和低成本的正向和逆向的流动与储存而进行的计划执行和控制的过程。由此可见，现代物流包括了产品从“生”到“死”的整个生产、流通和服务过程。因此，仓储系统能对产品生命周期提供支持。

随着强制性质量标准的贯彻和环保法规约束力度的加大，制造商和配送商要负责进行包装材料的回收，这必然导致退货和再循环回收等逆向物流的产生。逆向物流与传统供应链方向相反，是要将最终顾客持有的不合格产品、废旧物品回收到供应链中的各个节点。作为供应链中的重要一环，仓库在逆向物流中又承担了退货管理中心的职能，负责及时确定问题商品，通知所有相关方面，发现退回商品的潜在价值，为企业增加预算外或抢救性收入。

微课：SPAR 回收物资中心（周转箱、空瓶）

2. 仓库的分类

仓库的种类繁多，分类方法也很多，这里介绍几种主要的分类方法，如表 2.1 所示；部分典型仓库图片如图 2.1～图 2.4 所示。

表 2.1 仓库的分类

分类方式	仓库类型	仓库简介
按保管物品分类	原料、产品仓库	是企业为了保证生产和销售的连续性，专门用于存储原材料、半成品或成品的仓库
	商品、物资综合仓库	是商业、物资、外贸部门为了保证市场供应，解决季节时差，用于存储各种商品物资的综合性仓库
	农副产品仓库	是经营农副产品的企业专门用于存储农副产品的仓库，或经过短暂存储进行加工后再运出的中转仓库
	战略物资储备仓库	是由国家或相关主管部门修建，用于储备各种战略物资，以应对各种自然灾害和意外事件的发生的仓库
按保管条件分类	普通仓库	用于存放一般物资，这些物资对仓库没有特殊要求，如一般的金属材料仓库、机电产品仓库等
	保温仓库	用于储存对温度等有特殊要求的物品，包括恒温、恒湿及冷藏库等，如存储粮食、水果、肉类等的仓库。这类仓库在建筑结构上要有隔热、防寒、密封等功能，并配备专门的设备，如空调、制冷机等
	特种仓库	指用来储存危险品的仓库，如冷库、危险品库等
按建筑结构分类	平房仓库	一般构造简单，建筑费用低，适于人工操作
	楼房仓库	是指两层楼以上的仓库，它可以减少占地面积，出入库作业则多采用机械化或半机械化作业方式
	货架仓库	采用钢结构货架储存货物，通过各种输送机、水平搬运车辆、叉车、堆垛机进行机械化作业。按货架的层数，它又可分为低层货架仓库（货物堆放层数不大于 10 层）和高层货架仓库（货物堆放层数为 10 层以上）。高层货架仓库一般采用计算机管理和控制
按功能及其他分类	储存仓库	主要对货物进行保管，以解决生产和消费的不均衡问题，如秋季生产的大米要在第二年出售，每年生产的化肥要在春、秋季节供应，只有通过仓储来解决
	流通仓库	除具有保管功能之外，还能进行流通加工、装配、简单加工、包装、理货以及运输工具中转等，具有周转快、高附加值、实践性强的特点，从而减少了在连接生产和消费的流通过程中商品因停滞而消耗的费用
	配送中心	是向市场或直接向消费者配送商品的仓库。作为配送中心的仓库，往往具有存货种类众多、存货量较少的情况，要进行商品包装拆除、配货组合等作业，一般还需开展配送业务
	保税仓库	是经海关批准，在海关监督下，专供存放未办理关税手续而入境或过境货物的场所。也就是说，保税仓库是获得海关许可的、能长期储存外国货物的本国国土上的仓库。同样，保税仓库是获得海关许可的能装卸或搬运外国货物并暂时存放的场所

图 2.1 原材料产品仓库

图 2.2 农副产品仓库

图 2.3　平房仓库

图 2.4　高层货架仓库

另外，仓库还可按利用形态、建筑材料等进行分类。

三、自动化立体仓库

（一）自动化立体仓库的定义与分类

1. 自动化立体仓库的定义

自动化仓库（automatic warehouse），是指由电子计算机进行管理和控制，不需要人工搬运作业，而实现收发自动化作业的仓库。立体仓库（stereoscopic warehouse）是指采用高层货架以货箱或托盘储存货物，用巷道堆垛起重机及其他机械进行作业的仓库，将上述两种仓库的作业结合的仓库称为自动化立体仓库。自动化立体仓库是实现高效率物流和大容量储藏的关键系统，在现代化生产和商品流通中具有举足轻重的作用（见图 2.5）。

图 2.5　自动化立体仓库

自动化立体仓库的产生和发展是第二次世界大战之后生产和技术发展的结果。20 世纪 50 年代初，美国出现了采用桥式堆垛起重机的立体仓库；20 世纪 50 年代末 60 年代初出现了司机操作的巷道式堆垛起重机立体仓库；1963 年美国率先在高架仓库中采用计算机控制技术，建立了第一座由计算机控制的自动化立体仓库。此后，自动化立体仓库在美国和欧洲得到迅速发展，并形成了专门的学科。20 世纪 60 年代中期，日本开始兴建立体仓库，并且发展速度越来越快，成为当今世界上拥有自动化立体仓库最多的国家之一。我国对立体仓库及其物料搬运设备的研制并不晚：1963 年研制成第一台桥式堆垛起重机（机械部北京起重运输机械研究所），1973 年开始研制我国第一座由计算机控制的自动化立体仓库（高 15 米，机械部北京起重运输机械研究所），该库 1980 年投入运行。到目前为止，我国自动化立体仓库数量已超过 200 座。自动化立体仓库由于具有很高的空间利用率、很强的入出库能力、采用计算机进行控制管理而有利于企业实施现代化管理等特点，已成为企业物流和生产管理不可缺少的仓储技术，越来越受到企业的重视。

自动化立体仓库应用范围很广，几乎遍布所有行业。在我国，自动化高架仓库应用的行业主要有机械、冶金、化工、航空航天、电子、医药、食品加工、烟草、印刷、配送中心、机场、港口等。

2. 自动化立体仓库分类

自动化立体仓库是一个复杂的综合自动化系统，作为一种特定的仓库形式，其分类方式一般如表 2.2 所示。

表 2.2 自动化立体仓库分类

分类方式	名称	概述
按建筑形式分类	整体式仓库	货架除了储存货物以外，还可以作为建筑物的支撑结构，就像是建筑物的一个部分，即库房与货架形成一体化结构
	分离式仓库	储存货物的货架独立存在，建在建筑物内部，在现有的建筑物内可改造为自动化仓库，也可以将货架拆除，使建筑物用于其他目的
按货物存取形式分类	单元货架式仓库	货物先被放在托盘或集装箱内，再被装入仓库货架的货位中，是一种最常见的结构
	移动货架式仓库	由电动货架组成，货架可以在轨道上行走，由控制装置控制货架的合拢和分离。作业时货架分开，在巷道中可进行作业；不作业时可将货架合拢，只留一条作业巷道，从而节省仓库面积，提高空间的利用率
	拣选货架式仓库	分拣机构是这种仓库的核心组成部分，它有巷道内分拣和巷道外分拣两种方式，每种分拣方式又分为人工分拣和自动分拣两种形式
按货架构造形式分类	单元货位式仓库	货架沿仓库的宽度方向分成若干排，每两排货架为一组，其间有一条巷道供堆垛起重机或其他起重机作业。每排货架沿仓库纵长方向分为数列，沿垂直方向又分若干层，从而形成大量货位，用以储存货物
	贯通式仓库	为了提高仓库利用率，在某些情况下可以取消位于各排货架之间的巷道，将个体货架合并在一起，使同一层、同一列的货物互相贯通，形成能依次存放多货物单元的通道。在通道一端，由一台入库起重机将货物单元装入通道，而在另一端由出库起重机取货
	水平循环式仓库	
	垂直旋转式仓库	
按其与生产连接的紧密程度分类	独立型仓库	也称为“离续”仓库，是指从操作流程及经济性等方面来说都相对独立的自动化仓库。这种仓库一般规模都比较大，其存储量也较大，仓库系统具有自己的计算机管理、监控、调度和控制系统。独立型仓库又可分为存储型和中转型仓库，配送中心也属于这一类仓库
	半紧密型仓库	半紧密型仓库是指它的操作流程、仓库的管理、货物的出入和经济性与其他厂（或部门，或上级单位）有一定关系，但又未与其他生产系统直接相连
	紧密型仓库	紧密型仓库也称为“在线”仓库，它是那些与工厂内其他部门或生产系统直接相连的立体仓库，两者间的关系比较紧密
按导轨布置分类	直线型仓库	扫一扫：自动化立体仓库不同导轨布置形式
	U 形仓库	
	转盘型仓库	
按入库站和出库站的平面布置分类	单侧入库式仓库	
	中间入库式仓库	

(二)自动化立体仓库的特点

自动化立体仓库的特点，如表 2.3 所示。

表 2.3　自动化立体仓库特点

优点	缺点
① 能较好地满足特殊仓储环境的需要，保证货品在整个仓储过程的安全运行，提高了作业质量； ② 由于采用了高层货架和自动化管理系统，大大提高了仓库的单位面积利用率，提高了劳动生产率，降低了劳动强度； ③ 减少了货物处理和信息处理过程的差错； ④ 能够合理有效地进行库存控制； ⑤ 便于实现系统的整体优化	① 结构复杂，配套设备多，需要的基建和设备投资很大； ② 货架安装精度要求高，施工比较困难，而且施工周期长； ③ 储存货品的品种受到一定的限制，不同类型的货架仅适合于不同的储存物品，因此，自动化仓库一旦建成，系统的更新改造比较困难

**知识拓展**

自动化立体仓库与普通仓库的区别如表 2.4 所示。

表 2.4　自动化立体仓库与普通仓库的区别

自动化立体仓库	普通仓库
最大限度地利用空间，节约土地资源	占地面积大，仓储空间利用率低
货物随机存取，计算机自动记录	货物分类储存
计算机实现货物先进先出	一般先入后出
现场封闭，防盗防损	现场开放，货物易丢失
堆垛机实现集成电梯功能	利用货运电梯进行楼层间货物输送
自动化智能作业，账实同步	单据传递，流程复杂，容易出错
呆料翻查，自动盘点	人工盘点
节省人力资源成本	需要大量人员进行装卸、操作，并要求一定的经验

(三)自动化立体仓库的组成

自动化立体仓库是一个有机的仓储系统，由各种各样的仓储设备组成。一般来说，自动化立体仓库由以下主要设备组成。

1. 高层货架

高层货架（见图 2.6）是用于存储货物的钢结构，目前主要有焊接式货架和组合式货架两种基本形式。

2. 巷道堆垛机

巷道堆垛机是用于自动存取货物的设备，按结构形式可分为单立柱和双立柱（见图 2.7）两种形式；按服务方式可分为直道、弯道和转移车 3 种形式。

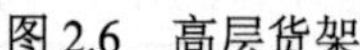
图 2.6 高层货架

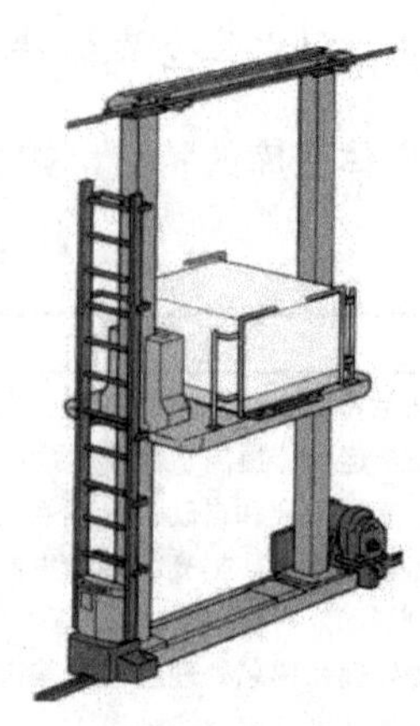

图 2.7 双立柱巷道堆垛机

堆垛机在立体仓库的高层货架的狭窄巷道内作业，可大大提高仓库的使用面积和空间利用率，还可和条形码识别、无线传输、自动识别等装置和各类货架及输送机等配套构成各类自动化立体仓库，满足多种物料的仓储作业。

堆垛机按在立体仓库中的行驶路径可分为有轨堆垛机和无轨堆垛机。无轨堆垛机又称为高架叉车，其起升高度比普通叉车高，从而大大提高了仓库的使用面积和空间利用率；与有轨堆垛机相比，可多巷道共用一台，适用于巷道长度较短、出入库作业频率低的仓库。有轨巷道堆垛机通常简称为堆垛机，它是由叉车、桥式堆垛机演变而来的。其优点在于可以方便地为多条巷道服务。目前的自动化立体仓库中应用最广的是巷道式堆垛机。巷道式堆垛机由运行机构、起升机构、装有存取货机构的载货台、机架（车身）和电气设备 5 部分组成。

3. 托盘

托盘（货箱）是用于承载货物的器具，也叫工位器具。

4. 输送机系统

输送机系统是立体仓库的主要外围设备，是指负责将货物运送到堆垛机或从堆垛机将货物移走的输送设备。

5. AGV 系统

AGV 系统即自动导向小车，按其导向方式可分为感应式导向小车和激光导向小车。

6. 自动控制系统

自动控制系统用于驱动自动化立体仓库系统各设备，目前以采用现场总线方式为主。

扫一扫：自动化立体仓库信息管理系统

7. 库存信息管理系统

库存信息管理系统又称中央计算机管理系统，是全自动化立体仓库系统的核心。目前典型的自动化立体仓库系统均采用大型的数据库系统（如 LERA-CLE、SYBASE 等）构筑典型的客户机/服务器体系，可以与其他系统（如 ERP 系统等）联网或集成。

就立体仓库构成而言，还应包括土建、消防、通风、照明等多方面内容，它们共同构成完整的仓库系统。

四、特种仓库

（一）冷库

冷藏是指在保持低温的条件下储存物品的方法。由于在低温环境中，细菌等微生物大大降低繁殖速度，生物体的新陈代谢速度降低，能够延长有机体的保鲜时间，因而对鱼肉食品、水果、蔬菜及其他易腐烂物品都采用冷藏的方式仓储。另外，对于在低温时能凝固成固态的液体流质品，由于采取冷藏的方式有利于运输、作业和销售，也采用冷藏的方式仓储。此外，在低温环境中一些混合物的化学反应速度降低，对其也可采用冷藏方式储藏。

冷藏保管根据控制温度的不同，分为冷藏和冷冻两种方式。冷藏保管是将温度控制在 0～5℃进行保存，在该温度下水分不致冻结，不破坏食品的组织，具有保鲜的作用，但是微生物仍然还有一定的繁殖能力，因而保藏时间较短；冷冻保管则是将温度控制在 0℃以下，使水分冻结，微生物停止繁殖，新陈代谢基本停止，从而实现防腐。冷冻保管又分为一般冷冻和速冻，一般冷冻采取逐步降温的方式降低温度，达到控制温度后停止降温，如－20℃；速冻则是在很短的时间内将温度降到控制温度以下，如－60℃，使水分在短时间内完全冻结，然后逐步恢复到控制温度（不低于－20℃）。速冻一般不会破坏细胞组织，具有较好的保鲜作用。冷冻储藏能使货物保持较长的时间不腐烂变质。常见冷藏货物的储藏适宜温度、相对湿度如表 2.5 所示。

表 2.5　常见冷藏货物的储藏适宜温度、相对湿度

名称	冷藏温度/℃	相对湿度/%	储藏时间	冷冻温度/℃	相对湿度/%	储藏时间
猪肉	0～1.2	85～90	3～10 天	－24.0～－18.0	85～95	2～8 个月
牛肉	－1.0～0	86～90	3 周	－23.0～－18.0	90～95	16～12 个月
冻羊肉	—	—	—	－22.0～－18.0	80～85	3～8 个月
家禽	0	80	1 周	－30.0～－18.0	80	3～12 个月
冻兔肉	—	—	—	－30.0～－18.0	80～90	6 个月
蛋	－1.0～－0.5	80～85	8 个月	－18.0		12 个月
鱼	－0.5～4.0	90～95	1～2 周	－20.0～－12.0	90～95	8～10 个月
对虾	—	—	—	－7.0	80	1 个月
苹果	0～1.0	90～95	150～180 天	—	—	—
梨	0	90～95	210 天	—	—	—
橘子	0～1.2	85～90	50～70 天	—	—	—
葡萄	－1.0～0	90	160～210 天	—	—	—
青椒	9.0～12.0	90～95	30～45 天	—	—	—
番茄	13.0～17.0	90～95	30～45 天	—	—	—
黄瓜	12.0～13.0	95	115 天	—	—	—
菠菜	0	95～100	85～90 天	—	—	—

1. 冷库的结构

扫一扫：医药冷库工程技术参数

冷库可以分为生产性冷库和周转性冷库，生产性冷库是指进行冷冻品生产的冷库，是生产的配套设施；周转性冷库则是维持冷货低温的流通仓库。冷库按控制的温度和制冷方式不同分为冷冻仓库、冷藏仓库、气调冷库和流动的冷藏车、冷藏集装箱等。

固定的冷库由冷藏库房、冷冻库房、分发间、制冷设备机房等组成。库房采用可封闭式的隔热保温结构，内装有冷却排管或冷风装置与制冷设备相接。库内装有温度、湿度测量设备、湿度控制设备、通风换气设备等，此外还有货位、货架、货物传输、作业设备等。图 2.8 所示的冷库是一个单层生产性小型冷库，主要储存白条肉。该冷库主要包括冻结间、冷冻库两大部分。白条肉胴体进入冻结间冻结，肉胴体温度降至要求温度后进入冷冻库。

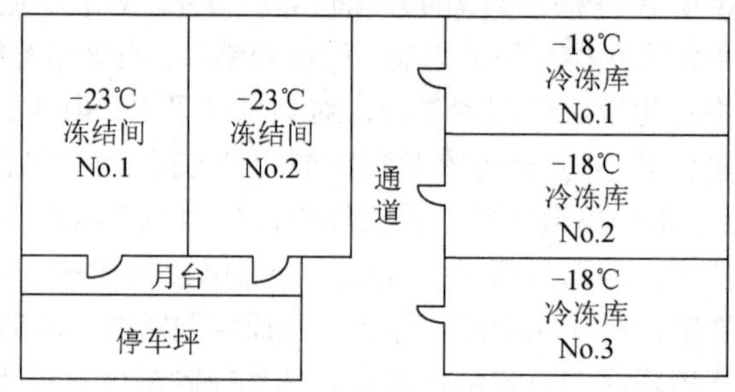

图 2.8　某小型冷库布置图

（1）冷却和结冻间

冷却和结冻间也称为预冷加工库间。货物在进入冷藏或者冷冻库房前，先在冷却或者结冻间进行冷处理，然后将货物均匀降温到预定的温度。对于冷藏货物，降温至 2～4℃；冷冻货物则迅速地降至－20℃使货物冻结。

（2）冷冻库房

冷冻库房是较长期间地保存经预冷达到冷冻保存温度的冷冻货物的库房。货物经预冷后，转入冷库堆垛存放。冷冻货物的货垛一般较小，以便降低内部温度，货垛底部采用货板或托盘垫高，货物不直接与地面接触，避免温度波动时水分再冻结后造成货物与地面粘连。

（3）冷藏库房

冷藏库房是存储冷藏货物的场所。货物在预冷后，达到均匀的保藏温度时，送入冷藏库房码垛存放，若是少量货物则直接存入冷藏间冷藏。冷藏货物仍具有新陈代谢和微生物活动，还会出现自升温现象，因而冷藏库还需要进行持续的冷处理。冷藏库一般采用冷风式制冷，用冷风机降温。为了防止货垛内升温，保持货物呼吸所需的新鲜空气流通，冷藏库一般采用行列垛的方式码垛存放，垛形较窄、较长，或者使用货架存放。

（4）分发间

冷库由于低温不便于货物分拣、成组、计量、检验等人工作业，另外为了冷冻库和冷藏库的温度、湿度控制，减少热量耗损，需要尽量缩短开门时间和次数，以免造成库内温度波动太大。因此，货物出库时迅速地将货物从冷藏或冷冻库移到分发间，在分发间进行作业，从分发间装运。

2. 冷库管理

作为专业存储仓库，冷库有较为特殊的布局、结构和用具，货物也较为特殊。冷库对管理技术、专业水平要求较高。冷库大多存放食品，管理不善不仅会造成货损事故，还会发生食物不安全事故，影响人民身体健康。

（1）冷库的使用

冷库分为冷冻库、冷藏库，按库房的设计用途使用，两者不能混用。库房改变用途时，必须按照所改变的用途进行制冷能力、保温材料、设施设备改造，完全满足新的用途。

冷库要保持清洁、干燥，经常清洁、清除残留物和结冰，库内不得出现积水。

（2）货物出入库

货物入库时，除了仓储通常所进行的查验、点数外，还要对送达货物的温度进行测定，查验货物内部状态，并详细记录。货物入库前要进行预冷，保证货物均匀地降到需要的温度。未经预冷冻结的货物不得直接进入冷冻库，以免高温货物大量吸冷造成库内温度升高，影响库内其他冻货。

（3）冷货作业

为了减少冷耗，货物出入库作业应选择在气温较低的时间段进行，如早晨、傍晚、夜间。出入库作业时集中仓库内的作业力量，尽可能缩短作业时间。要使装运车辆离库门距离最近，缩短货物露天搬运距离，防止隔车搬运。出入库搬运应用推车、叉车、输送带等机械搬运，用托盘等成组作业，提高作业速度。作业中不得将货物散放在地坪上，避免货物和货盘冲击地坪、内墙、冷管等，吊机悬挂重量不得超过设计负荷。

（4）冷货保管

冷库内要保持清洁干净，地面、墙、顶棚、门框上无积水、结霜、挂冰，随有随扫除，特别是在作业以后，及时清扫。要及时清除制冷设备、管系上的结霜、挂冰，以提高制冷功能。

定时、经常测试库内温度和湿度，严格按照货物保存所需的温度控制仓库内温度，尽可能减少温度波动，防止货物因变质或者解冻变软而倒垛。

按照货物所需要的通风要求，进行通风换气。其目的是为了保持库内合适的氧分和湿度，冷库一般采用机械通风，要根据货物保管的需要控制通风次数和通风时间，如冷藏库每天 2～4 次，每次换气量为冷藏间体积的 1～2 倍，或者使库内二氧化碳含量达到适合的范围（见表 2.6）。通风将外部的空气带入库内，也将空气中的热量、水汽带入库内，因而要选择合适的时机通风换气。

表 2.6 冷藏货物二氧化碳含量控制表

品名	梨	青香蕉	柑橘	苹果	柿子	番茄
二氧化碳容积百分比/%	0.2～2	1.6	2～3	8～10	5～10	5～10

当货物存期届满、接近保存期到期、出现性质变化和变质等时，及时通知存货人处理。

阅读材料

《促进物流业发展三年行动计划（2014～2016 年）》关于加强农产品冷链物流设施建设的有关内容如下：

1）支持大宗鲜活农产品产地预冷、初加工、冷藏保鲜、冷链运输等设施建设，支持在农产品批发市场等重要农产品流通节点加大冷链设施投入，完善冷链物流网络。

牵头单位：国家发展和改革委员会、商务部、农业部、财政部。

目标及完成时限：到 2016 年年底，在重要农产品流通节点改造一批冷链物流设施，新建一批农产品冷链物流中心。

2）支持跨区域农产品流通骨干网络等冷链设施建设。

牵头单位：商务部、国家发展和改革委员会、农业部、财政部。

目标及完成时限：到 2016 年年底，在南菜北运重要农产品流通节点改造建设一批冷链物流设施。

（资料来源：国家发展和改革委员会. 发改经贸〔2014〕2827 号.）

（二）粮仓

扫一扫：粮食的特点及质量标准

粮食存储是仓储最古老的项目，“仓”在古代就是表示储藏粮食的场所。粮食包括小麦、玉米、燕麦、大麦、大米、豆类和种子等。粮食仓储是实现粮食集中收成、分散消耗的手段，同时也是国家战略物资储备的方式之一。粮食作为大宗货运输，需要较大规模的集中和仓储。为了降低粮食的储藏成本、运输成本，提高作业效率，粮食主要以散装的形式运输和仓储，进入消费市场流通的粮食才采用袋装包装。

1. 粮仓分类与结构

粮食的储存质量需要满足一定的标准，因此储粮对粮仓具有基本要求：粮仓必须具备防漏、防潮的功能；粮仓必须具备保温隔热的性能；粮仓必须具有可靠地抵抗粮食作用力的性能；粮仓应具备既密闭又通风的性能；粮仓建筑应避免有害有毒物质直接接触粮食；粮仓建筑应考虑机械化的必要性和可能性；粮仓建筑应选择适当的场地位置；粮仓建筑应尽可能耗材少，造价低，节省用地，方便适用。

粮仓按照不同的分类方法可以进行多种形式的分类，具体如表 2.7 所示。

表 2.7 粮仓分类

分类方式	类型
根据粮食的堆装形式分类	① 散装仓 ② 包装仓
根据设备和建筑条件分类	① 一般粮仓 ② 简易仓 ③ 机械化粮仓 ④ 装配式粮仓
根据控温条件分类	① 低温仓：利用天然条件或机械制冷使仓温低于 15℃的粮仓 ② 准低温仓：仓内温度处在 15～20℃条件下的粮仓 ③ 常温仓：不设有机械制冷装置而仓温经常处在常温条件下的各种仓型
根据仓房的结构形式分类	① 房式仓 ② 拱形仓 ③ 薄壳仓 ④ 立筒仓
根据粮仓的营运性质分类	① 收纳仓 ② 中转仓 ③ 储备仓 ④ 生产仓

粮仓结构多为立筒库，与房式仓相比，粮仓立筒库节约建仓用地，易于机械化自动化作业，粮食流通费用较低。同等仓容时，相同工艺效果的机械化费用低于房式仓。密闭性能好，便于熏蒸杀虫。采用钢筋混凝土筒仓或砖混筒仓时，防火条件比房式仓好。

粮仓立筒库主要由仓底、仓壁、仓顶和仓身等构成，如图 2.9 所示。仓底是筒仓底部直接承受储粮竖向压力的结构构件。仓底的形式主要有锥形漏斗式、梁板式和通道式仓底 3 种类型。仓壁是直接承受储粮水平压力及摩擦力的竖壁。仓顶是仓顶平台或仓顶平台及与仓壁整体连接的截壳。仓身是仓顶板以下、仓底以上的仓体部分。仓下支承结构可选用柱子支承、筒壁支承、筒壁与内柱共同支承等形式。

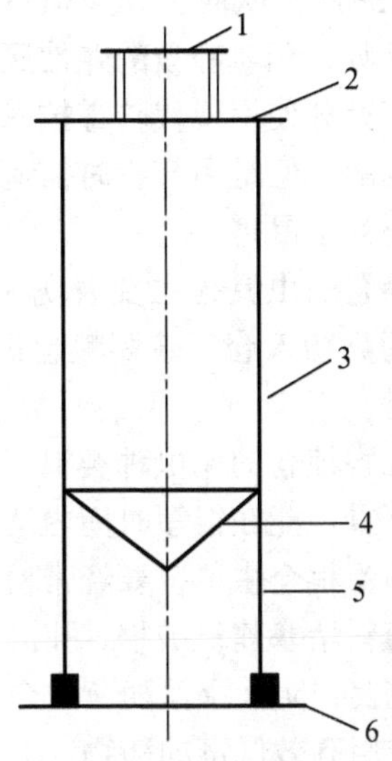

图 2.9　筒仓垂直剖面

1—仓上建筑；2—仓顶；3—仓壁；4—仓底；5—仓下支承结构（筒壁或柱）；6—基础

2. 粮仓的管理

（1）干净无污染

粮仓必须相当清洁干净。仓库建设的粮仓需要达到仓储粮食的清洁卫生条件，尽可能用专用的粮筒仓；通用仓库拟用于粮食仓储，应是能封闭的，仓内地面、墙面要进行硬化处理，不起灰扬尘、不脱落剥离，必要时使用木板、防火合成板固定铺垫和镶衬；作业通道进行防尘铺垫。金属筒仓应进行除锈防锈处理，如进行电镀、喷漆、喷塑、内层衬垫等，在确保无污染物、无异味时方可使用。

在粮食入库前，应对粮仓进行彻底清洁，清除异物、异味，待仓库内干燥、无异味时，粮食才能入库。对不满足要求的地面，应采用合适的衬垫，如用帆布、胶合板严密铺垫。当用兼用仓库储藏粮食时，同仓内不能储存非粮。

（2）保持干燥，控制水分

保持干燥是粮食仓储的基本要求，随时监控粮仓内湿度，将其严格控制在合适的范围之内。仓内湿度升高时，要检查粮食的含水量，含水量超过要求时，及时采取除湿措施。粮仓通风时，要采取措施避免将空气中的水分带入仓内。

（3）控制温度，防止火源

粮食本身具有自热现象，温度、湿度越高，自热能力也越强。当发现粮食自热升温时，应及时降温，采取加大通风、进行货堆内层通风降温、内层释放干冰等措施，必要时进行翻仓、倒垛散热。

粮食具有易燃特性，飞扬的粉尘遇火源还会爆炸燃烧。粮仓对防火工作有较高的要求。在粮食出入库、翻仓作业时，更应避免一切火源出现，特别是要消除作业设备运转的静电，粮食与仓壁、输送带的摩擦静电。加强吸尘措施，排除扬尘。

（4）防霉变

粮食除了因为细菌、酵母菌、真菌等微生物的污染分解而霉变，还会因为自身的呼吸作用、自热而霉烂。微生物的生长繁殖需要较适宜的温度、湿度和氧气含量，在温度 25～37℃、湿度75%～90%时生长繁殖最快。真菌和大部分细菌需要足够的氧气，酵母菌则是可以进行有氧呼吸、无氧呼吸的兼性厌氧微生物。

应充分使用现代防霉技术和设备，如使用过滤空气通风法、紫外线灯照射、施放食用防霉药物等。但是用药物时需避免使用对人体有毒害的药物。

（5）虫鼠害

粮仓的虫鼠害主要表现在直接对粮食的耗损、虫鼠排泄物和尸体对粮食的污染、携带外界污染物入仓、破坏粮仓设备降低保管条件、破坏包装物造成泄漏、昆虫活动对粮食的损害等。

危害粮仓的昆虫种类很多，有多种甲虫、蜘蛛、米虫、白蚁等。它们往往繁殖力很强，危害严重，能在很短时间内造成大量的损害。

防治粮仓虫鼠害要经常检查、及时发现虫害鼠迹；保持良好的仓库状态及时用水泥等高强度填料堵塞建筑破损、孔洞、裂痕，防止虫鼠在仓内隐藏，库房各种开口隔栅完好，保持门窗密封；防止虫鼠随货入仓，对入库粮食进行检查、确定无害时方可入仓；使用药物灭杀时，使用高效低毒的药物，不直接释放在粮食中进行驱避、诱食杀灭，或者使用无毒药物直接喷洒、熏蒸除杀；使用诱杀灯、高压电灭杀，合理利用高温、低温、缺氧等手段灭杀。

阅读材料

2013年5月31日下午，黑龙江省大庆市林甸县中储粮直属库发生火灾。事故共造成78个露天储粮囤、储量4.7万吨的粮食表面过火。其中玉米囤60个，储量3.4万吨；水稻囤18个，储量1.3万吨。该地区中储粮直属库发生火灾，造成储量4.7万吨的粮食表面过火，直接经济损失8000多万元。

（三）化学危险品库

危险品又称为危险化学品、危险货物，是指具有爆炸、易燃、毒害、腐蚀、放射性等特性，在运输、装卸和储存过程中，容易造成人身伤亡和财产毁损而需要特别防护的货物。

根据危险品的首要危险特性共分为9个大类：第1类是爆炸品，第2类是压缩气体和液化气体，第3类是易燃液体，第4类是易燃固体，第5类是自燃物品和遇湿易燃物品，第6类是氧化剂和有机过氧化剂，第7类是有毒品，第8类是腐蚀品，第9类是杂类。具体包括列入中华人民共和国国家标准《危险货物品名表》（GB 12268—2012）和国务院经济贸易综合管理部门公布（会同公布）的剧毒化学品目录和其他危险化学品。危险品还包括未经彻底清洗的盛装过危险品的空容器、包装物。危险品除了具有分类的主要危险特性外，还可能具有其他的危害特性，如爆炸品大都具有毒性、易燃性等。

扫一扫：危险品分类及标志危险品的编号与分级

1. 危险品库分类及结构

危险品库是存储和保管储存易燃、易爆、有毒、有害物资等危险品的场所。

危险品库根据隶属和使用性质可分为甲、乙两类，甲类危险品库是商业仓储业、交通运输业、物资管理部门的危险品库，乙类危险品库为企业自用的危险品库。其中甲类危险品库储量大、品种多，所以危险性大。

危险品库根据规模又可分为三类：面积大于 9000 平方米的为大型危险品库，面积在 550～9000 平方米的为中型危险品库，550 平方米以下的为小型危险品库。

危险品库根据结构形式可分为地上危险品库、地下危险品库、半地下危险品库。

危险品仓库需要根据危险品的特性，根据政府市政总体规划，选择合适的地点建设。危险品仓库一般设置在郊区较为空旷的地方，远离居民区、供水源、主要交通干线、农业保护区、河流、湖泊等，在当地常年主导风向的下风处。

在危险品仓库布局上，应严格按照公安部颁布的《建筑设计防火规范》的要求，设置防火安全距离。大中型甲类仓库和大型乙类仓库与临近居民点应保持间距大于 150 米，与企业、铁路干线间距应大于 100 米，与公路间距应大于 50 米，在库区内，库房间防火间距应在 12～40 米，易燃商品最好储存在地势较低的部位。桶装易燃液体应存放在库房内。对于危险品的储存罐的布局可参考有关油品储存的要求。

危险品库需根据危险品的危险特性和发生危害的性质，采用妥善的建筑形式，并取得相应的许可，建筑场所应根据需要设置监测、通风、防晒、调温、防火、灭火、防爆、泄压、防毒、防潮、防雷、防静电、防腐、防渗漏、防护围地或隔离操作等安全措施，设备、仓库和设施要符合安全消防国家标准的要求，并设置明显的标志（见图 2.10）。

图 2.10　危险品库安全措施与标志

2. 危险品仓储管理

危险品仓储管理要做到以下几个方面。

（1）严格和完善的管理制度

为了保证危险货物仓储的安全，仓库需要依据危险品管理的法律和法规的规定，根据仓库的具体实际和危险品的特性，制定严格的危险品仓储管理的各类安全制度、责任制度、安全操作规程，并在实践中不断完善。仓库需要制定的管理制度主要有《危险货物管理规则》《岗位责任》《安全防护措施》《安全操作规程》《装卸搬运方案》《保管检查要求》《垛型和堆积标准》《验收标准》《残损溢漏处理程序》《应急措施》等。

（2）出入库管理

危险货物进入仓库，仓库管理人员要严格把关，认真核查品名标志，检查包装，清点数量，细致地做好核查登记工作。对于品名、性质不明或者包装、标志不符，包装不良的危险品，仓库员有权拒收，或者依据残损处理程序进行处理，未经处理的包装破损危险品不得进入仓库。

危险货物出库时，仓库员需认真核对危险货物的品名、标志和数量，协同提货人、承运司机查验货物，确保按单发货，并做好出库登记，详细记录危险货物的流向、流量。

（3）货位选择和堆垛

危险品的储存方式、方法与储存数量必须符合国家标准。仓库管理人员要根据国家标准、危险特性、包装，根据所制定的管理制度，合理选择存放位置，根据危险货物对保管的要求，妥善安排相应的通风、遮阳、防水、控湿、控温条件的仓库或堆场货位。

危险货物堆叠时要整齐、堆垛稳固，标志朝外，不得倒置。货堆头悬挂标有危险品编号、品名、性质、类别、级别、消防方法的标志牌。

（4）安全作业

危险品装卸作业前应详细了解所装卸危险货物的性质、危险程度、安全和医疗急救等措施，并严格按照有关操作规程和工艺方案作业。根据货物性质选用合适的装卸机具。装卸易爆货物，装卸机械应安置火星熄灭装置，禁止使用非防爆型电气设备。作业前应对装卸机械进行检查，装卸搬运爆炸品、有机过氧化物、一级毒害品、放射性物品，装卸搬运机具应按额定负荷降低25%使用。作业人员应穿戴相应的防护用品。夜间装卸作业危险货物，应有良好的照明，装卸易燃、易爆货物应使用防爆型的安全照明设备。作业现场需准备必要的安全和应急设备和用具。

危险品包装破损或包装不符合要求的要暂停作业，待妥善处理后方可作业。

化学危险品只能委托有危险化学品运输资质的运输企业承运，对不符合条件的运输工具不予作业。

（5）妥善保管

危险品仓库实行专人管理。剧毒化学品实行双人保管制度。仓库存放剧毒化学品时需向当地公安部门登记备案。

仓库管理人员应遵守库场制度，坚守岗位，根据制度规定定时、定线、定项目、定量地进行安全检查和测查，相应地采取通风、降温、排水、排气、增湿等保管措施。

危险货物提离时，及时清扫库场、地点且妥善处理，并进行必要的清洗，将货底、地脚货、垃圾集中于指定的地点消毒处理。

（6）妥善处置

对于废弃的危险品、危险品废弃物、货底、地脚货、垃圾、仓储停业时的存货、容器等，仓库要采取妥善的处置措施，如随货同行、移交、封存、销毁、中和、掩埋等无害处理措施，不得留有事故隐患。处置方案应在相应管理部门备案，并接受管理部门的监督。剧毒危险品发生被盗、丢失、误用情况时，立即向当地公安部门报告。

3. 危险品应急处理

应急处理是指发生危险品事故时的处理安排。危险品仓储必须根据库存危险品的特性、仓库的条件以及法规规定和有关部门的要求，制定仓储危险品应急措施。

应急措施包括发生危害时的措施安排和人员的应急职责，具体包括危险判定、危险事故信号、汇报程序、现场紧急处理、人员撤离、封锁现场、人员分工等。

应急措施要作为仓库工作人员的专业知识，务必使每一位员工熟悉，且熟练掌握其分工的职责行为和操作技能。

仓库应该定期组织员工开展应急措施演习，当人员有一定变动时也要进行演习。

五、配送中心

配送中心是一种多功能、集约化的物流据点，是一种新兴的经营管理形态。配送中心是在仓库的基础上发展起来的，现代化的配送中心把订货、收货、验货、仓储、装卸搬运、拣选、分拣、流通加工、配送、结算、信息处理等作业有机地结合起来。通过发挥配送中心的各种功能，可以压缩企业的库存费用，提高企业的服务水平，以及降低整个系统的物流成本。

（一）配送中心的定义

配送中心（distribution center，DC）是一种以组织配送性销售或供应，执行实物配送为主要职能的末端物流节点设施，通过有效地组织配货和送货，使资源的终端配置得以完成，图 2.11 为某配送中心布局。

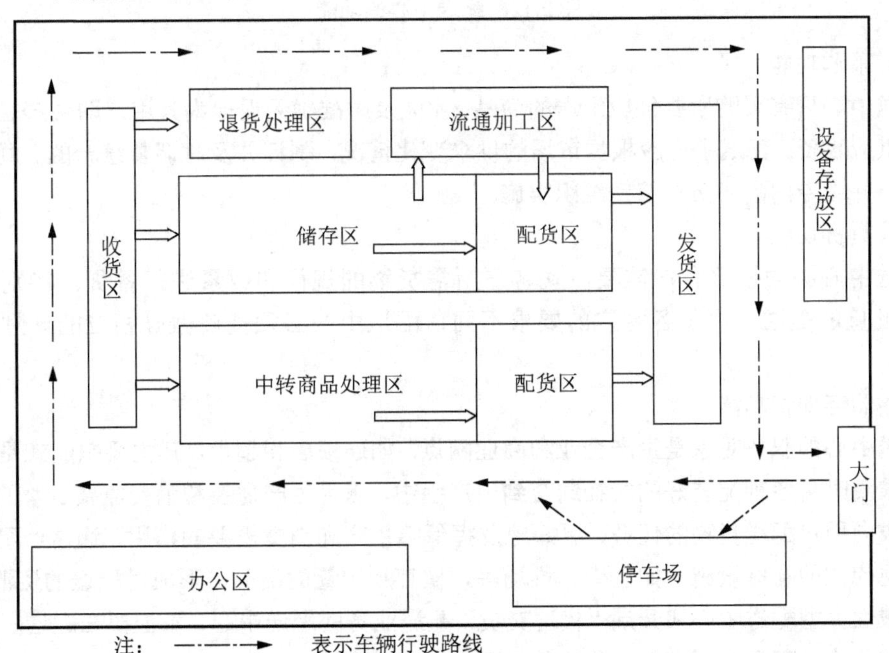

图 2.11　某配送中心布局

《物流手册》将配送中心定义为“配送中心是从供应者手中接受多种大量的货物，进行包装、分类、保管、流通加工和信息处理等作业，然后按照众多需要者的订货要求备齐货物，以令人满意的服务水平进行配送的设施”。

（二）配送中心的功能

配送中心是现代化、规范化的物流节点，是商流、物流、信息流的有机结合；是采购、验收、装卸搬运、保管、拣选、流通加工、增值服务、订单处理、配送等功能的有机结合，如图 2.12 所示。

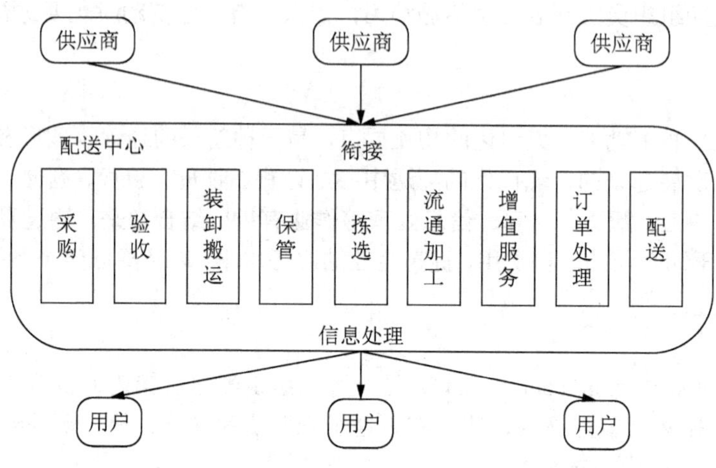

图 2.12　配送中心的功能

（1）采购功能

配送中心只有采购所要供应配送的商品，才能及时准确无误地为其用户即生产企业或商业企业供应物资。配送中心应根据市场的供求变化情况，制订并及时调整统一的、周全的采购计划，并由专门的人员与部门组织实施。

（2）集货功能

配送中心必须按照客户需要，就客户所需货物的规模和数量进行备货，特别是多品种、小批量的配送。由于各客户的要求不同，配送中心必须提前做好相应的计划，并统一部署。

（3）储存保管功能

配送中心的服务对象是生产企业和商业网点，如连锁店和超市，其主要职能就是按照用户的要求及时将各种配装好的货物送交到用户手中，满足生产需要和消费需要。为了顺利有序地完成向用户配送货物的任务，更好地发挥保障生产和消费需要的作用，通常，配送中心都建有现代化的仓储设施，如仓库、堆场等，储存一定量的商品，形成对配送的资源保证。某些区域性大型配送中心和开展“代理交货”配送业务的配送中心，不但要在配送货物的过程中存储货物，而且它所存储的货物数量更大，品种更多。

（4）集散功能

将各个不同企业的各种产品集中到一起，经过分拣、配装，把各个用户所需要的多种货物有效地集合在一起，形成经济、合理的货载量向多家用户发送。

配送中心在流通实践中所表现出的这种功能就是货物集散功能。

（5）分拣功能

配送中心面对的用户众多，用户对所需商品的品种、规格、数量以及送达时间等方面的要求差异很大。为了能够满足用户多样化的需求，配送中心必须采取适当的方法，通过分拣作业从现有的存货中拣选出用户所需要的商品，完成用户所需商品的配货工作，为送货做好准备，以满足用户的不同需要。分拣功能体现了配送中心“配”的精髓，是配送中心高水平物流服务的体现，是配送中心与普通仓库的主要区别，也是配送中心的主要功能。

（6）流通加工功能

为了扩大经营范围和提高配送水平，许多配送中心都配备有各种加工设备，由此形成了一定的加工能力。按照用户的要求与合理配送的原则，将货物加工成一定规格、尺寸和形状，既大大方便了客户，省却了客户不少烦琐的劳作，也有利于提高资源利用率和配送效率。

（7）送货功能

送货是配送中心最后实现的职能，配送中心需在其服务范围内，准时地把必要的商品及其数量送达客户，为了减少客户的库存或达到零库存，运送是多频次的。这就需要配备相应的运输设备及运输前后的装卸设备，这是良好快捷服务的重要保证之一。

（8）信息处理功能

配送中心连接物流干线和配送，直接面对着产品的供需双方，因此，配送中心还具备情报功能，以协调各个环节的作业，协调生产和消费。配送中心不仅连接实物，还进行信息的传递和处理，包括在配送中心的信息生成和交换等。为提高作业效率，减少作业失误，配送中心往往配置先进的信息设备，以提高信息处理能力。

（9）其他功能

配送中心还具有其他延伸或辅助功能。

1）结算功能。物流中心的结算功能是物流中心对物流功能的一种延伸。物流中心的结算不仅仅只是物流费用的结算，在从事代理、配送的情况下，物流中心还要替货主向收货人结算货款等。这也成为配送中心一种利润获取方式。

2）需求预测功能。自用型物流中心经常负责根据物流中心商品进货、出货信息来预测未来一段时间内的商品进出库量，进而预测市场对商品的需求。

3）物流系统设计咨询功能。公共型物流中心要充当货主的物流专家，因而必须为货主设计物流系统，代替货主选择和评价运输商、仓储商及其他物流服务供应商。国内有些专业物流公司正在进行这项尝试，这是一项增加价值、增加公共物流中心的竞争力的服务。

4）物流教育与培训功能。物流中心的运作需要货主的支持与理解，通过向货主提供物流培训服务，可以培养货主与物流中心经营管理者的认同感，可以提高货主的物流管理水平，可以将物流中心经营管理者的要求传达给货主，也便于确立物流作业标准。

（三）配送中心的分类

配送中心是一种新兴的经营管理形态，具有满足少量多样的市场需求及降低流通成本的作用。但是，由于建造背景不同，配送中心的功能、构成和运营方式就有很大区别，因此在配送中心规划时应充分注意配送中心的类别及其特点。

1. 根据配送中心的主体分类

（1）制造商型配送中心

制造商型配送中心是以制造商为主体的配送中心。这种配送中心的货物全部由自己生产制造，用以降低流通费用、提高售后服务质量和及时地将预先配齐的成组元器件运送到规定的加工和装配工位。从货物开始制造到生产出来，其条码和包装的配合等多方面都较容易控制，所以按照现代化、自动化的配送中心设计比较容易，但不具备社会化的要求。

扫一扫：亚马逊配送中心

（2）批发商型配送中心

批发商型配送中心是由批发商或代理商所成立的，以批发商为主体的配送中心。批发是货物从制造者到消费者手中之间的传统中间环节之一，一般是按部门或货物类别的不同，把各个制造商的货物集中起来，然后以单一品种或搭配向消费地的零售商配送。这种配送中心的货物来自各个制造商，其重要活动是对货物进行汇总和再销售，而它的全部进货和出货都是社会性配送，社会化程度高。

（3）零售商型配送中心

零售商型配送中心是由零售商向上整合所成立的，以零售业为主体的配送中心。零售商发展到一定规模后，可建立自己的配送中心，为专业零售店、超市、百货商店、建筑商场等服务，其社会化程度介于前两者之间。

（4）专业物流配送中心

专业物流配送中心是以第三方物流企业为主体的配送中心。它有很强的运输配送能力，地理位置优越，可迅速将到达的货物配送给用户。它为制造商或供应商提供物流服务，而配送中心的货物仍属于制造商或供应商所有，配送中心只是提供仓储管理和运输配送服务。这种配送中心的现代化程度往往较高。

2. 根据配送区域的范围分类

（1）城市配送中心

城市配送中心是以城市范围为配送范围的配送中心，由于城市范围一般处于汽车运输的经济里程，这种配送中心可直接配送到最终用户，且采用汽车进行配送。城市配送中心往往和零售经营相结合，由于运距短，反应能力强，因而从事多品种、少批量、多用户的配送较有优势。我国已建的“北京食品配送中心”就属于这种类型。

（2）区域配送中心

区域配送中心是以较强的辐射能力和库存准备，向省（州）际、全国乃至国际范围的用户配送的配送中心。这种配送中心配送规模较大，一般而言，用户也较大，配送批量也较大，而且，往往是配送给下一级的城市配送中心，或者配送给营业所、商店、批发商和企业用户，虽然也从事零星的配送，但不是主体形式。这种类型的配送中心在国外十分普遍。

3. 根据配送中心的功能分类

（1）储存型配送中心

储存型配送中心是一类具有强大的储存功能的配送中心，其主要是为了满足三方面的需要而建造的：一是企业在销售产品时，难免会出现生产滞后的现象，要满足买方市场的需求，客观上需要一定的产品储备；二是在生产过程中，生产企业也要储备一定数量的生产资料，以保证生产的连续性并应付急需；三是配送的范围越大、距离越远时，或者满足即时配送的需要时，客观上也要求储存一定数量的商品。由此可见，储存型配送中心是为了保障生产和流通得以正常进行而出现的。其特点是储存仓库规模大、库型多、存储量大。

（2）流通型配送中心

流通型配送中心包括通过型配送中心和转运型配送中心，基本上没有长期储存功能，是仅以暂存或随进随出方式进行配货、送货的配送中心。这种配送中心的典型方式是大量货物整体购进并按一定批量送出，采用大型分货机，进货时直接进入分货机传送带，分送到各客户货位或直接分送到配送用的汽车上，货物在配送中心里仅作少许停留。

（3）加工型配送中心

加工型配送中心是以流通加工为主要业务的配送中心。从提高原材料利用率、提高运输效率、方便用户等多重目的出发，许多材料都需要配送中心的加工职能，如食品加工配送中心、生产资料加工配送中心等。

知识拓展

国家标准 GB/T 31152—2014《物流术语》中关于物流中心与配送中心的定义如下：

1）物流中心（logistics center），是从事物流活动的具有完善的信息网络的场所或组织。应基本符合下列要求：①主要面向社会提供公共物流服务；②物流功能健全；③辐射范围大；④存储、吞吐能力强，能为转运和多式联运提供物流支持；⑤对下游配送中心提供物流服务。

2）配送中心（distribution center），是从事配送业务具有完善的信息网络的场所或组织。应基本符合下列要求：①要为特定的用户服务；②配送功能健全；③辐射范围小；④多品种、小批量、多批次、短周期；⑤主要为末端客户提供配送服务。

第二节　仓库储存设备

一、货架

（一）货架的定义

在仓库设备中，货架是指专门用于存放成件物品的保管设备。货架在仓库中占有非常重要的地位，随着现代工业的迅猛发展，物流量的大幅度增加，为实现仓库的现代化管理，改善仓库的功能，不仅要求货架数量多，而且要求具有多功能，并能实现机械化、自动化要求。仓库中使用货架的优缺点如表 2.8 所示。

表 2.8　货架存储的优缺点

优点	缺点
① 可充分利用仓库空间，提高库容利用率，扩大仓库储存能力； ② 存入货架中的货物，互不挤压，物资损耗小，可完整保证物资本身的功能，减少货物的损失； ③ 货架中的货物可以任意存取，货物种类的可拣选率达 100%，便于清点及计量； ④ 便于机械化和自动化操作； ⑤ 便于实行“定位储存”和计算机管理； ⑥ 保证存储货物的质量，可以采取防潮、防尘、防盗、防破坏等措施，以提高物资存储质量	① 购买货架设备的费用较高； ② 必须配备相应的装卸搬运设施和托盘等集装单元器具。 ③ 货架设备的位置相对固定，机动灵活性差； ④ 货架之间需预留通道，有时可能会对仓容率产生一定的负面影响

（二）货架的分类

货架可按以下标准进行分类。

扫一扫：典型货架

1）按其发展过程，货架可分为：①传统式货架，包括层架、层格式货架、抽屉式货架、橱柜主货架、U 形架、悬臂架、栅架、鞍架、气罐钢筒架、轮胎专用货架等；②新型货架，包括旋转式货架、移动式货架、装配式货架、调节式货架、托盘货架、进车式货架、高层货架、阁楼式货架、重力式货架、臂挂式货架等。

2）货架按适用性可分通用货架和专用货架。

3）货架按制造材料可分为钢货架、钢筋混凝土货架、钢与钢筋混凝土混合式货架、木制货架、钢木合制货架等。

4）货架按封闭程度可分为敞开式货架、半封闭式货架、封闭式货架等。

5）货架按结构特点可分为层架、层格架、橱架、抽屉架、悬臂架、三脚架、栅型架等。

6）货架按可动性可分为固定式货架、移动式货架、旋转式货架、组合货架、可调式货架、流动储存货架等。

7）货架按与仓库的结构关系分为：①整体结构式，货架直接支撑仓库屋顶和围墙；②分体结构式，货架与建筑物分为两个独立系统。

8）货架按载货方式可分为悬臂式货架、橱柜式货架、棚板式货架。

9）货架按构造可分为组合可拆卸式货架、固定式货架（又分为单元式货架、贯通式货架）。

10）货架按高度可分为：①低层货架，高度在 5 米以下；②中层货架，高度在 5～15 米；③高层货架，高度在 15 米以上。

11）货架按重量可分为：①重型货架，每层货架载重量在 500 千克以上；②中型货架，每层货架（或搁板）载重量 150～500 千克；③轻型货架，每层货架载重量在 150 千克以下。

（三）货架的选择

货架的选择要考虑的因素有物品特性、存取性、出入库量、搬运设备、厂房架构等，最主要的就是依据储区的功能作出适当的选择。例如，保管储区的主要功能在供应补货，则可选用一些高容量的货架；而动态储区的主要功能在提供拣货，则可选用一些方便拣货的流动架等，以达到作业的方便。

储存设备的选用要从经济及效率的观点出发，综合考虑各项因素，以决定最适用的设备形式（见图 2.13）。

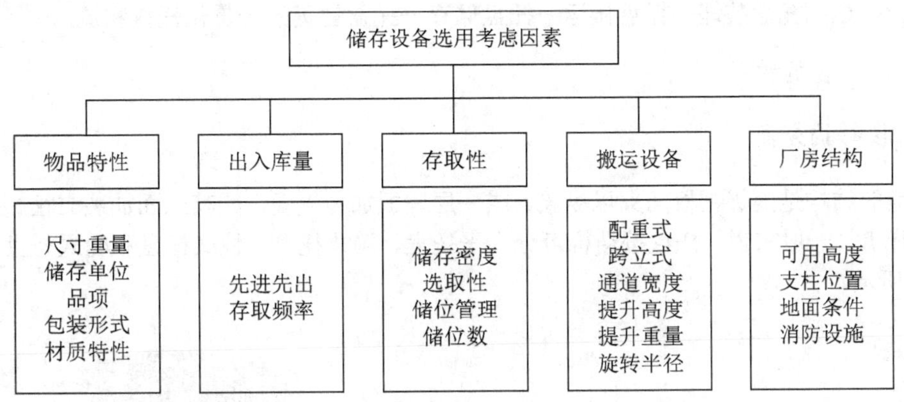

图 2.13 储存设备选用考虑因素

1）物品特性。物品的尺寸大小、外形包装等将会影响储存单位的选用，由于储存单位的不同，相对的使用货架就不同。例如，托盘货架适用于托盘储放，而箱架则适合箱品使用；若外形尺寸特别，则有一些特殊的储放设备可选用；而货品本身的物化性质，如易腐性或易燃性等货品，在储放设备上就必须做防护性方面的考虑。

2）出入库量。出入库量高低是非常重要的数据，可由此数据来选用适当的货架形式。某些形式的货架虽有很好的储存密度，但出入库量却不高，适合于低频度的作业。另外，还必须兼顾库存管理的方式（如先进先出）。

3）存取性。一般而言，存取性与储存密度是相对的。也就是说，为了得到较高的储存密度，则必须相对牺牲物品的存取性。有些货架形式虽可得到较佳的储存密度，但会使储位管理较为复杂。立体自动仓库存取性与储存密度俱佳，但相对投资成本较为昂贵。因此，选用何种形式的货架，是各种因素的折中，需统筹考虑。

微课：密集存储

4）搬运设备。货架的存取作业是以搬运设备来完成的，因此选用货架时应一并考虑搬运设备。例如，货架通道宽度直接影响到堆高机的形式，是配重式或窄道式。另外，还需考虑举升高度及举升能力。

5）厂房架构。梁下有效高度、梁柱位置会影响货架的配置。地板承受的强度、平整度也与货架的设计、安装有关。另外，必须考虑防火设施和照明设施。

二、托盘

（一）托盘的定义

托盘是用于集装、堆放、搬运和运输的放置作为单元负荷的货物和制品的水平平台装置。它一般用木材、金属、纤维板制作，便于装卸、搬运单元物资和小数量的物资。

托盘是一种用于机械化装卸、搬运和堆存货物的集装工具。它是随着叉车的出现，在工业领域广泛应用的单元化器具。为提高出入库效率和仓库利用率，实现储存作业的机械化，采取货物带托盘的存储方法，可以消除转载时码盘拆盘的繁重体力劳动，逐渐实现了托盘流通与联营，达到托盘装卸—托盘搬运—托盘储存—托盘售货的一贯化托盘物流。

（二）托盘的种类

1. 按结构分类

托盘的结构是两层铺板间夹以纵梁，或一层铺板加装支腿，或其上面加装立柱、挡板而构成的货盘。一般来说，托盘按结构可分为平托盘、箱式托盘、柱式托盘和轮式托盘等，如图 2.14 所示。

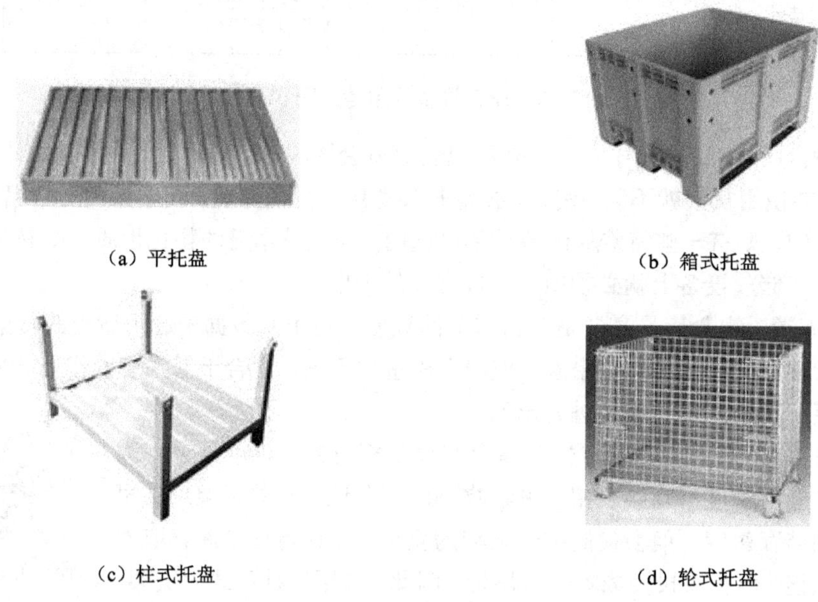

（a）平托盘　（b）箱式托盘　（c）柱式托盘　（d）轮式托盘

图 2.14　托盘

平托盘没有上层结构，用途最广泛，按货叉插入口可分为二口型、四口型；按使用面可分为单面型、两面型。

箱式托盘的面上具有上层结构，其四周至少有三个侧面固定，一个侧面是可折叠的垂直面。各侧面可以是平板、条状板和网状板。箱式结构可有盖和无盖，有盖的板壁箱式托盘与小型集装箱无严格区别，适用于装载贵重货物；无盖的板壁箱式托盘适于企业内装载各种零件、元器件；网格壁箱式托盘适于装载蔬菜、瓜果等农产品及副食品。

四角有四根立柱的托盘称为柱式托盘。立柱有固定式、折叠式、可拆分式等，主要用于无货架多层堆码的场合。

下面装有四个小轮的托盘叫做轮式托盘。在行包、邮件的装卸搬运作业中得到广泛的应用。

2. 其他分类

托盘还可按材料分为木托盘、钢托盘、铝托盘、纸托盘、塑料托盘、胶合板托盘、复合材料托盘等。木质托盘是现在使用最广的托盘，因为其价格便宜、结实；塑料托盘比较贵，载重也较小，但是随着塑料托盘制造工艺的进步，一些高载重的塑料托盘已经出现，正在慢慢地取代木质托盘。金属托盘结实耐用，缺点是易腐蚀，价格较高。

托盘按使用寿命分为一次性（消耗性）托盘和多次性（循环性）托盘两种。

托盘按使用形式一般分为通用托盘和专用托盘。通用托盘是指在企业内外一般货物流通使用；专用托盘是一种集装特定物料（或工件）的托盘，它和通用托盘的区别在于具有适合特定物料装载的支撑结构，以使运件在搬运过程中保持形态。专用托盘主要有插孔式托盘、插杆式托盘、悬挂式托盘、架放式托盘和箱式托盘。

扫一扫：专用托盘

知识拓展

托盘承载的货物进行固定后，仍不能满足运输要求的应该根据需要选择防护加固附件。加固防护附件由纸质、木质、塑料、金属或者其他材料制成。托盘承载的货物进行固定方式主要有捆扎、胶合束缚、拉伸包装，并可相互配合使用。

（三）托盘的标准化

托盘标准是物流产业最为基础的标准，托盘标准化直接影响物流标准化进程和现代物流产业的运作成本。物流的自动化和现代化也集中体现在物流技术标准及其手段与装备，而作为物流技术标准最基本的体现就是目前物流活动中广泛使用的托盘。许多发达国家意识到实现物流高度现代化的前提是物流技术的标准化，而作为物流运作最基本的单元，托盘的标准化是实现物流现代化的必要条件。

当前，中国的托盘规格相当混乱，有2000mm×1000mm、1500mm×1100mm、1500 mm×1000mm、1400mm×1200 mm、1300mm×1000mm、1200mm×1000mm、1200mm×800mm、1200mm×1100mm、1100mm×1000mm、1100mm×1100mm、1100mm×900mm、1000mm×1000mm、1000mm×800mm、1200mm×1200mm、1300mm×1600mm、1300mm×1100mm等几十种规格。其中，塑料托盘的规格相对比较集中，主要是 1100mm×1100mm 和1200mm×1000mm，约占塑料托盘的 50%。这是由于塑料托盘生产中要使用注塑模具，而模具开发成本相对比较高。木质托盘的规格比较混乱，目前的规格主要是使用单位根据自己产品的规格定制，这与木质托盘制造工艺相对比较简单有关。钢制托盘的规格不是很多，集中在 2～3 个规格，主要用于对托盘的承载重量要求比较高的港口码头等单位。

现在企业使用的多为平面四向进叉双面使用托盘，约占托盘使用总数的 60%。其余的还有平面双向进叉双面使用托盘、单面使用平式托盘、箱式托盘和柱式托盘。特种托盘的使用数量比较少。箱式托盘现多用于企业生产过程中的物料搬运，基本上不进入流通。

在选择托盘尺寸时应该考虑以下因素。

1）要考虑运输工具和运输装备的规格尺寸。合适的托盘尺寸应该符合运输工具的尺寸，可以充分利用运输工具的空间，提高装载率，降低运输费用，尤其要考虑海运集装箱和运输商用车的箱体内尺寸。

2）要考虑托盘装载货物的包装规格。根据托盘装载货物的包装规格选择合适的托盘，尽量最大限度地利用托盘的表面积，控制所载货物的重心高度。托盘承载货物的合理的指标为：达到托盘80%的表面积利用率，所载货物的重心高度不应超过托盘宽度的2/3。

3）要考虑托盘尺寸的通用性。应该尽可能地选用国际标准的托盘规格，便于托盘的交换和使用。

4）要考虑托盘尺寸的使用区域。装载货物的托盘流向直接影响托盘尺寸的选择。通常去往欧洲的货物要选择1210托盘（1200mm×1000mm）或1208托盘（1200mm×800mm）；去往日本、韩国的货物要选择1111托盘（1100mm×1100mm）；去往大洋洲的货物要选择1140mm×1140mm或1067mm×1067mm的托盘；去往美国的货物要选择48英寸×40英寸的托盘，国内常用1210（1200mm×1000mm）托盘发往美国。

第三节 装卸搬运设备

扫一扫：装卸搬运设备分类

装卸搬运的货物如箱装货物、袋装货物、桶装货物、散货、易燃易爆及剧毒品等，它们来源广泛、种类繁多、外形和特点各不相同。为了适应各类货物的装卸搬运和满足装卸搬运过程中各个环节的不同要求，各种装卸搬运设备应运而生。装卸搬运作业运用的装卸搬运设备种类很多，分类方法也很多。本节介绍几类典型的仓储装卸搬运设备。

一、起重设备

起重设备是现代工业生产不可缺少的设备，广泛用于工厂、建筑工地、矿山、港口、铁路、宾馆、居民楼等场所，完成各种物料的起重、运输、装卸、安装和人员输送等作业，从而大大地减轻了体力劳动强度，提高了劳动生产率，也提高了人们的生活质量。有些起重设备还能在生产中进行某些特殊的工艺操作，使生产过程较容易地实现机械化和自动化。

起重设备是一种以间歇作业方式对物料进行起升、下降和水平移动的搬运机械，是用来升降物品或人员的，有的还能使物品或人员在其工作范围内作水平或空间移动。起重设备的作业通常带有重复循环的性质。一个完整的作业循环一般包括取物、起升、平移、下降、卸载，然后返回原处，直至下一次取物开始等环节。经常起动、制动、正向和反向运动是起重机械动作的基本特点。

1. 起重设备的特点

起重设备是一种循环、间歇运动的机械，用来垂直升降货物或兼作货物的水平移动，以满足货物的装卸、转载等作业要求。

起重设备的作业具有以下几个特点。

1）稳定运动时间较短。由于起重机械的各个工作机构在工作中经常处于反复启动、制动以及正向、反向等相互交替的运动状态，因而其稳定运动的时间相对于其他机械而言较为短暂。

2）间歇重复。起重作业是完成一个工作循环后，再进行下一次的工作循环，因此，起重机械是一种间歇动作的机械。

3）大部分起重机械机体移动困难，因而通用性不强，往往是港口、车站、物流中心等处的固定设备。

4）起重机的作业方式是从货物上部起吊，因而作业需要的空间高度较大。

5）起重机以装卸为主要功能，搬运功能较差，搬运距离很短。

2. 起重设备的分类

起重设备按其重量及运动方式可分为三大类，即轻小型起重设备、桥式类起重机、臂架类起重机。

扫一扫：典型起重设备

（1）轻小型起重设备

轻小型起重设备一般只有一个升降机构，使货物作升降运动，在某些场合也可作水平运输（如卷扬机）。属于这一类型的起重设备有千斤顶、手动葫芦、滑车及滑车组、卷扬机等。它们具有轻小简练、使用方便的特点，适用于流动性和临时性的作业，手动的轻小型起重设备尤其适合在无电源的场合使用。

（2）桥式类起重机

桥式类起重机配有起升机构、大车运行机构和小车运行机构。依靠这些机构配合动作，可在整个长方形场地及其上空作业，适用于仓库、车间、露天堆场等场所。桥式类起重机包括通用桥式起重机、堆垛起重机、龙门式起重机和装卸桥等。

（3）臂架类起重机

臂架类起重机配有运行机构、起升机构、旋转机构和变幅机构，液压起重机还配有伸缩臂机构。依靠这些机构的配合动作，可在圆柱形场地及上空作业。臂架式起重机可装在车辆上或其他运输工具上，构成运行臂架式起重机，这种起重机具有良好的机动性，适用于货场、矿场、码头等场所。臂架类起重机包括悬臂起重机、塔式起重机、轮胎起重机、铁路起重机、汽车起重机、履带起重机等。

知识拓展

堆垛起重机是指采用货叉作为取物装置，在仓库或车间堆取成件物品的起重机，常简称堆垛起重机。堆垛起重机是立体仓库中主要的起重运输设备，是随立体仓库发展起来的专用起重设备。

堆垛机器人也称堆垛机械手，是典型的机电一体化产品。目前，堆垛机器人广泛应用于生产的诸多领域，极大地提高了生产效率，降低了劳动强度。堆垛机器人可以将不同外形尺寸的包装货物，整齐、自动地码（或拆）在托盘上，可以充分利用托盘的面积和堆码物料的稳定性。堆垛机器人还配有堆码顺序、排序设定器，功能全面，在提高工作效率方面，有显著的效果。

二、连续输送机械

连续输送机械是以连续运作的方式按规定的线路从装货点到卸货点输送散装货物和小件杂货物的机械。由于输送货物品种和性质的不同，输送机械的应用大致可分为两类，即连续性输送机械和间歇性输送机械。前者主要用于散货和部分小件杂货的输送装卸，后者主要用于集装单元和杂货的装卸搬运。

连续输送机械不仅是生产加工过程中组成机械化、自动化、智能化、连续化的流水线作业运输线中不可缺少的组成部分，也是物流多环节装卸转运的基本设备。

连续输送机械是以形成连续物流方式沿一定线路输送散货的机械，具有表 2.9 所列特点。

表 2.9　连续输送机械特点

优点	缺点
① 输送能力大且速度快：连续输送机械输送过程中极少紧急制动和启动，因此可以采用较高的工作速度，效率很高，而且不受距离远近的影响；再加上输送路线固定，且散料具有连续性，所以装货、输送、卸货可以连续进行 ② 结构简单：连续输送机械沿一定线路全长范围内设置并输送货物，动作单一，结构紧凑，自身质量较轻，造价较低；因受载均匀、速度稳定，工作过程中所消耗的功率变化不大；在相同输送能力的条件下，连续输送机械所需功率一般较小 ③ 自动控制简单：由于输送路线预设且固定，运动方式单一，而且调速简单，载荷均匀，所以较容易实现自动控制 ④ 输送距离较长：不仅单机长度日益增加，且可由多台单机组成长距离的输送线路 ⑤ 专用性强：一般来说，一种机械仅适用于相对固定的几种类型的货物，对于单体重量很大的杂货来说，普通的连续输送机械都是不适用的 ⑥ 经济性好：一般的连续输送机械性价比好，耐用性好	① 通用性较差：每种机型一般只适用于输送一定种类的货物 ② 大多不能自动取料：除少数连续输送机能自行从料堆中取料外，大多要靠辅助设备供料 ③ 不能输送笨重的大件物品：不宜输送质量大的单件物品或集装容器 ④ 必须沿整条输送线路布置：输送线路一般固定不变。在输送线路变化时，往往要按新的线路重新布置。在需要经常改变装载点及卸载点的场合，须将输送机安装在专门机架或臂架上，借助它们的移动来适应作业要求

根据用途和所处理货物形状的不同，输送机常见的有带式输送机、辊子输送机和垂直输送机，如图 2.15～图 2.17 所示。

图 2.15　带式输送机

图 2.16　辊子输送机

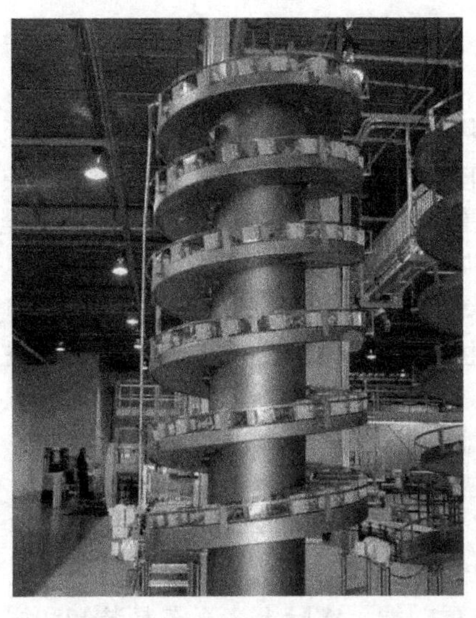

图 2.17　垂直输送机

三、叉车

1. 叉车的定义

叉车（fork lift truck）又名铲车、装卸车，是指具有各种叉具，能够对货物进行升降和移动以及装卸作业的搬运车辆。叉车具有工作效率高、操作使用方便、机动灵活等优点，其标准化和通用性也很高，被广泛应用于对成件、成箱货物进行装卸、堆垛以及短途搬运、牵引和吊装工作。叉车在仓库作业过程中，是比较常用的装卸设备，有万能装卸机械之称。

叉车的基本构造如图 2.18 所示。

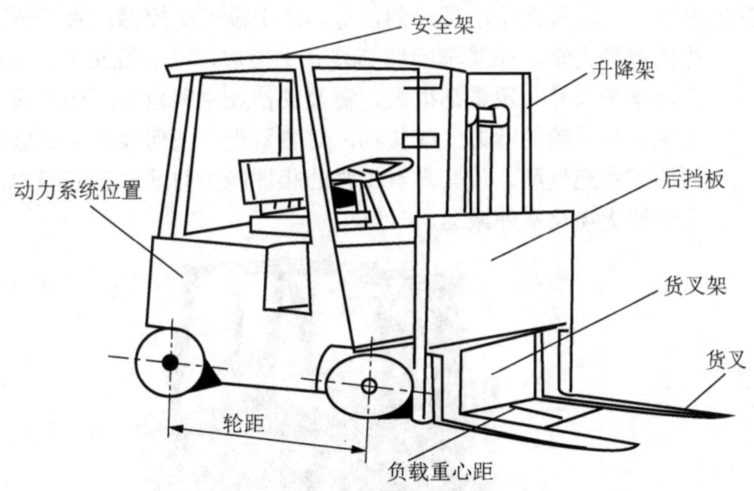

图 2.18　叉车的基本构造

2. 叉车的特点

在物流装卸作业中，叉车除了和港口的其他起重运输机械一样，能够减轻装卸工人繁重的体力劳动、提高装卸效率、缩短船舶与车辆在港停留时间、降低装卸成本以外，还有以下特点。

1）机械化水平高，有很强的通用性。叉车在物流的各个领域都有所应用，如仓库、车站、码头和港口都要应用叉车进行作业。在使用各种自动取物装置或者在货叉与货板配合使用的情况下，叉车的应用范围会更广，可以实现装卸工作的完全机械化，不需要工人的辅助体力劳动，从而可以大大提高作业的效率。

2）有很强的灵活性。叉车底盘与汽车相比，其轮距较小，这样叉车的转弯半径就很小，作业时灵活性增强。同时，由于叉车外形尺寸小，重量轻，能在作业区域内任意调动，适应货物数量及货流方向的改变，可以机动地与其他起重运输机械配合工作，提高机械的使用率。在许多机具难以使用的场合都可以采用叉车。

3）可以多用途使用。在配备与使用各种工作用具如货叉、铲斗、臂架、串杆、货叉、抓取器、倾翻叉等的条件下，可以适应各种品种、形状和大小货物的装卸作业，扩大对特定物料的装卸范围，并提高装卸的工作效率。

4）具有装卸和搬运的双重功能。实际上，叉车是装卸和搬运一体化的设备。它将装卸和搬运两种作业合二为一，加快作业的工作效率。

5）能提高仓库容积的利用率，堆码高度一般可达 3～5 米。

6）有利于开展托盘成组运输和集装箱运输。

7）与大型起重机械比较，它的成本低、投资少，能获得较好的经济效益。

3. 典型叉车

叉车种类繁多，主要使用的叉车形式有平衡重式叉车、前移式叉车、侧插式叉车等。

（1）平衡重式叉车

由于有着很强的适应性，平衡重式叉车的构造在叉车中的应用最为广泛，占叉车总数的 80%以上，如图 2.19 所示。其货叉位于叉车的前部，由于没有支撑臂，为了平衡货物重量产生的倾翻力矩，在叉车的后部装有平衡重，以保持叉车的稳定。其轴距较大，车身尺寸与重量都很大，需要的作业空间也相应要求很大；同时，货叉直接从前轮的前方叉取货物，对容器没有任何要求；底盘较高，使用橡胶胎或者充气胎，使其具有很强的爬坡能力与地面适应能力，因此普遍用于装卸货物及室外搬运。

扫一扫：叉车分类

图 2.19 平衡重式叉车

（2）前移式叉车

前移式叉车的门架或者货叉架可以前后移动，其中门架前移式叉车是指作业时门架带动货叉前移，伸出到前轮之外叉取或放下货物，行走时货叉带货物收回，使货物重心在支撑面内；而货叉前移式叉车是指货架带动货叉前移至前轮之外进行作业，行走时叉架带动货叉缩回到支撑平面内。前移式叉车有两条前伸的支腿，支腿较高，支腿前端有两个轮子，支腿的作用是确保叉车在负载时的稳定性。前移式叉车的门架可以带着起升机构沿着支腿内侧的轨道前移，便于叉取货物，如图 2.20 所示。叉取完货物后，起升一小段高度之后，门架又沿着支腿内侧的轨道回到原来的位置。前移式叉车具有平衡重式叉车和电动堆垛机的共同特征。当门架前升至顶端时，载荷重心落在支点的外侧，此时相当于电动堆垛机。这两种性能的结合，使得这种叉车具有操作灵活性和高载荷的优点，同时体积和自重不会增加很多，可以节省空间，减少转弯半径，适合于通道较窄的室内仓库作业。

（3）侧叉式叉车

侧叉式叉车的门架、货叉及起重机构设置在叉车车体侧面的 U 形槽内，三者均可横向沿着导轨向侧面移动，货叉可以上下升降，如图 2.21 所示。为了抵抗起重时货物引起的翻倾力矩，在车体 U 字形开口两侧装有两个液压支腿，叉取货物时，液压支腿放下着地，货叉伸出并取货后，货叉升起至高于货台时，门架缩回，然后货叉下降，将货物置于叉车一侧的前后台上，然后收起液压支腿，叉车即可行走。这类叉车主要用于装卸、搬运长件货物，如型钢、木材等。侧叉式叉车大部分是以柴油机作为驱动的，一般起重范围在 2.5～54.5 吨。

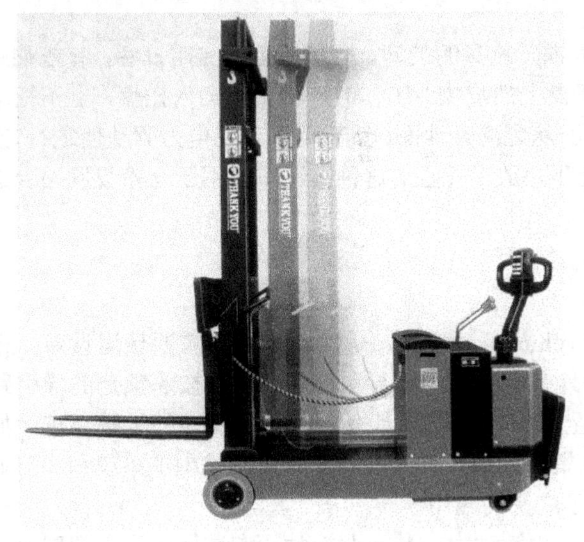

图 2.20　前移式叉车

图 2.21　侧插式叉车

知识拓展

普通叉车、无轨巷道堆垛起重机和有轨巷道堆垛起重机的性能比较如表 2.10 所示。

表 2.10 起重搬运设备的比较

设备名称	普通叉车	无轨巷道堆垛起重机	有轨巷道堆垛起重机
巷道宽度	最大	中	最小
作业高度	<5米	5～12米	>12米
作业灵活性	任意移动，非常灵活	可服务于两个以上的巷道，并完成高架区外的作业	只能高层货架巷道内作业，必须配备出、入库设备
自动化程度	一般为手动，自动化程度低	可以进行手动、半自动、自动及远距离集中控制	可以进行手动、半自动、自动及远距离集中控制

四、轻型装卸搬运设备

在仓储作业中使用搬运车辆的目的是改变货物的存放状态和空间位置。

1. 手推车

手推车是一种以人力驱动为主，在路面上水平运输货物的小型搬运车辆的总称。手推车的搬运距离一般不大于 25 米，承载能力一般在 500 千克以下。其特点是轻巧灵活、操作方便、转弯半径小，是输送较小、较轻物品的一种方便而经济的运输工具。

受所输送货物的种类、性质、重量形状、道路条件的影响，在仓储作业中对不同手推车要有所选择，有时既要考虑它的通用性，又要考虑它的专用性，以提高搬运效率。

2. 托盘搬运车

托盘搬运车是一种轻小型的利用人力提升货叉的装卸、搬运托盘的专用设备，有搭乘式和步行式两种，用于搬运、装卸装载于托盘上的货物。工作时，将货叉插入托盘，上下摇动手柄，使液压千斤顶提升货叉，托盘或容器随之离开地面，然后用手动或电力驱动使之行走，待货物到达目的地后，踩动踏板，货叉落下，放下托盘。这种搬运车多用于仓库收发站台的装卸。

五、自动导引搬运车

自动导引搬运车（automated guided vehicle，AGV），是物流系统的重要搬运设备。根据美国物流管理协会的定义，AGV 是指具有电磁或光电导引装置，能够按照预定的导引路线行走，具有小车运行和停车装置、安全保护装置以及具有各种移载功能的运输小车，如图 2.22 所示。随着工厂自动化、计算机集成系统技术的发展，以及柔性制造系统和物流业的发展，AGV 得到了广泛的应用。

扫一扫：海通 AGV 智能仓储

AGV 是一种以电力为动力，装有非接触导向装置的无人驾驶自动化车辆。它的主要功能表现为能在计算机的监控下，按路径规划和作业要求，使小车较为精确地行走并停靠到指定地点，完成一系列作业功能。人们形象地把以巷道堆垛机装备的自动化立体仓库称为现代物流系统的枢纽，把 AGV 称为其动脉。

图 2.22 AGV

1. AGV 的分类

（1）按照导引原理分类

按照导引原理的不同，AGV 可分为固定路径导引和自由路径导引两大类型。

1）固定路径导引：在事先规划好的运行路线上设置导向的信息媒介，如导线、光带等，通过 AGV 上的导向探测器检测到导向信息（如频率、磁场强度、光强度等），对信息实时处理后，用以控制车辆沿规定的运行线路行走的导引方式。

2）自由路径导引：事先没有设置固定的运行路径，根据搬运任务要求的起讫点位置，计算机管理系统优化运算得出最优路径，由控制系统控制各个 AGV 按照指定的路径运行，完成搬运任务。

（2）按照用途和结构分类

按照用途和结构，AGV 可分为无人搬运车、无人牵引车和无人叉车。

1）无人搬运车：主要用于完成搬运作业，采用人力或自动移载装置将货物装载到小车上，小车行走到指定地点后，再由人力或自动移载装置将货物卸下，从而完成搬运任务。具有自动移载装置的小车在控制系统的指挥下能够自动地完成货物的取、放以及水平运行的全过程，而没有移载装置的小车只能实现水平方向的自动运行，货物的取放作业需要依靠人力或借助于其他装卸设备来完成。

2）无人牵引车：主要功能是自动牵引装载货物的平板车，仅提供牵引动力。当牵引车带动载货平板车到达目的地后，自动与载货平板车脱开。

3）无人叉车：其基本功能与机械式叉车类似，只是一切动作均由控制系统自动控制，自动完成各种搬运任务。

2. AGV 的基本构成

AGV 的基本构成包括车体、能源储存装置、转向和驱动系统、安全系统、控制与通信系统、引导系统。

车体包括底盘、车轮、车架、壳体和控制室等，是 AGV 运动主要部件和装配其他装置的主要支撑。

能源储存装置是 AGV 的动力装置，一般为蓄电池及其充放电控制装置，电池为 24V 或 48V 的工业电池。

转向和驱动装置由车轮、减速器、制动器、电机及调速器等组成，是一个伺服驱动的速度控制系统，驱动系统可由计算机或人工控制，可驱动 AGV 运行并具有速度控制和制动能力。根据 AGV 运行方式的不同，常见的转向机构有铰轴转向式、差速转向式和全轮转向式等形式。通过转向机构，AGV 可以实现向前、向后，或能纵向、横向、斜向及回转的全方位运动。

AGV 的安全措施至关重要，必须确保 AGV 在运行过程中的自身安全，以及现场人员与各类设备的安全。一般情况下，AGV 采取多级硬件和软件的安全监控措施。如在 AGV 前端设有非接触式防碰传感器和接触式防碰传感器，AGV 顶部安装有醒目的信号灯和声音报警装置，以提醒周围的操作人员。对需要前后双向运行或有侧向移动需要的 AGV，则防碰传感器需要在 AGV 的四面安装。一旦发生故障，AGV 自动进行声光报警，同时采用无线通信方式通知 AGV 监控系统。

AGV 的控制系统通常包括车上控制器和地面（车外）控制器两部分，目前均采用微型计算机，由通信系统联系。通常，由地面（车外）控制器发出控制指令，经通信系统输入车上控制器控制 AGV 运行。车上控制器完成 AGV 的手动控制、安全装置启动、蓄电池状态、转向极限、制动器解脱、行走灯光、驱动和转向电机控制与充电接触器的监控及行车安全监控等。地面控制器完成 AGV 调度、控制指令发出和 AGV 运行状态信息接收。控制系统是 AGV 的核心。AGV 的运行、监测及各种智能化控制的实现，均需通过控制系统实现。

阅读材料

AGV 智能机器人在物流过程中的应用价值

I-SO AGV 智能搬运方案的目标是提高材料的处理效率减少人工操作，从而降低成本、提高盈利能力。通过 I-SO 智能 AGV 自动化，可以节省可观的成本，尤其是当人员轮班工作处理更长的物料流转任务，可让雇员在更苛刻的环境下愉快安全地工作。I-SO 智能 AGV 是耐用、灵活、模块化的解决方案，能在短时间内以很低的成本实现高的投资回报率。基于成熟的技术和傻瓜式的智能操作界面，操作员可快速上手，免维修，所以可靠性非常好。I-SO 智能 AGV 自动导航和操作无需驱动程序。

在国外，AGV 扮演物料运输的角色已经 60 多年了。第一辆 AGV 诞生于 1953 年，它是由一辆牵引式拖拉机改造而成的，在一间杂货仓库中沿着布置在空中的导线运输货物。到了 20 世纪 50 年代末到 60 年代初，已有多种类型的 AGV 用于工厂和仓库。随着科学技术的不断发展和经济全球化的不断深入，国内许多著名企业也开始大量发展和使用更智能的自动化生产线，智能 AGV 首当其冲。技术人员积极引入各种无线式导引技术到 AGV 系统中，如利用激光和惯性进行导引，这样提高了 AGV 系统的灵活性和准确性。而且，当需要修改路径时，也不必改动地面或中断生产，这些导引方式的引入，使得导引方式更加多样化了。

（资料来源：http://mircolomay.h.baike.com.）

第四节　分 拣 设 备

分拣是指将一批相同或不同的货物，按照不同的要求（如品种、发运的目的地、要货客户等）分别拣开，进行配送或发运。邮局把信件、邮包按送达目的地分开是典型的分拣作业。分拣作业是仓储系统中的重要作业。

扫一扫：分拣的类型

一、分拣货架

以静止货架为基本元素构成的系统是一种常见的分拣系统，静止的分拣货架固定在地面上，货架可从上、下、左、右几个方向，将储存空间分开，如图 2.23 所示。分拣系统的补货可在备用货架范围内或重力式货架的进货处进行。

活动货架有流动货架和旋转货架两种，用在分拣系统中的活动货架多为旋转式货架。利用计算机操纵控制旋转货架可将待选取的货位自动旋转到拣货人员的面前，使拣货人员完成拣货工作，如图 2.24 所示。为了提高分拣效率，减少分拣人员等待货物的时间，一般是将几个货架组成一个系统。

图 2.23　静止分拣货架

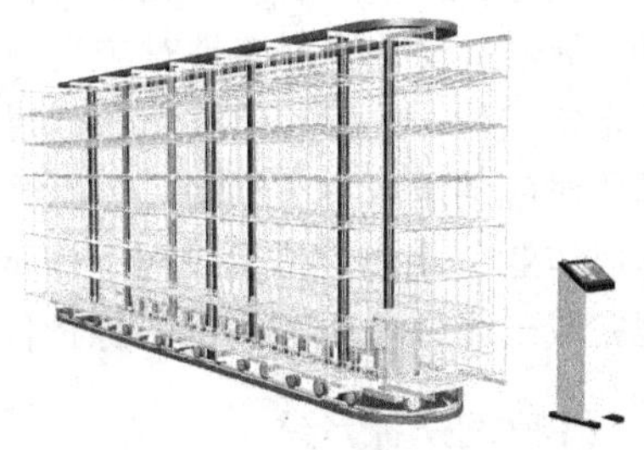

图 2.24　活动分拣货架

二、电子标签分拣系统

电子标签拣货系统的原理是在每一商品的储存架上安装有显示灯号，用以引导拣货员至订单所需商品的所在位置。除了灯号外，在货架上还用数字显示器来显示该商品所需的数量。除商品显示器外，在每一个商品存放区中，还安装了显示器，用以确定该区所应拣取的商品是否有遗漏；而店别显示器则用来显示当时作业订单所属的商店代号。

微课：电子货架

利用显示器设备来引导作业人员进行拣取工作，能使拣货人员在最短的时间内，达到最高的拣货效率，使任何人不需特别的训练，即能立即免传票进行拣取。这样不仅能达到作业的单纯化、合理化，更可提高作业的效率与精确度，电子标签如图 2.25 所示，电子标签拣货系统如图 2.26 所示。

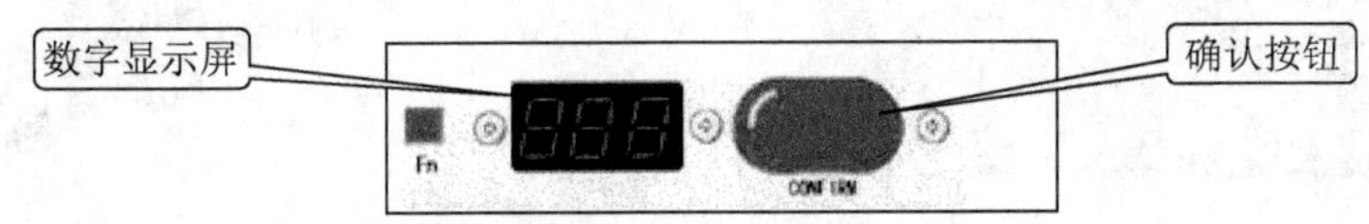

图 2.25　电子标签

图 2.26 电子标签拣货系统

1. 摘取式分拣系统

摘取式分拣系统（digital picking system，DPS）主要是应用在采取订单拣货策略时的作业辅助。货架上安装的标签是对应至一个储位品项，拣货人员只要根据电子标签点亮的灯号指示至指定储位，按标签面板上的数量显示，从货架上拿取相同数量的商品，并放置在该客户订单所对应的承载物（纸箱、物流箱或栈板）中，再于标签上进行确认动作，即可完成品项的拣取作业。此外，拣货过程中拣货人员可完全借由电子标签的作业指示，导引其轻松、迅速地完成一张订单所有品项的拣货作业。摘取式分拣系统如图 2.27 所示。

2. 播种式分拣系统

播种式分拣系统（digital assorting system，DAS）是利用电子标签实现播种式分货出库的系统。播种式分拣系统中的储位代表每一客户（各个商店、每条生产线等），每一储位都设置电子标签。操作员先通过条形码扫描把将要分拣货物的信息输入系统中，下订单客户的分货位置所在的电子标签就会亮灯、发出蜂鸣，同时显示出该位置所需分货的数量，分拣员可根据这些信息进行快速分拣作业。因为播种式分拣系统是依据商品和部件的标识号来进行控制的，所以每个商品上的条形码是支持播种式分拣系统的基本条件。当然，在没有条形码的情况下，也是可通过手工输入的办法来解决。播种式分拣系统如图 2.28 所示。

图 2.27 摘取式分拣系统

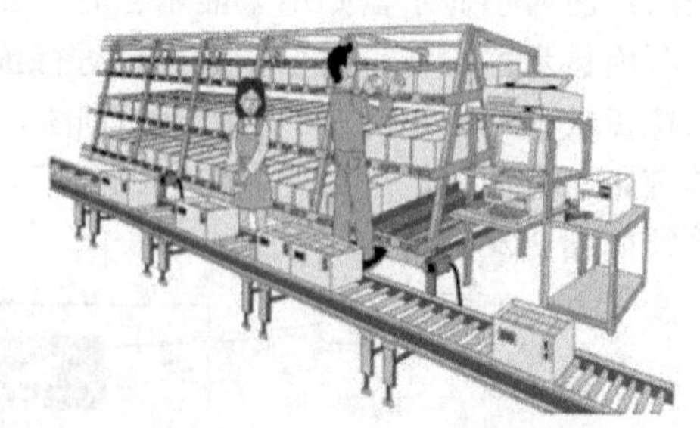

图 2.28 播种式分拣系统

三、自动分拣系统

1. 自动分拣系统的组成

自动分拣系统一般由控制装置、分类装置、输送装置及分拣道口组成，如图 2.29 所示。

控制装置的作用是识别、接收和处理分拣信号，根据分拣信号的要求指示分类装置，按商品品种、商品送达地点或货主的类别对商品进行自动分类。这些分拣需求可以通过不同方式，如可通过条形码扫描、色码扫描、键盘输入、重量检测、语音识别、高度检测及形状识别等方式，输入到分拣控制系统中去，根据对这些分拣信号判断，来决定某一种商品该进入哪一个分拣道口。

分类装置的作用是根据控制装置发出的分拣指示，当具有相同分拣信号的商品经过该装置时，该装置动作，使商品改变在输送装置上的运行方向进入其他输送机或进入分拣道口。分类装置的种类很多，一般有推出式、浮出式、倾斜式和分支式几种，不同的装置对分拣货物的包装材料、包装重量、包装物底面的平滑程度等有不完全相同的要求。

输送装置的主要组成部分是传送带或输送机，其主要作用是使待分拣商品鱼贯通过控制装置、分类装置。输送装置的两侧，一般要连接若干分拣道口，使分好类的商品滑下主输送机（或主传送带）以便进行后续作业。

扫一扫：顺丰自动分拣系统

分拣道口是已分拣商品脱离主输送机（或主传送带）进入集货区域的通道。一般由钢带、皮带、滚筒等组成滑道，使商品从主输送装置滑向集货站台，在那里由工作人员将该道口的所有商品集中后或是入库储存，或是组配装车并进行配送作业。

以上四部分装置通过计算机网络联结在一起，配合人工控制及相应的人工处理环节构成一个完整的自动分拣系统。

图 2.29　自动分拣系统

2. 自动分拣系统的基本原理

自动分拣系统的作业过程可以简单描述如下：物流中心每天接收成百上千家供应商或货主通过各种运输工具送来的成千上万种商品，在最短的时间内将这些商品卸下并按商品品种、货主、储位或发送地点进行快速准确的分类，将这些商品运送到指定地点（如指定的货架、加工区域、出货站台等）。同时，当供应商或货主通知物流中心按配送指示发货时，自动分拣系统在最短的时间内从庞大的高层货存架存储系统中准确找到要出库的商品所在位置，并按所需数量出库，将从不同储位上取出的不同数量的商品按配送地点的不同运送到不同的理货区域或配送站台集中，以便装车配送。

本章小结

传统意义上的仓库是指在物流系统中主要承担保管功能的场所，是物流网络中的节点。在现代物流系统中，仓库不但具有货物的保管功能，而且往往作为区域内物流运作的中心，具有调节、配送、流通加工、信息传递的功能。另外，对于需要特殊保护的物品需要建立特种仓库。

仓储设备是指企业进行仓储作业工程中所使用的各种机械设备、器具等物资资料。仓储设备主要包括与仓库相关的配套设备，如托盘、货架系统、搬运输送设备、分拣设备等。物流市场扩张需要先进的硬件技术，发展现代物流也离不开先进的物流生产设备。

案例分析

联华华商集团配送中心自动仓库操作规范

1. 中转发货

（1）业务概述

中转商品位于自动库一号巷道，由一号机控制一号堆垛机进行发货操作。

（2）业务流程

1）启动堆垛机联机操作。

2）选择自动库发货管理。

3）选择一门店打开。

4）按照门店条目发货。

（3）操作步骤

1）开机。打开堆垛机和控制计算机的电源，堆垛机联机操作。

2）选择发货门店。从菜单上点击发货管理选择自动库管理，并选择自动库发货管理。出现门店列表之后，在其中选择一个门店即可。

3）发货。具体步骤如下：①按该门店所需商品逐一将商品从库中取出置于台车上（自动）；②发货员输入或扫描操作托盘的条码；③在托盘商品包装上注明所发门店及件数；④在控制计算机上，点击“离线出库”按钮，并确认，按下“完了”按钮；⑤叉车手将操作托盘移至暂存区；⑥重复步骤①～⑤对下一条目进行操作；⑦一个门店发货完毕后，重复操作步骤②、③，选择下一门店发货。

注意事项：①出货至暂存区前，须确保托盘上商品件数正确；②托盘离开台车，发货员立即按下“完了”按钮；③叉车手慢速行驶，注意安全；④人进入巷道前，必须拔下安全钥匙。

2. 统配发货

（1）业务概述

统配商品位于自动库二、三、四和五号巷道，分别由二、三、四和五号机控制二、三、四和五号堆垛机进行发货操作。

（2）业务流程

统配发货业务流程有：①启动堆垛机联机操作；②选择自动库发货管理；③选择一门店打开；④按照门店条目发货。

（3）操作步骤

1）开机。打开堆垛机和控制计算机的电源，堆垛机联机操作。

2）选择发货门店。从菜单上点击发货管理选择自动库管理，并选择自动库发货管理。出现门店列表之后，在其中选择一个门店即可。

3）发货。具体步骤如下：①发货员输入或扫描操作托盘的条码，即堆放门店所需商品的托盘；②按该门店所需商品逐一将商品从库中取出置于台车上（自动）；③发货员输入或扫描操作托盘的条码，即堆放门店所需商品的托盘发货员输入或扫描托盘条码；④根据门店信息取出相应数量的商品，置于操作托盘上；⑤在控制计算机上，点击“录入确认”按钮，并确认，并按下“完了”按钮；⑥托盘装满或门店发货完毕后，结束托盘；⑦在操作托盘的商品包装上注明所发门店及该托盘上的商品件数；⑧叉车手将操作托盘移至暂存区；⑨重复步骤②～⑤对下一条目进行操作；⑩一个门店发货完毕后，重复操作步骤②、③，选择下一门店发货。

如果一个门店所需商品需用多个托盘堆放，请在⑥后重复①～⑥，将商品堆放于下一操作托盘。

注意事项：①出货至暂存区前，须确保托盘上商品件数正确；②取下商品前，必须确认商品的种类和数量是否与门店所需相符；③在按下左边“完了”前，右边按钮必须已经亮起，反之亦然；④人进入巷道前，必须拔下安全钥匙；⑤叉车手慢速行驶，注意安全。

案例解析

案例中联华华商集团配送中心自动仓库操作规范是自动仓库操作的典范，在实际运行中发挥着重要的作用。下面分别解析在中转发货和统配发货中自动仓库出错后的解决方法。

1）空仓位。发货员记下空仓位的仓位码，并关闭堆垛机电源；当值主管根据该仓位码删除该仓位“等待操作完了”记录；重新启动堆垛机、联机操作。

2）商品姿态异常。发货员可选择以下 3 种操作：①关闭堆垛机电源，手工调整商品堆放姿态，然后重启堆垛机；②重启堆垛机，联机操作，等待堆垛机到达零位，手工调整商品堆放姿态后，继续发货；③关闭堆垛机电源，用手动盒控制堆垛机至合适位置，手工调整商品堆放姿态，重启堆垛机，联机操作，继续发货。

3）重复仓位：①重启堆垛机，脱机操作；②做“挑选”，使入库托盘到台，并做“出库”，使目标仓位上的托盘到台车，叉车手叉出；③按下“完了”按钮，使入库托盘到堆垛机上，并重启堆垛机，联机操作；④查询取出的托盘位置，并选择台车入库，或输送线入库。

（资料来源：http://jpkc.zjvtit.edu.cn.）

练 习 题

一、选择题

1．自动化立体仓库由（　　）组成。

A．高层货架　　B．巷道堆垛机

C．托盘（货箱）　　D．输送机系统

E．AGV 系统　　F．自动控制系统

G．库存信息管理系统

2．货架的缺点是（　　）。

A．货架之间需预留通道，有时可能会对仓容率产生一定的负面影响

B．购买货架设备的费用较高

C．必须配备相应的装卸搬运设施和托盘等集装单元器具

D．货架设备的位置相对固定，机动灵活性差

E．可充分利用仓库空间，提高库容利用率，扩大仓库储存能力

二、填空题

1．按保管条件仓库可分为_________和__________。

2．冷藏是将温度控制在_________进行保存，在该温度下水分不致冻结，不破坏食品的组织，具有保鲜的作用。

3．冷库可以分为生产性冷库和周转性冷库，___________是指进行冷冻品生产的冷库，是生产的配套设施；___________则是维持冷货低温的流通仓库。

三、简答题

1．现代仓库具有哪些功能？

2．自动化立体仓库由哪些部分组成？

3．仓库存储设备有哪些？

4．仓库中使用的典型装卸搬运设备有哪些？

练习题答案

第三章　仓储规划与设计

学习目标

- 理解仓库规模如何决策以及相关影响因素。
- 理解仓库的数量如何确定。
- 掌握仓库选址的基本要求和步骤。
- 理解商品存放的方式和方法。

新华联合物流中心规划

图书出版行业是我国文化产业的重要组成部分。隶属于中国出版集团的新华联合发行有限公司（以下简称“新华联合”）致力于在新时期探索图书出版物流的升级拓展之路。新华联合物流中心作为公司的核心项目于2014年开工建设，预计2016年能够正式运行。

新华联合物流中心面临的第一个问题就是选址。这是非常关键的一个环节，直接决定了物流中心的区位优势和潜在客户群。新华联合物流中心既要辐射全国，又要适用城市配送，所以最终将物流中心定于顺义区北小营镇宏大工业园内，距北六环15千米，距市中心50千米，从市区到北小营镇有多条公路到达，可非常方便地满足城市配送。该园区属于北京市物流规划布局的空港物流带，距首都机场35千米，距京承高速公路22千米，交通和区位优势十分明显。

接下来就是工艺布局和设备的选型。新华物流中心建设10.6万平方米的图书配送中心，设计年吞吐图书码洋不低于70亿元，其所有的工艺流程、库区布局和业务流程都是从图书物流业务需求出发的。通过采用国际先进的“货到人”拣选系统、高位立体库存取系统、自动传输系统及路向分拣系统等现代化仓储物流设施，实现图书配发、包装、质检、路向分拣等环节的快速与高效。

同时，新华联合物流中心在设立之初就考虑了物流需求的兼容性，将第三方物流的普遍需求与专业的图书物流需求相互融合，最终体现在工艺流程等各个环节。部分库区根据客户需求的定制化服务设计，保证充分贴合潜在客户的业务需求。

新华联合物流中心也是一个智能化的物流中心，拥有强大的信息系统优势，包括仓储管理系统、订单管理系统、物流计费系统、数据接口工具。该套系统可以支持完整的物流运行过程，不仅将图书供应链上下游贯穿起来，同时也使物流全过程可视化，实现了上下游的数据交换传输及全过程的信息记录与管理。

（资料来源：喜崇彬．2016．新华联合：探索现代图书出版物流升级之路．物流技术与应用，186（1）：74-76．）

第一节　仓库的选址设计

仓库选址是指在一个具有若干供应点及若干需求点的经济区域内选一个地址设置仓库的规划过程。选址会大大影响企业的成本，包括固定成本和可变成本。因此，仓库的选址一方面要考虑仓库本身建设和运行的综合成本，另一方面要考虑今后的运送速度。

一、影响仓库选址的基本因素

仓库的选址主要应考虑以下因素。

1. 自然环境因素

（1）气象条件

仓库选址过程中，气象条件是必须考虑的因素，包括温度、风力、降水量、无霜期、年平均蒸发量、冻土深度等指标。选址时要避开风口，因为在风口建设仓库，会加速露天堆放仓储物的老化。

（2）地质条件

仓库用来堆放大量的商品。某些容重很大的建筑材料堆码起来，会对地面造成很大压力。假设仓库地面以下存在着不良地质条件，如淤泥层、流沙层、松土层等，会在受压地段造成沉陷、翻浆等严重后果。因此，仓库选址要求土壤承载力要高。

仓库选址须远离容易上溢的地下水区域与泛滥的河川流域。要认真考察近年的地质状况，地下水位不能过高。洪泛区、内涝区、旧河道、干河滩等区域绝对禁止选择。

（3）地形条件

仓库应选择地势较高、地形平坦之处，且应具有适当的面积与外形。完全平坦的地形上建造仓库是最理想的，其次是选择稍有坡度或起伏的地方。对于山区陡坡地区则应该完全避开，在外形上可选择长方形，狭长或不规则形状不宜选择。

2. 经营环境因素

（1）经营环境

仓库所在地区的物流产业政策对物流企业的经济效益将产生极其重要影响，仓库选址考虑的因素也包括数量充足和素质较高的劳动力。

（2）物流费用

仓库选址的重要考虑因素是物流费用。大多数仓库选择建在接近物流服务的需求地。例如，接近大型工业区、大型商业区，这样有助于缩短运距、降低运费等。

（3）商品特性

如果仓库经营不同类型商品，那么仓库最好能分别布局在不同地域。例如，生产型仓库的选址应与产业结构、产品结构、工业布局紧密结合进行考虑。

（4）服务水平

在现代物流过程中，仓库服务水平高低的重要指标是能否实现准时运送。因此，在仓库选址时要注意在任何时候向仓库提出物流需求都能获得响应，这样才能为客户提供快速满意的服务。

3. 基础设施状况

（1）交通条件

仓库必须具备方便的交通运输条件，最好靠近交通枢纽进行布局。例如，将仓库建设在紧临港口、交通主干道枢纽、铁路编组站或机场，这样方便有两种以上运输方式相衔接。

（2）公共设施状况

仓库的所在地，要求城市的道路、通信等公共设施齐备。例如，有充足的供电、供水、供热、供燃气的能力，而且场区周围要有污水、固体废物处理场所。

4. 其他因素

（1）国土资源利用

仓库的规划应本着节约用地、充分利用国土资源的原则。仓库一般占地面积较大，周围还需留有足够的发展空间，为此地价的高低对布局规划就会有重要影响。

此外，仓库的布局要兼顾区域与城市规划用地等其他的因素。

（2）环境保护要求

仓库的选址需要考虑保护自然环境与人文环境等因素。尽可能降低对城市生活的干扰是仓库选择应当注意的因素。大型转运枢纽应适当设置在远离市中心的地方，使得大城市交通环境状况能够得到改善，便于城市的生态建设维持和增进。

由于仓库是火灾重点防护单位，不宜设在易散发火种的工业设施附近，同样也不宜选择在居民住宅区附近。

知识拓展

在物流系统的设计过程中，适当的仓库数目和地理位置是由客户、供应商与库存品所决定的，因而首先要进行需求识别。在进行仓库选址时，可以运用以下3种定位策略。

1）市场定位策略，是指将仓库选在离最终用户最近的地方。仓库的地理定位如果接近主要的客户，会增长供应商的供货距离，同时缩短向客户进行运输的距离，这样可以提高客户服务水平。市场定位策略最常用于食品分销仓库的建设，这些仓库通常接近所要服务的各超市的中心，使多品种、小批量库存补充的经济性得以实现。影响这种仓库位置的因素主要包括运输成本、订货周期、产品敏感性、订货规模、当地运输的可获得性和要达到的客户服务水平。

2）制造定位策略，是指将仓库选在接近产地的地方，通常用来集运制造商的产成品。这些仓库的基本功能是支持制造商采用集运费率运输产成品。产成品从工厂被移送到这样的仓库，再从仓库里将全部种类的物品运往客户处。对于产品种类多的企业，产成品运输的经济性来源于大规模整车和集装箱运输；同时，如果一个制造商能够利用这种仓库以单一订货单的运输费率为客户提供服务，还能产生竞争差别优势。

3）中间定位策略，是指把仓库选在最终用户和制造商之间的中点位置。中间定位仓库的客户服务水平通常高于制造定位的仓库，但低于市场定位的仓库。企业如果必须提供较高的服务水平和提供由几个供应商制造的产品，就需要采用这种策略，为客户提供库存补充和集运服务。

二、仓库选址的步骤

仓库的选址可分为两个步骤进行：第一步为调查准备阶段，第二步为提出选址报告阶段。

1. 调查准备

（1）组织准备

调查准备需要成立一个专门的工作小组，小组包括投资策划方组织相关的工程技术人员、系统设计人员和财务核算人员。

（2）技术准备

技术准备包含两个方面的内容：①根据拟新建仓库的任务量大小和拟采用的储存技术、作业设备对仓库需占用的土地面积进行估算；②调查了解仓库所处地区的自然环境、协作条件、交通运输网络、地质、水文、地震、气象等资料。

（3）现场调查

现场调查的主要任务是具体考察拟建仓库地点的实际情况，为提出选址报告掌握最新的资料，并进行综合分析确定多个备选地址。

2. 提出选址报告

仓库选址报告应该包括以下内容。

扫一扫：加州牛肉面的选址步骤

1）选址概述。这部分要简明扼要地阐述选址工作组的组成、选址工作进行的过程以及选址的依据和原则；简单介绍可供选择的几个地点，并推荐一个最优方案。

2）选址要求及主要指标。这部分说明为了完成仓储生产任务和适应仓库作业的特点，备选地点应满足的基本要求，并简述各备选地址满足要求的程度。另外，列出选址的主要指标，如仓库总占地面积、仓库存储能力、仓库职工总数、水电需用量等。

3）库区位置说明及平面图。这部分说明库区的具体方位，四周距主要建筑物及大型设施的距离以及附近的地形、地貌、地物等，在此基础上画出区域位置图。

4）建设时占地及拆迁情况。这部分说明仓库建设占地范围内的耕地情况、拆迁户数及人口数，估算征地和拆迁费用。

5）当地地质、地震、气象和水文情况。这部分说明备选地的地质情况、地震烈度、气温、降水量、汇水面积、历史洪水水位等。

6）交通及通信条件。这部分说明备选地的铁路、公路、水运及通信的设施条件和可利用程度。

7）地区协作条件。这部分说明备选地供电、供水、供暖、排水等协作关系以及职工福利设施共享的可能程度。

8）方案对比分析。这部分对提出的几个备选地址，依照已经确定的原则和具体指标进行对比分析，分析每个仓库方案的优势与劣势。

具体在进行仓库选择时，可以按照图 3.1 进行。

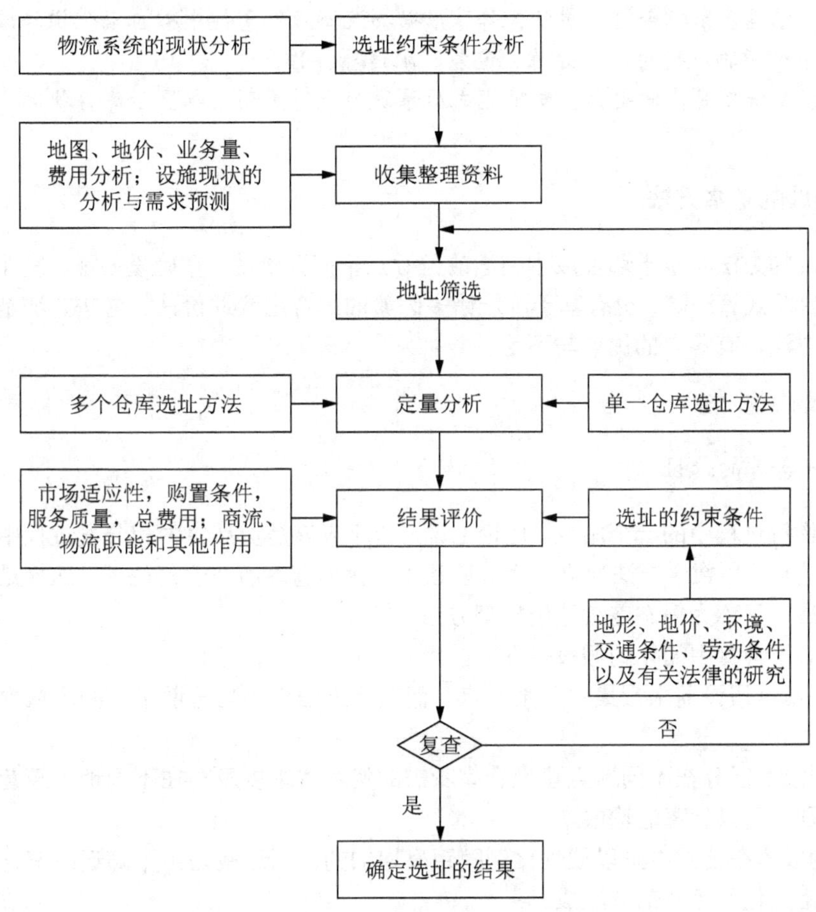

图 3.1　仓库的选址步骤

知识拓展

在经济全球化与电子商务高速发展的背景下，海外仓储随之产生并快速发展。海外仓库是在本国以外的其他国家建立的仓库，一般用于电子商务。货物从本国出口通过海运、货运、空运的形式储存到该国的仓库，买家通过网上下单购买所需物品，卖家只需在网上操作，对海外仓库下达指令完成订单履行。货物从买家所在国发出，大大缩短了从本国发货物流所需要的时间。仓库是现代物流中连接买卖双方的关键节点，将这个节点置于海外不仅有利于海外市场的拓展，还能降低物流成本。拥有自己的海外仓库，能从买家所在国本土发货，从而缩短订单周期，优化用户体验，提升重复购买率，让销售额突破瓶颈，更上一个台阶！

卖家通过海运、空运或者快递等方式将商品集中运往海外仓储中心进行存储，并通过物流承运商的库存管理系统下达操作指令。

步骤一：卖家将商品运至海外仓储中心，或者委托承运商将货发至承运商海外的仓库。这段国际货运可采取海运、空运或者快递方式到达仓库。

步骤二：卖家在线远程管理海外仓储。卖家使用物流商的物流信息系统，远程操作海外仓储的货物，并且保持实时更新。

步骤三：根据卖家指令进行货物操作。根据物流商海外仓储中心自动化操作设备，严格按照卖家指令对货物进行存储、分拣、包装、配送等操作。

步骤四：系统信息实时更新。发货完成后系统会及时更新、以显示库存状况，让卖家实时掌握。

三、仓库选址的基本方法

仓库选址的方法有基于选址成本因素的盈亏点平衡评价法、精确重心法、线性规划的表上作业法、启发式算法等，也有基于选址诸多因素的综合因素评价法。这些方法是设施选址的量化分析方法，有各自的优点与不足。

（一）精确重心法

1. 单一仓库的选址

仓库是物流过程中的一个站点。理论上说，仓库应该是货品集中和分发过程中费用发生最小的理想地点。用数学方法建立一个分析模型，找出仓库所在理想位置，这就是单一仓库选址的重心法，又称为静态连续选址模型方法。

（1）重心法计算中简化的假设条件

1）模型常常假设需求量集中于某一点，而实际上需求来自分散于广阔区域内的多个消费点。

2）模型没有区分在不同地点建设仓库所需的资本成本以及与在不同地点经营有关的其他成本的差别，而只计算运输成本。

3）运输成本在公式中是以线性比例随距离增加的，而运费是由不随运距变化的固定的部分和随运距变化的可变部分组成。

4）模型中仓库与其他网络节点之间的路线通常假定为直线，而应该选用的是实际运输所采用的路线。

5）模型未考虑未来收入和成本的变化。

（2）模型建立及求解

扫一扫：精确中心法求解

因为选址因素只包括运输费率和该点的货物运输量，可利用费用函数求出由仓库至顾客间的运输成本最小的地点。

设有一系列点分别代表供应地和需求地，各自有一定量货物需要以一定的运输费率运向位置待定的仓库，或从仓库运出，那么仓库该位于什么位置呢？以该点的运量乘以到该点的运输费率，再乘以到该点的距离，即可求出上述乘积之和（即总运输成本）最小的点。其公式为

$$\min \mathrm{TC}=\sum_i V_i R_i d_i$$

式中，$\min \mathrm{TC}$ 为总运输成本最小；V_i 为 i 点的运输量；R_i 为到 i 点的运输费率；d_i 为从位置待定的仓库到 i 点的距离，且

$$d_i=\sqrt{(x-x_i)^2+(y-y_i)^2}$$

式中，x,y 为新建设仓库的坐标；x_i,y_i 为供应商和需求地位置坐标。

2. 多个仓库的选址

对于现代物流网络规划而言，物流网络包含众多的仓库，这就会出现多个仓库的选址问题。多个仓库选址问题涉及应该建设多少个仓库、每个仓库的规模应该建多大、每个仓库应该存放什么货品以及送货的方式应该如何选择等。

精确重心法是一种以微积分为基础的模型，在起讫点之间找出中间设施的位置，使该位置运输成本最小。如果要确定的点不止一个，就有必要将起讫点预先分配给位置待定的仓库。这就形成了数量等于待选址仓库数量的许多起讫点群落。然后，找出每个起讫点群落的精确重心点。

在考虑多个仓库及问题涉及众多起讫点时，针对仓库进行起讫点分配的方法很多。方法之一是把相互间距离最近的点组合起来形成群落，找出各群落的重心位置，然后将各点重新分配到这些位置已知的仓库，找出修正后的各群落新的重心位置，继续上述过程直到不再有任何变化。这样就完成了特定数量仓库选址的计算。

多重心法通过分组后再运用精确重心法来确定多个仓库的位置与服务分派方案，多重心法进行仓库选址的算法思想如图 3.2 所示。

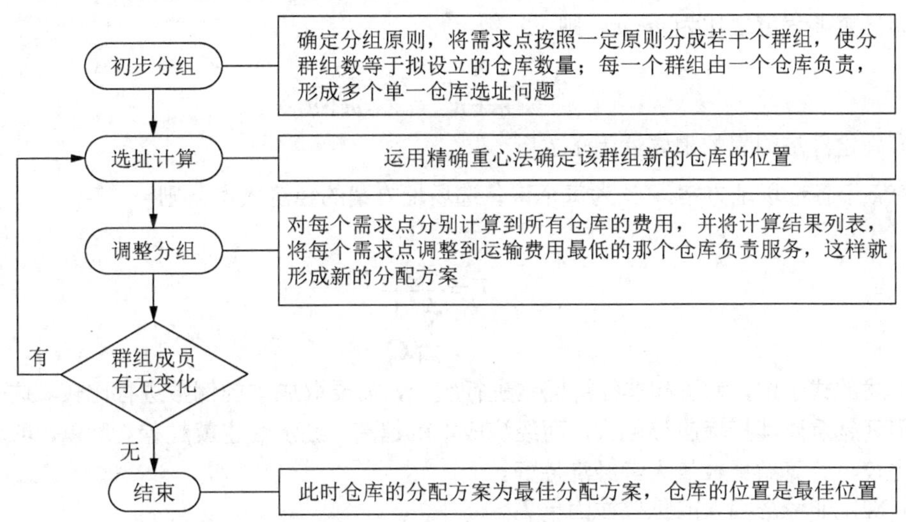

图 3.2　多重心法进行仓库选址的算法思想

增加仓库数目通常会使运输成本下降，但同时物流过程中其他成本会上升，特别是仓库建设的固定成本和库存持有成本的上升。

（二）综合因素评价法

设施选址受到诸多因素的影响，如经济因素和非经济因素。综合因素评价法是基于影响设施选址的诸多因素而设计出的一种选址定量分析的方法。常用的有加权因素法和因次分析法。

1. 加权因素法

若在设施选址中仅对影响设施选址的非经济因素进行量化分析评价，一般可以采用加权因素法。加权因素法的步骤如下。

1）对设施选址涉及的非经济因素通过决策者打分，进而采用求平均值的方法确定各非经济因素的权重，权重大小可界定为1～10。

2）专家对各非经济因素就每个备选场址进行评级，可分为 5 级，分别用 5 个字母元音 A、E、I、O、U 表示。各个级别分别对应不同的分数，A 为 4 分、E 为 3 分、I 为 2 分、O 为 1 分、U 为 0 分。

3）将某非经济因素的权重乘以其对应选址方案该级别分数，得到该因素所得分数。

4）将各方案的各种非经济因素所得分数相加，即得各方案分数，分数最高的方案即为最佳选址方案。

2. 因次分析法

因次分析法是将经济因素和非经济因素按照相对重要程度统一起来，确定各种因素的重要性因子和各个因素的权重比率，按重要程度计算各方案的场址重要性指标，以场址重要性指标最高的方案作为最佳方案。

因次分析法设经济因素的相对重要性为M，非经济因素的相对重要性N，经济因素和非经济因素重要程度之比为$m:n$，则

$$M=\frac{m}{m+n}, \quad N=\frac{n}{m+n}$$

（1）确定经济因素的重要性因子T_j

设有k个备选场址方案，C_i为每个该备选场址方案的经济成本，则

$$T_j=\frac{\frac{1}{C_i}}{\sum_{i=1}^{k}\frac{1}{C_i}}$$

在上述的式子中，为了和非经济因素进行统一，需要取成本的倒数进行比较。这是因为非经济因素越重要其指标应该越大，而经济成本就越高，经济性也就越差。所以，取成本倒数进行比较，计算结果数值大者经济性好。

（2）确定非经济因素的重要性因子T_f

非经济因素的重要性因子T_f的计算分以下 3 个步骤。

1）确定单一非经济因素对于不同候选场址的重要性。将单一因素被选场址两两比较，设较好的比重值为 1，较差的比重值为 0。将各方案的比重除以所有方案所得比重之和，得到单一因素相对于不同场址的重要性因子T_d。其计算公式为

$$T_d=\frac{W_j}{\sum_{j=1}^{k}W_j}$$

式中，T_d 为单一因素对于备选场址 j 的重要性因子；W_j 为单一因素所获得比重值；$\sum_{j=1}^{k}W_j$ 为单一因素对于各个选址的总比重和。

2）确定各个因素的权重比率 G_i。对于不同的因素，确定其权重比率 G_i 可以采用上面两两相比的方法，所有因素的权重比率之和为 1。

3）将单一因素的重要性因子乘以其权重，将各种因素的乘积相加，得到非经济因素对各个候选场址的重要性因子 T_f。其计算公式为

$$T_f=\sum_{i=1}^{k}G_iT_{di}$$

式中，T_{di} 为非经济因素 i 对备选场址的重要程度；G_i 为非经济因素 i 的权重比率；k 为非经济因素的数目。

（3）确定场址的重要性指标 C_t

将经济因素的重要性因子和非经济因素的重要性因子按重要程度叠加，得到该场址的重要性指标 C_t，则公式为

$$C_t=M\cdot T_j+N\cdot T_f$$

式中，T_j 为经济因素的重要性因子；T_f 为非经济因素的重要性因子；M 为经济因素的相对重要性；N 为非经济因素的相对重要性。

扫一扫：因次分析法算例

仓库的选址的一个重要原则是应该根据系统分析的方法，求得整体优化，同时把定性分析和定量分析结合起来，避免决策的失误。

知识拓展

1. 影响设施选址的经济因素

选址的影响因素很多，有从地区选址宏观角度考虑的市场条件、资源条件、运输条件、社会环境等因素，它们对地理位置与设施特点的关系有很大的影响；也有从选址的具体地点微观角度考虑的地形地貌条件、地质条件、供排水条件、成本条件等因素。有些因素可以进行定量分析，并用货币的形式加以衡量和反映，称为经济因素或成本因素。这些因素可以采用基于选址成本因素的盈亏点平衡评价法、重心法、线性规划的表上作业法、启发式算法等方法进行选址分析评价。

2. 影响设施选址的非经济因素

诸如政策法规、气候条件、人文环境、环境保护等则是非经济因素，对这些非经济因素如果采用基于选址成本因素的盈亏点平衡评价法、重心法、线性规划的表上作业法、启发式算法等方法评价则存在较大的难度。对于这样的因素长期以来一直采用定性的经验分析方法，这种方法在很大程度上依赖于设计者个人的经验和直觉，使得有些决策存在较大的失误。

第二节 仓库的规模设计

一、仓库规模的决策

仓库规模是指仓库能够容纳的货物的最大数量或容纳货物的总体积。仓库的商品储存量

是直接影响仓库规模的因素。

仓库规模设计是根据仓库的业务性质、仓库场地条件和储存物品的特性、仓储技术条件等因素，对仓库的主要建筑物、辅助建筑物、构筑物、货场、站台等固定设施和库内运输路线进行的总体安排和配置，以便可以最大限度地提高仓库储存和作业能力，降低各项仓储作业费用，更有效地发挥仓库在物流过程中的作用。

仓库规模的总体设计是仓储业务和仓库管理的需要。仓库规模合理与否直接影响着仓库各项工作的效率和储存物品的安全以及仓库储存保管功能的发挥。

对仓库规模的总体设计应满足以下条件。

1）方便仓库作业和物品的储存安全。

2）防止重复装卸搬运、迂回运输，避免交通阻塞。

3）最大限度地减少用地，充分利用仓库面积。

4）符合安全保卫和消防工作的要求。

5）有利于充分利用仓库设施和机械设备。

6）结合仓库当前需要和长远规划，要有利于将来仓库的扩建等。

仓库规模主要根据储存物品的性能和数量与仓库容量之间的比例关系等来确定。以前通常使用仓库面积来衡量仓库的规模，但是它忽略了现代仓库的垂直存储能力，因此现在一般使用立体空间来衡量仓库规模。

企业在确定仓库的规模时，一般根据其存货速度以及在最大限度"直接送货"给客户的特征来计算工厂或者批发商的仓库所需的面积。然后在每种主要产品的基本储存空间基础上增加通道、站台以及垂直和水平存储提供的场地的面积。通过处理计划销售量、存货周转以及直接运输给客户的流经存货，可精确计算出将来所需的仓库空间。

二、影响仓库规模的因素

影响仓库规模的主要因素包括客户服务水平、服务市场的产品数目、投入市场的产品数目、产品大小、所用的物料搬运系统、生产提前期、库存布置、通道要求、仓库中的办公区域、使用的支架、货架类型以及需求的水平和方式等。

在进行仓库规模选择时，需要考虑各种影响因素和要求，在此基础上预先确定仓库地址，列出几个可供选择的可行方案，利用某种评价方法，从这几个可行方案中确定最理想的仓库规模。

三、仓库数量的确定

仓库数量的多少主要受成本、客户要求的服务水平、运输服务水平、中转供货的比例、单个仓库的规模、计算机网络的运用等因素影响。

1. 成本

影响仓库数量的成本主要是物流总成本和销售机会损失成本。物流总成本包括存货成本、仓储成本和运输成本。一般来说，随着仓库数量的增加，运输成本和销售机会损失成本会减少，而存货成本和仓储成本将增加，图 3.3 为仓库数量和物流总成本之间的关系图。

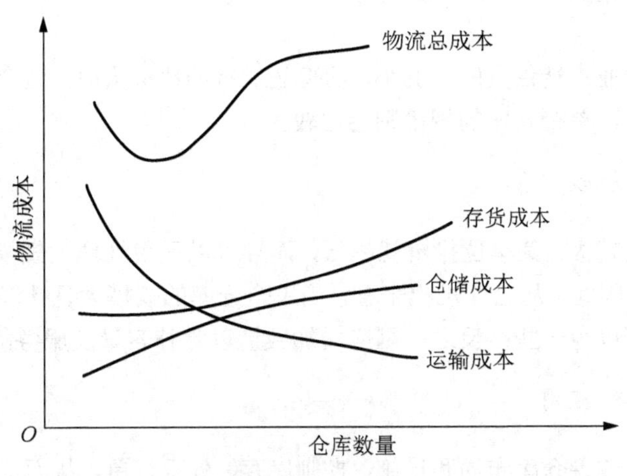

图 3.3　仓库数量和物流总成本之间的关系

首先，由于仓库数量的增加，企业可以进行大批量运输，所以运输成本会下降。此外，在销售物流方面，仓库数量的增加使仓库更靠近客户和市场，减少了商品的运输里程。这不仅会降低运输成本，而且由于能及时满足客户需求，提高了客户服务水平，减少了销售损失机会，从而降低了销售机会损失成本。其次，由于仓库数量的增加，总的存储空间也会相应地扩大，因此仓储成本会上升。由于在仓库的设计中，需要一定比例的空间用于维护、办公、摆放存储设备等，而且通道也会占用一定空间，因此，小仓库比大仓库的利用率要低得多。最后，当仓库数量增加时，总存货量就会增加，这意味着需要更多的存储空间，相应地存货成本就会增加。

由此可以看出，随着仓库数量的增加，运输成本和销售机会损失成本的迅速下降导致总成本下降。但是，当仓库数量增加到一定规模时，库存成本和仓储成本的增加额会超过运输成本和销售机会损失成本的减少额，于是总成本开始上升。当然，不同企业的总成本曲线不尽相同。

2. 客户要求的服务水平

较高的物流服务需要较高的物流成本支持，其中的措施之一就是设立较多的仓库网点。对于企业来讲，商品的可替代程度与其客户服务水平之间存在着很强的相关联系。当企业的服务反应速度远远低于竞争对手时，它的销售量就会大受影响。如果客户在需要的时候不能买到产品，那么再好的广告和促销活动都不起作用。当客户对服务标准要求很高时，就需要更多的仓库来及时满足客户需求。

3. 运输服务的水平

如果需要快速的客户服务，那么就要选择快速的运输服务。如果不能提供合适的运输服务，那么就要增加仓库数量来满足客户对交货期的要求。

4. 中转供货的比例

当一个地区或企业中转供货的比例小，而直达供货的比例大时，这个区域或企业需要的仓库数量就会比较少，单个仓库的规模则会比较大。

5. 单个仓库的规模

单个仓库的规模越大，其单位投资就越低，而且可以采用处理大规模货物的设备，单位仓储成本也会降低。因此，从仓库规模来看，当单个仓库的规模大且计算机管理运用程度高的时候，仓库数量可以少一些；反之，则应增加数量以弥补容量及服务能力的不足。

6. 计算机网络的应用

利用计算机可以改善仓库布局和设施、控制库存、处理订单，从而提高仓库资源的利用率和运作效率，使仓库网点规划中空间位置与数量之间的矛盾得以缓解，实现以较少的仓库满足现有用户需求的目标。物流系统的响应越及时，对仓库数量的需求就越少。

第三节　仓库的布局设计

一、仓库总平面布置

仓库总平面布置不仅仅只是包括库区的划分，以及建筑物、构筑物平面位置的确定，还包括运输线路的组织与布置、库区安全防护以及绿化和环境保护等内容。

仓库总平面布置首先是进行功能分区。将性质相同、功能相近、联系密切、对环境要求相似的建筑物分成若干组。根据仓库各种建筑物性质、使用要求、运输联系以及安全要求等，再结合仓库用地内外的具体条件，合理地进行功能分区，在各个区中布置相应的建筑物。

仓库总平面一般可以划分为仓储作业区、辅助作业区、行政生活区，还包括铁路专用线和库内道路。在划定各个区域时，必须注意使不同区域所占面积与仓库总面积保持适当的比例。

商品储存的规模决定了主要作业场所规模的大小。仓库主要作业的规模又决定了各种辅助设施和行政生活场所的大小。各区域的比例必须与仓库的基本职能相适应，保证商品接收、发运和储存保管场所尽可能占最大的比例，最大限度地提高仓库的利用率。

在仓库总面积中需要设有库内运输道路，对于大型仓库还要包括铁路专用线。交通运输道路构成了仓库内部四通八达的交通运输网。仓库交通运输网布置的合理与否，对仓库组织仓储作业会产生很大的影响。运输道路的配置应符合仓库各项业务的要求，方便商品入库储存和出库发运，还应适应仓库各种机械设备的使用特点，如方便装卸、搬运、运输等作业操作。库内道路的规划必须与库房、货场和其他作业场地的配置相互配合，以便减少各个作业环节之间的重复装卸、搬运，避免库内迂回运输。

典型仓库总平面布置如图 3.4 所示。

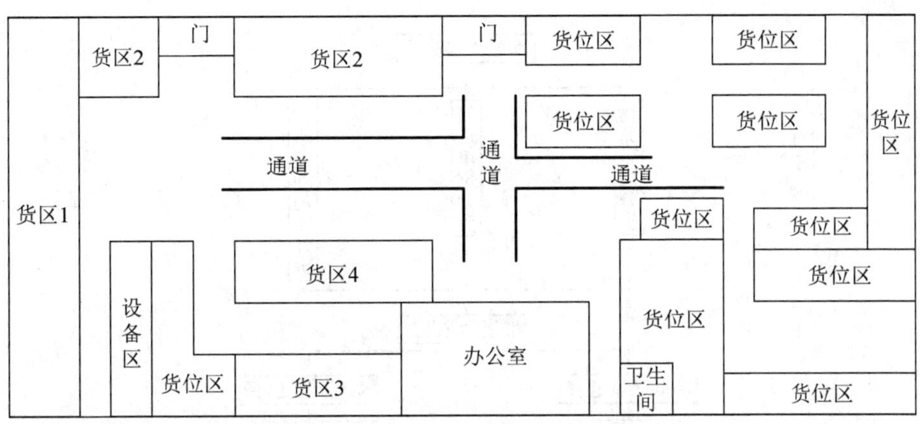

图 3.4　典型仓库总平面布置

总之，在进行仓库总平面布置时应满足以下要求。

1）方便仓库作业和商品储存安全。

2）防止重复搬运、迂回运输和避免交通阻塞。

3）最大限度地利用仓库面积。

4）有利于充分利用仓库设施和机械设备。

5）综合仓库当前需要和长远利益，减少将来仓库扩建对正常业务的影响。

6）符合安全保卫和消防工作要求。

二、仓库作业区布置

仓库作业区布置要求以主要库房和货场为中心对各个作业区域加以合理布置。特别在有铁路专用线的情况下，整个库区的布局受到专用线的位置和走向的制约。

1. 仓库作业区布置的主要任务

（1）寻求最短的作业路线

整个仓库业务过程，始终贯穿着商品、设备和人员的流动，合理布置作业场地可以减少设备和人员在各个设施之间的运动距离，节省作业费用。

（2）有效地利用时间

不合理的布置必然造成人员设备增加额外的工作量，延长作业时间。

合理布置的主要目的之一就是避免各种时间上的浪费；合理布置可以避免因阻塞等原因造成的作业中断。这些都有利于缩短作业时间，提高作业效率。

（3）充分利用仓库面积

通过对不同布置方案的比较和选择，减少仓库面积的浪费。

2. 仓库规划布局一般步骤

仓库规划布局的一般步骤如图 3.5 所示。

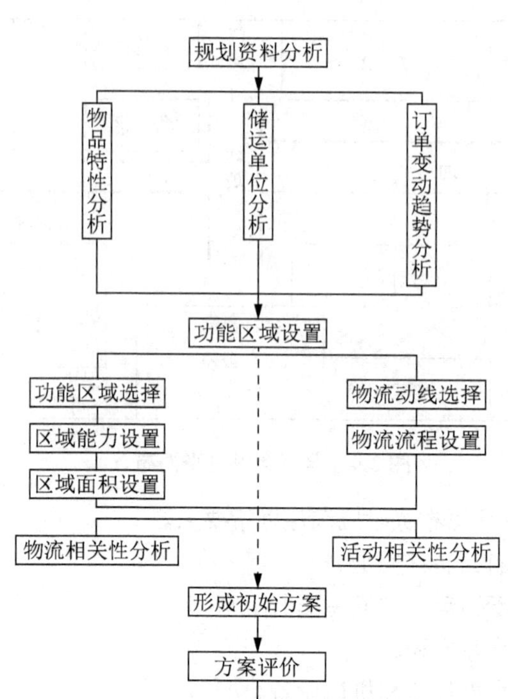

图 3.5　仓库规划布局一般步骤

3. 仓库作业区布置应考虑的因素

（1）商品吞吐量

在仓库作业区内，各个库房、货场储存的商品品种和数量不同，并且不同商品的周转快慢也不同，这些因素都直接影响库房、货场的吞吐作业量，或出入库的作业量。

在进行作业区布置时应根据各个库房和货场的吞吐量确定它们在作业区内的位置。如果库房和货场的吞吐量较大，应使它们尽可能靠近铁路专用线或库内运输干线，以减少搬运和运输距离。同时要避免将这类库房过分集中，造成交通运输相互干扰和组织作业方面的困难。

（2）机械设备的使用特点

根据储存商品的特点和装卸搬运要求，矿物货场要适当配备各种输送带、叉车、桥式起重机等作业设备。为了充分发挥不同设备的使用特点，提高作业效率，在布置库房、货场时就需要考虑所配置的设备情况，必须从合理使用设备出发，确定库房、货场在作业区内以及与铁路专用线的相对位置。

（3）库内道路

库内道路的配置与仓库主要建筑设施的布置是相互联系和影响的。在进行库房、货场和其他作业场地布置的同时还应该结合对库内运输路线的分析，制订不同方案，尽可能减少不合理运输。另外，在布置时还应根据具体要求合理确定干、支线的配置，适当确定道路的宽度，最大限度地减少道路的占地面积，即使不增加仓库面积也可以相应扩大储存面积。

（4）仓库业务以及作业流程

仓库业务工程有两种形式：一种是整进整出，即商品基本按原包装入库和出库，其业务过程比较简单；另一种是整进零出或者零进整出，商品整批入库、拆零付货或零星入库、成批出库，其业务过程比较复杂。

除了接收、保管、发运外，仓库还需要完成货物的拆包、挑选、编配和再包装等业务。争取以最小的人力、物力耗费最短的时间完成各项作业，必须按照各个作业环节之间的内在联系对作业场地进行合理布置，使作业环节之间密切衔接。

知识拓展

目前，对仓库作业区域进行布置设计主要有以下 3 种方法。

1）动线布置法：以仓库内的物流动线形式作为布置的主要依据。其主要包括两种方式：一种是流程式，首先确定物流配送中心内由进货到出货的主要物流动线形式，并完成物流相关性分析。在此基础上，按作业流程顺序和关联程度配置各作业区域位置。即由进货作业开始进行布置，再按物流前后相关顺序按序安排各物流作业区域的相关位置。另一种是关联式，以整个仓库的作业配置为主，根据活动关联分析得出各作业区域间的活动流量，各区域间的流量以线条表示。为避免流量大的区域间活动经过的距离太长，应将两区域尽量接近。

2）活动相关性布置法：根据各区域的活动相关表进行区域布置的方法。首先汇总各个作业区的基本资料，如作业流程与面积需求等；然后制作各个作业区的作业关联图，根据关联图的基本资料，选择与各部门活动相关性最高的部门区域先行置入规划范围内；最后按作业关联图中的关联关系和作业区域的重要程度，以此置入布置范围内。

3）图形构建法：与活动相关性布置法相似，不同的是活动相关性布置是以作业区间接近程度（定性测量）作为挑选作业区的方法，而图形构建法则是以不同作业间的权数总和（定量测量）作为挑选作业区的法则。

三、库房内部布置

库房内部布置的主要目的是提高库房内作业的灵活性，有效利用库房内部的空间。在保证商品储存需要的前提下，库房内部布置应充分考虑库内作业的合理组织，协调储存和作业的不同需要，合理利用库房空间。

（一）不同类型库房的布置特点

按照库房作业的主要内容，库房可以分为储备型库房和流通型库房两大类。这两类库房由于主要作业内容不同，对于库房的布置要求也就不同。

1. 储备型库房的布置特点

储备型库房的主要功能是进行商品保管。在储备型库房中储存的商品一般周转较为缓慢，并且以整进整出为主。例如，采购供应仓库、战略储备仓库和储运公司，商品的储存时间较长，两次出入库作业之间的间隔时间也较长。储备型仓库的主要矛盾是如何增加商品储存量，因此库房布置的重点应该是尽可能增加储存面积。

储备型库房的布置特点是突出强调提高储存面积，因此必须严格核定各种非储存区域的占用面积。库房内非储存面积一般包括商品出入库作业场地、作业通道、墙距和垛距等。根据库房平时出入库的商品数量确定、核定作业场地。一般来说，库房出入库作业量增大，这些区域也应该相应地扩大，以保证及时、有效地组织商品出入库作业。如果库房一次收发货量较少、可利用主通道作为收发货场地时，那么就不需要另外开辟场地。核定作业通道所需面积时，首先，应该注意在合理安排出入库作业路线的基础上，适当减少作业通道的数量和长度；其次，应合理确定作业通道的宽度，确定作业通道的宽度时主要应考虑使用机械设备的类型、尺寸、灵活性以及操作人员的熟练程度等。

2. 流通型库房的布置特点

流通型库房的主要功能是商品的收发货处理。在这类库房中，储存商品一般周转较快，频繁地进行出入库作业。

对于流通型库房来说，高作业效率是必需的，要适应库房内部大量商品的经常性的收发作业的需要。流通型库房的布置与储备型库房有不同的特点，主要区别是流通型库房缩小了储存区，而相应地增加了拣货区及出库准备区。

在流通型库房中，商品经过验收后首先进入储存区，在储存区内商品按一定要求进行密集堆码。随着商品出库，拣货区的商品不断减少，这时就从储存区向拣出货位上进行补货。通过设置一个拣货及出库准备区就能较好地协调储存与作业的需要。

通常以商品出库作业的复杂程度和作业量来决定拣货以及出库准备区面积的大小。作业越复杂，作业量越大，作业区域也应该越大，以避免作业过程中作业场地过于拥挤，相互干扰，降低作业效率。

对于流通型库房来说，库房布置要综合考虑各种需要。库房储存的商品周转越快，储存面积相对也越小。这是促使库房向空间发展以争取储存空间的主要原因之一。

（二）库区布置方法

1. 平面布置

平面布置是指对货区内的货垛、通道、垛间距、收发货区等进行合理的规划，并正确处理它们的相对位置。平面布置的形式可以概括为垂直式布置和倾斜式布置。

（1）垂直式布置

扫一扫：库内非保管场所布置

垂直式布置，是指货垛或货架的排列与仓库的侧墙互相垂直或平行，具体包括横列式布局、纵列式布局和纵横式布局。

1）横列式布局，是指货垛或货架的长度方向与仓库的侧墙互相垂直。这种布局的主要优点是主通道长且宽，副通道短，整齐美观，便于存取查点，如果用于库房布局，还有利于通风和采光，如图 3.6 所示。

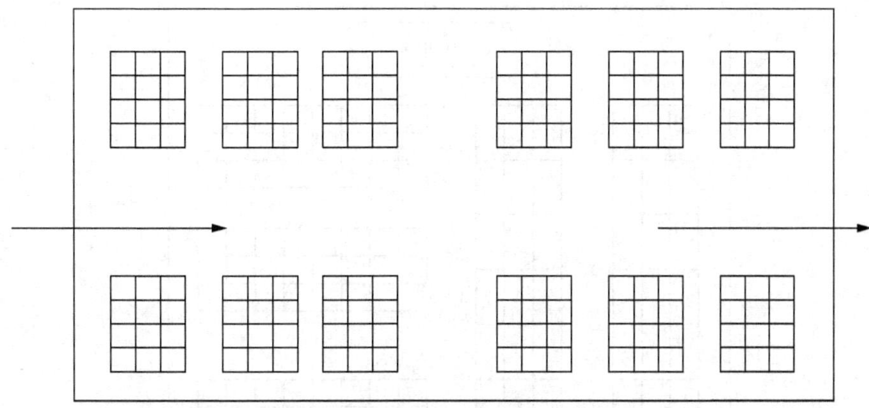

图 3.6　横列式布局

2）纵列式布置，是指货垛或货架的长度方向与仓库侧墙平行。这种布局的优点主要是可以根据库存物品在库时间的不同和进出频繁程度安排货位：在库时间短、进出频繁的物品放置在主通道两侧；在库时间长、进库不频繁的物品放置在里侧，如图 3.7 所示。

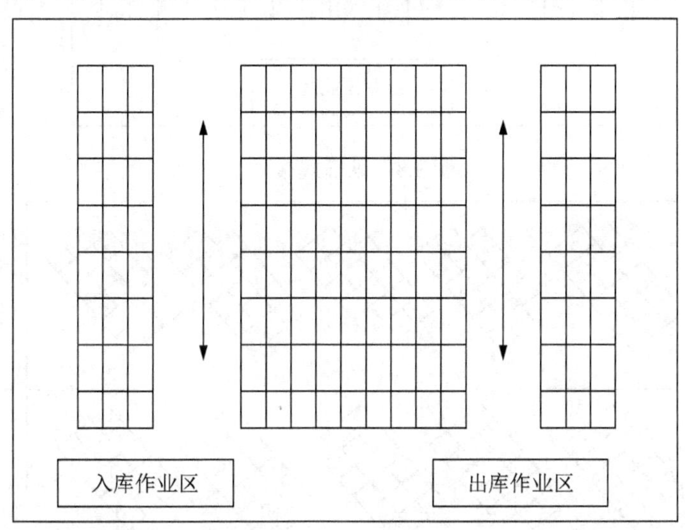

图 3.7　纵列式布局

3）纵横式布局，是指在同一保管场所内，横列式布局和纵列式布局兼而有之，可以综合利用两种布局的优点，如图 3.8 所示。

（2）倾斜式布置

倾斜式布置，是指货垛或货架与仓库侧墙或主通道成 60°、45° 或 30° 夹角，具体包括货垛倾斜式布局和通道倾斜式布局。

1）货垛倾斜式布局，是横列式布局的变形，它是为了便于叉车作业、缩小叉车的回转角度、提高作业效率而采用的布局方式，如图 3.9 所示。

2）通道倾斜式布局，是指仓库的通道斜穿保管区，把仓库划分为具有不同作业特点，如大量存储和少量存储的保管区等，以便进行综合利用。这种布局形式，仓库内形式复杂，货位和进出库路径较多，如图 3.10 所示。

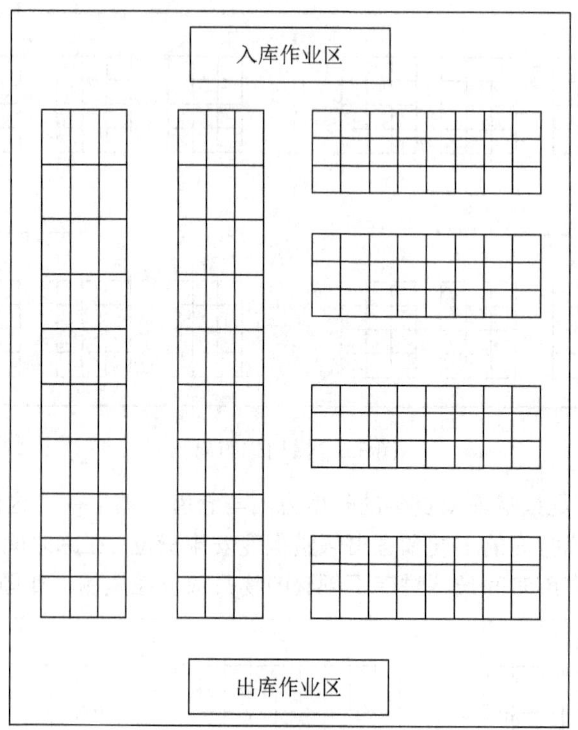

图 3.8 纵横式布局

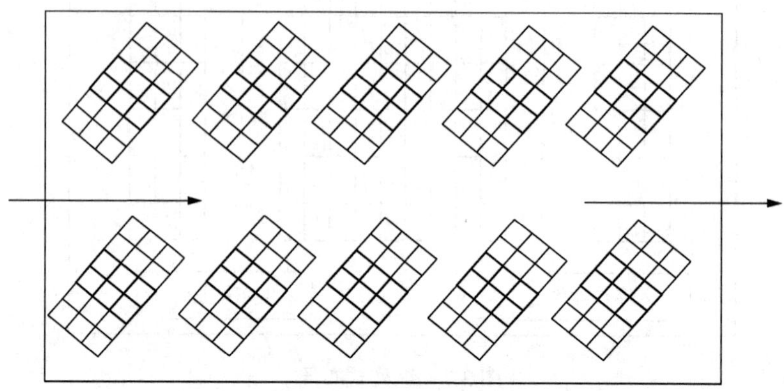

图 3.9 货垛倾斜式布局

图 3.10 通道倾斜式布局

2. 空间布置

空间布置是指库存物品在仓库立体空间上布局，其目的在于充分有效地利用仓库空间。

空间布置的主要形式有就地堆码、上货架存放、架上平台、空中悬挂等。其中，使用货架存放物品有很多优点，概括起来有以下几个方面。

1）便于充分利用仓库空间，提高库容利用率，扩大存储能力。

2）物品在货架里互不挤压，有利于保证物品本身和其包装完整无损。

3）货架各层中的物品，可随时自由存取，便于做到先进先出。

4）物品存入货架，可防潮、防尘。某些专用货架还能起到防损伤、防盗、防破坏的作用。

第四节　仓库仓储规划

一、商品分区、分类存放

实行分区、分类和定位保管是仓库对储存商品进行科学管理的一种重要方法。分区就是按照库房、货场条件将仓库分为若干货区；分类就是按照商品的不同属性将储存商品划分为若干大类；定位就是在分区、分类的基础上固定每种商品在仓库中具体存放的位置。

商业仓库经常要储存成千上万种商品，实行分区、分类和定位保管，使每种商品都有固定的货区、库房或货场、货位存放，这样有利于加强对商品的科学保管和养护，而且有利于加快商品出入库作业的速度和减少差错。

1. 分区分类规划的原则

微课：cinram 物流配送中心（全流程）

1）存放在同一货区的物品必须具有互容性。

2）保管条件不同的物品不应混存。

3）作业手段不同的物品不应混存。

4）灭火措施不同的物品决不能混存。

2. 商品分类和仓库分区方法

仓库一般按商品的自然属性划分，也就是根据不同商品对温度、湿度、气味、光照、虫蚀等的适应程度，将商品划分为几大类。商品分类的目的主要是为了将不同性能的商品分别储存在不同保管条件的库房或货场，这样方便在储存过程中有针对性地进行保管与养护。

按商品流向分类是某些以运输业务为主的仓库的商品分类方式。在发运量较大的仓库中，可以按收货地点或到站分类。按照运输方式分为铁路运输、水路运输等。按照运输要求分类的目的主要是为了在组织商品发运过程中，使商品直接在各个货位备货，以减少在仓库中经过的中间环节。

仓库分区依据仓库建筑面积大小、形式、库房、货场以及库内道路的分布情况，并结合商品分类情况和储存量，将仓库划分为若干区，确定每类商品储存的区域。货区的划分一般是在库房、货场的基础上进行的。进行商品分类和仓库分区时应注意划分适当。应根据仓库的具体管理需要合理地划分，划分过细不利于仓容利用，划分过粗不利于管理。

二、货位规划

1. 货位的分类

按照使用方式，货位可分为固定货位和自由货位。

自由货位亦称“自由料位”或“随机货位”。每一个货位均可以存放任何一种物资（相互有不良影响者除外）。只要货位空闲，入库各种货品均可存入。其主要优点是能充分利用每一个货位，充分发挥每一个货位的作用，提高物流中心的储存能力。其缺点是每个货位的货品经常变动，每种物资没有固定的位置，管理人员在收发查点时寻找货品比较困难，影响工作效率并容易造成收发差错。如利用计算机进行货位管理，一般均采取自由货位。

扫一扫：四种仓库管理货位系统

固定货位亦称“固定料位”。对某一货位严格规定只能存放某一规格品种的货品，而不能存放其他货品。其主要优点是每一种货品存放的位置固定不变，管理人员容易熟悉并记住各种货品的不同货位，便于收发查点，能提高收发货效率并减少差错。如绘制成货位分布图，非本库管理人员也能比较容易地找到所需货位。其缺点是不能充分利用每一个货位，造成储存能力的浪费。为了利用其优点，克服其缺点，存入货架的小件货品可不用固定货位，就地堆垛的大宗货品可采用自由货位。

2. 货物存放原则

商品在仓库中具体存放的位置应注意以下几项原则。

1）为了避免商品在储存过程中相互影响，集中存放性质相同或要求保管条件相近的商品，相应安排在条件适宜的库房或货场。

2）依据商品周转情况和作业要求合理选择货位。出入库频繁的商品应尽可能安排在靠近出入口的位置，以加快作业速度和缩短搬运距离。对于体大笨重的商品，应考虑装卸机械的作业是否方便。

3）根据商品储存量的多少，准确确定每种商品所需的货位数量。一种商品的储存货位若超过实际需要，则不利于仓容的充分利用。

4）在规划货位时应注意保留一定的机动货位，以便在商品大量入库时可以调剂货位的使用，避免打乱货位安排。

知识拓展

传统的仓库作业管理常常把货品放在货品到达时最近的可用空间或不考虑商品动态变化的需求和变化了的客户需求模式，沿袭多年习惯和经验来放置物品。传统型仓库货品布局造成流程速度慢、效率低以及空间利用不足。然而，现代物流尤其是在供应链管理模式下的新目标是：用同样的劳动力或成本来做更多的工作；利用增值服务把仓库由资金密集转化成劳动力密集的行业；减少订单履行时间，提供更快捷、更周到的服务。

一种与所谓的“仓库关键业绩指标”（warehouse key performance indicator），即生产率、运送精度、库存周转、入库时间、订单履行时间和存储密度紧密关联的货位优化管理（slotting optimization）已经被提出。货位优化管理是用来确定每一货品的恰当储存方式，在恰当的储存方式下的空间储位分配。货位优化管理追求不同设备和货架类型特征、货品分组、货位规划、人工成本内置等因素以实现最佳的货位布局，能有效掌握商品变化，将成本节约最大化。货位优化管理为正在营运的仓库挖掘效率和成本，并为一个建设中的配送中心或仓库提供营运前的关键管理做准备。

三、货位编号

所谓货位编号，就是将商品存放场所按照位置的排列，采用统一标记编上顺序号码作出明显标志。货位编号在保管工作中有重要意义。在商品收发作业过程中，按照货位编号可以迅速、方便地进行查找，不但提高了作业效率，而且有利于减少差错。

1. 货位编号方法

仓库货位的多少主要取决于管理的需要。如果仓库规模越小，储存的商品品种、规模越复杂，相应的货位划分就越需要细致。相反，仓库规模较大，每一库房和货场储存的品种、规格较为单一，货位的划分就相对比较简单。根据仓库货位的多少，进行货位编号所采用的方法可以有所不同。

货位编号应按照统一的规则和方法进行。首先，确定编号先后顺序的标准。编排货位的顺序号码应遵循便于掌握的原则。在同一仓库内，编号规则必须相同，以便于查找和防止错乱。其次，应采用统一的方法进行编号。每一货位的号码必须采用统一的形式、统一的层次和统一的含义编排。统一的形式是指所用的代号和连接符号必须一致；统一的层次是指货位编号中每种代号的先后顺序必须固定；统一的含义是指货位编号中的每个代号必须代表特定的位置。

在商业仓库中，货位编号方法一般是采取四组数字来表示商品存放的位置。在采用货架存放商品的仓库里，四组数字依次代表库房的编号、货架的编号、货架层数的编号和每一层中各个格子的编号。例如，“5-3-2-11”即指 5 号库房（5 号货场）、3 号货架（3 号货区）、第 2 层（第 2 排）、11 号货位（11 号垛位）。根据货位编号就可以迅速地确定某种商品具体存放的位置。货位编号的方法很多，应根据具体情况和使用上的习惯加以选择。

2. 货位编号要求

货位的编号就好比商品在仓库中的住址，必须符合“标志明显易找，编排循规有序”的原则。具体编号时，须符合以下要求。

1）标志设置要适宜。货位编号的标志设置，要因地制宜，采用适当的方法，选择适当的地方。例如，无货架的库房内，走道、支道、段位的标志，一般都刷置在水泥或木板地坪上；有货架库房内，货位标志一般设置在货架上等。

2）标志制作要规范。货位编号的标志如果随心所欲、五花八门，很容易造成单据串库、商品错收、错发等事故。统一使用阿拉伯数字制作标志，就可以避免以上弊病。为了将库房以及走道、支道、段位等加以区别，可在字码大小、颜色上进行区分，也可在字码外加上括号、圆圈等符号加以区分。

3）编号顺序要一致。整个仓库范围内的库房、货场内的走道、支道、段位的编号，一般都以进门的方向左单右双或自左向右顺序编号的规则进行。

4）段位间隔要恰当。段位间隔的宽窄，应取决于货种及批量的大小。

同时，应注意的是，走道、支道不宜经常变更位置，变更编号，因为这样不仅会打乱原来的货位编号，而且会使保管员不能迅速收发货。

另外，货位编号和货位规划可以绘制成平面布置图，通过图板管理不但可以全面反映库房和货场的商品储存分布情况，而且可以及时掌握商品储存动态，便于仓库的调整安排。

本章小结

本章主要介绍了仓储规划与设计的相关知识。第一部分简述仓库的选择和设计，在这部分中讲解了影响仓库选址的因素、仓库选址的步骤和方法。仓库选址可以采用重心法，也可以采用因素评价法等方法。第二部分介绍了仓库规模的设计的重要性和影响仓库规模的因素，这些因素包含客户服务水平、服务市场的产品数目、投入市场的产品数目、产品大小等。第三部分介绍了仓库布局设计，包括总平面布置、作业区域布置和库房内部布置。第四部分介绍了仓库仓储规划，包括商品的分区、分货位规划和货位编号等内容。

在进行仓储规划时要注意综合考虑仓库选址和仓库规模的选择，除此之外，还要注意仓储布局的设计，只有全面考虑以上的因素才能最大限度地发挥仓库的效用。

案例分析

成功的选址决策

肯德基、必胜客、Taco Bell 在继续各自原有的营运管理基础上，发挥互相的协调作用，通过套餐形式，进行三个品牌的联合促销，原料由公司统一采购、配送，控制了资金的平衡支出；首次将一些属于公司拥有的连锁餐厅以特许经营的方式转让给加盟伙伴，把部分回笼资金集中用于新餐厅的开发上；高级管理层亲自到餐厅激励员工的士气等。到目前为止，集团的营运边际利润率由三年前的 11%增加至 16%，集团出现了蒸蒸日上的新景象。

中国市场是百胜全球餐饮集团全球战略中发展最快并最具发展潜力的市场之一，中国百胜餐饮集团为百胜全球餐饮集团下属的国际公司在中国成立的协作发展总部。肯德基自在北京前门开了中国第一家餐厅后，已在北京、上海、杭州、青岛、南京、广州、苏州、无锡、天津、福州、沈阳、西安、成都、武汉、深圳、哈尔滨等地成立了 19 个有限公司，在近 80 个城市和地区内开设了 400 多家餐厅。到目前为止，肯德基已成为中国最大、发展最快的快餐企业。

肯德基是一个有明确战略的企业，并且能够将这个战略成功地贯彻实施。同样是以人为本，同样是稳健经营，管理理论是一样的，但做出来就大有不同了。一个完美无缺的经营战略，如果执行不力，最后也会变得一文不名；而确定了恰如其分的经营战略，再辅之以完满的贯彻实施，企业才能百战不殆，长盛不衰。

案例解析

肯德基的自身实力、远景战略目标与经营管理三者是高度统一、相互支持的。为了发展中国的快餐业和特许经营业，我们要向肯德基学习，但同时也必须从自身实际出发，把它的成功经验与企业的实际情况相结合，这样才能学有所获。

地点是饭店经营的首要因素，餐饮连锁经营也是如此。连锁店的正确选址，不仅是其成功的先决条件，也是实现连锁经营标准化、简单化、专业化的前提条件和基础。因此，肯德基对快餐店选址是非常重视的，选址决策一般是两级审批制，通过两个委员会的同意，一个是地方公司，另一个是总部。其选址成功率几乎是百分之百，是肯德基的核心竞争力之一。

为了规划好商圈，肯德基开发部门投入了巨大的努力。以北京肯德基公司而言，其开发部人员常年跑遍北京各个角落，对这个每年建筑和道路变化极大，当地人都容易迷路的地方了如指掌。经常发生这种情况，北京肯德基公司接到某顾客电话，建议肯德基在他所在地方设点，开发人员一听地址就能随口说出当地的商业环境特征，是否适合开店。在北京，肯德基已经根据自己调查划分出的商圈，成功开出了 56 家餐厅。

（资料来源：http://www.ccas.com.cn/.）

练 习 题

一、选择题

1．对仓库规模的总体设计应满足的条件包含（　　）。

A．方便仓库作业和物品的储存安全

B．防止重复装卸搬运、迂回运输，避免交通阻塞

C．符合安全保卫和消防工作的要求

D．有利于充分利用仓库设施和机械设备

2．仓库数量应该考虑的因素中，最重要的是（　　）。

A．客户服务　　B．成本

C．小批量购买　　D．单个仓库规模

3．仓库作业区布置时主要考虑（　　）。

A．商品吞吐量　　B．机械设备的使用特点

C．库内通道　　D．仓库业务以及作业流程

二、填空题

1．仓库的选址主要应考虑的自然因素包含__________________。

2．仓储选址的基本方法包含__________________。

3．仓库布局设计包括仓库总平面布置、__________________和__________________。

4．按照货位的使用方式，分为__________________和__________________。

三、简答题

1．影响仓库数量的因素有哪些？

2．影响仓库选址的因素有哪些？

3．库区布置时平面布置主要有哪几种方式？

4．商品分区分类规划的原则有哪些？

四、计算题

某区域范围内有 4 个产品需求地，运输费率均为 5000 元/km·t，需求地坐标、需求量如图 3.10 所示，拟建立一个仓库为这 4 个需求地提供产品，试利用精确重心法找出最佳选址点。（需求点括号内顺序表示需求量、横坐标、纵坐标）

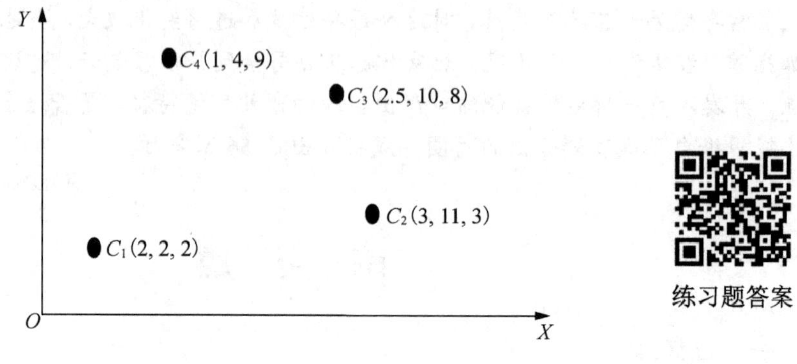

图 3.10　需求地坐标、需求量

第四章　仓储商务管理

学习目标

- 掌握仓储商务的定义、原则等相关知识。
- 理解仓单的业务和仓单的内容。
- 掌握仓储合同的种类。
- 掌握仓储合同的管理。

导入案例

德国物流企业如何获得物流合同

德国的物流企业获得物流合同的一种方法：一个潜在的物流客户新开业了，物流企业的代表带上公司的宣传册去拜访，送上小小的纪念品，如印有公司标志的圆珠笔。第一次见面未必提业务。过一段时间，再去或者请对方来公司，了解他的业务并告诉他：我能为你提供什么服务，价格是多少。如果对方愿意接受，客户关系就建立起来了。物流企业会定期拜访客户，并且每过一段时间都会举办一些活动。

第一节　仓储商务管理概述

一、仓储商务概述

（一）仓储商务的定义

仓储商务是一种商业行为，是仓储企业对外的基于仓储经营而进行的经济交换活动。仓储商务是指仓储经营人利用所具有的仓储保管能力向社会提供仓储保管产品并获得经济收益的交换行为。

（二）仓储商务的内容与过程

1. 仓储经营决策

仓储企业根据社会对仓储产品的需要以及仓储企业所具有的能力和实力、仓储市场的供给水平，遵循充分运用企业资源、满足社会需要和获得最大利润的原则，合理制订实现企业经营发展目标的方法和经营决策。

根据企业所选择的经营方式，合理组织商务队伍，制定仓储商务管理和作业规章制度，形成科学、合理的管理体系。

根据需要和能力，仓储企业可以选择租赁、公共仓储、物流中心或者配送中心方式经营，或者采用单项专业经营或者综合经营方式，实行独立经营或者联合经营的经营定位。

2. 市场调查

市场调查既是企业经营决策的依据，也是仓储企业经营的日常工作。仓储企业商务部门需要不断进行市场调查和发现商业机会，建立商业关系。

商务市场调查主要针对市场的供求关系、消费者对产品需求的变化以及将来的发展进行准确调查和科学预测，以便企业进行经营决策、产品设计和商务宣传。

3. 积极营销与妥善选择商机

仓储企业按照市场对产品的需求，设计仓储方案并向社会推广，实现交易，达到仓储营销管理的目的。

积极营销就是要细致地开发市场、分析产品，准确地选择目标市场和产品定位，合理地确定营销组合，严格管理营销的活动过程。仓储推销可以采用人员推销和非人员推销的方式，人员推销是选择合适的员工采取上门推销、柜台推销、会议推销等方式进行面对面的推销；非人员推销则是采用广告、营业推广、公共宣传等方式使产品被社会接受。

4. 订立仓储合同

合同是市场经济主体之间期望发生民事关系的手段。需要仓储服务的存货人与经营仓储的保管人通过订立仓储合同发生了货物保管和被保管的经济关系，并通过仓储合同调整双方的关于仓储的权利和义务。仓储合同经过双方要约和承诺的过程，当双方意见一致时合同成立。

仓储保管是双务的行为，需要较为完整的合同订立程序，明确表示合同成立以及完整的合同形式。由于物资仓储往往需要较长的时间，还可能需要对仓储物进行加工处理、分拆等作业，进行流通管理，为了保证保管人严格按照存货人的要求进行处理，避免时间久远遗忘而出现争议，以及涉及仓单持有人的第三方关系，仓储合同条款需要细致完备。

5. 存货人向仓库存货

存货人应按合同的约定向保管人交付仓储物。存货人交付仓储物是存货人履行合同的行为。存货人交付仓储物时必须对仓储物进行妥善处理，保证仓储物适合仓储。合同约定预付仓储费的，存货人在存货时应向保管人支付约定的保管费。

6. 保管人接收货物和保管货物

保管人应按照合同约定在接收仓储物之前准备好仓储场地，使场地适合仓储物存放和保管。保管人在接收仓储物之前必须验收仓储物，对仓储物进行理货检验，确认仓储物的状态、质量和准确数量。

在仓储物入仓后，保管人应按照合理的方法并采取有效的措施对仓储物进行妥善的管理和相应的作业。在存放期间若仓储物损害或发生变化，应及时通知存货人处理，并采取必要的处理措施，减少损失。

7. 存货人提货

仓储期届满，存货人或者仓单持有人凭仓单向保管人提取仓储物，交付仓储费用和保管人的垫费、仓储物的性质造成保管人的损失、超期存货费和超期加收费等费用。提货人提货完毕，在仓单上签章后，将仓单交回保管人。如果合同未约定存储期限，存货人或者仓单持有人可以随时要求提取仓储物，但应有合理的通知期。提货人对仓储中产生的残损货物、收集的地脚货、货物残余物等应一并提取。

二、仓储商务管理的定义与特点

（一）仓储商务管理的定义

仓储商务管理是仓储经营人对仓储商务所进行的计划、组织、指挥和控制的过程，是独立经营的仓储企业对外商务行为的内部管理，属于企业管理的一个方面。

（二）仓储商务管理的特点

相对于仓储企业其他项目管理，仓储商务管理具备以下特点。

1. 经济效益性

仓储管理涉及企业的经营目标、经营收益，所以更为重视管理的经济性、效益性。

2. 外向性

仓储商务管理是围绕着仓储企业与外部发生的经济活动的管理，因而它具有外向性。

3. 整体性

仓储商务工作并不只是仓储企业商务职能部门的工作，由于既涉及仓储企业整体的经营和效益，而且还关系到其他部门能否获得充足工作量，因而仓储商务管理是仓储企业的高层管理的核心工作，同时也是企业其他各部门关心的工作，需要仓储企业各部门的支持与配合，所以说仓储商务管理具有整体性。

三、仓储商务管理的作用

仓储商务管理的目的是为了仓储企业充分利用仓储资源，最大限度地获得经济收入和提高经济效益，具体表现在以下几个方面。

1. 使企业资源得到充分的利用

仓储商务管理的目的是获得大量的产品交换量，使仓储生产的产量达到最大。在良好的仓储商务管理之下，仓储企业充分利用企业的一切资源，获得大量的商业机会，按时完整提供产品（包括仓储能力、作业能力、生产的资金和人力资源），完成生产任务。

2. 最大限度地满足社会需要

满足社会对仓储产品的需要是仓储企业商务管理的最终目的。仓储商务管理的任务就是有效地开发市场，跟随市场的需要改变产品结构，提高服务水平，降低产品价格，提高产品竞争力，促进交易，使产品被更广泛的市场和客户接受。

3. 降低风险

企业的经营风险绝大部分来自于商务风险，高水平的商务管理可以避免发生商务风险，防止责任事故和规避经营风险。

建立风险防范机制，及时发现风险隐患，妥善地处理协议纠纷，建立仓储商务质量管理体系是仓储商务管理的重要任务。

4. 减少成本

决定产品能否被社会接受的基本条件是产品生产成本、交易成本的高低。仓储商务管理不仅要尽可能地提高交易回报，更重要的是控制成本，提高产品竞争力。

仓储商务管理不仅要采取先进的现代化技术，控制和减少交易成本，还要通过将限定的产品价格分解到每个生产环节，促使仓储生产的每一个环节有针对性地进行成本管理，使整体生产成本得到控制。

5. 提高经营收益

仓储商务管理在提高经营收益方面的作用表现在：一方面，通过充分利用仓储企业的有效资源、提供满足社会需要的产品，使产品被市场广泛接受，促进产量的提高；另一方面，通过严格的成本管理、最少的风险承担使得成本降低，实现仓储企业的经济收益提高。提高整体收益、实现仓储企业可持续发展是仓储商务管理的最终目的。

6. 塑造企业形象

首先，通过以人为本、职责明确的原则建立的商务队伍，在对外商业交往中精明能干，业务熟练，提倡合作和服务的精神；其次，仓储企业的整体守合同、讲信用的商务管理，形成仓储企业可信赖、高水平的企业形象。仓储商务管理的每一项工作都会对仓储企业形象产生直接的影响。

四、仓储商务管理的内容

仓储商务管理是仓储企业管理的一个组成部分，包括对仓储商务工作的人、财、物的组织和管理，涉及仓储企业资源的使用、制度建设、激励机制以及仓储商务队伍的教育培养和发展提高等各个方面，具体表现在以下几个方面。

1）仓储商务人员的选用、配备和仓储商务机构的设定，商务管理制度和运作制度的设立。

2）有效地组织市场搜寻，广泛收集并高质量地分析市场信息，捕捉有利的商业机会，科学制订竞争策略。

3）分析市场的需要和发展，科学地规划并设计产品营销策略。

4）充分利用先进的技术和传统的有效方法降低交易成本。

5）确定合适的价格，准确地进行成本核算，提高产品的竞争力。

6）细致地进行成本分解，促进仓储企业整体成本管理的效果，进一步降低成本。

7）加强交易磋商管理和合同管理，严格依合同办事，讲信用，保证信誉。

8）以优质的服务满足消费者和用户的需要，实现仓储企业的经济效益和社会效益。

9）建立风险防范机制，妥善处理商务纠纷和冲突，防范和减少商务风险。

10）加强仓储商务人员管理，以人为本，充分发挥全体商务人员的积极性和聪明才智。重视商务人员的培养和提高，确保商务人员能跟上时代发展的要求并保持发展后劲。

五、仓储商务管理的原则

仓储商务管理要遵循以下几项原则。

1. 满足社会需要

仓储生产的目的和社会主义生产的目的一样，都是为了满足社会对商品的需要。

仓储商务管理就是保持仓储产品社会交换的不断进行，使仓储资源能被最大限度地利用，服务于社会，为社会创造更大的财富。

2. 适应市场竞争

市场经济的基本特征就是广泛的市场竞争，没有竞争就没有市场。

3. 守法、依法商务

市场经济是法制经济，需要通过法律规范市场，防止恶性竞争和不正当竞争，防止侵害合法权益，维护合法行为和利益。

商务工作涉及仓储与企业外的经济利益关系，商务管理部门特别要重视利用法制手段保护仓储企业自身的利益，防止合法利益受到侵犯，维护自身的合法权益。

4. 追求效益最大化

追求效益最大化是市场经济主体的生产经营目的。作为商业活动，仓储经营显然也是为了在向社会提供仓储产品中获得最大的经济效益。获得效益最大化也就是仓储商务管理的基本原则。

知识拓展

仓储商务工作面临的就是竞争激烈的局面，仓储商务管理就要敢于竞争、善于竞争，既要敢于开展积极的竞争，也要勇于面对竞争的挑战。

仓储企业需要制订完整的市场竞争策略，建立成本优势、价格优势、服务优势、技术优势，充分利用资本经营手段，规模化发展，实现规模效应，形成网络服务，形成竞争优势，在市场竞争中求生存、求发展。

第二节 仓储合同

一、仓储合同的定义

《中华人民共和国合同法》（以下简称《合同法》）第三百八十一条将仓储合同规定为："仓储合同是保管人储存存货人交付的仓储物，存货人支付仓储费的合同。"同时，《合同法》第三百九十五条规定："仓储合同分则未规定的事项，适用保管合同分则的有关规定。"

扫一扫：合同法

从《合同法》的相关规定可以看出，仓储合同是由仓储保管人提供场所，存放存货人的货物、物品，仓储保管人只收取仓储费和劳务费的合同。其中，存货人交付储存物，支付规定的仓储费是仓储合同成立的必要条件。

本书采用以下的定义：所谓仓储合同（也称为仓储保管合同），是指仓储保管人接受存货人交付的仓储物，并进行妥善保管，在仓储期满将仓储物完好地交还，保管人收取保管费的协议。

二、仓储合同的种类

1. 一般保管仓储合同

一般保管仓储合同是指仓库经营人提供完善的仓储条件，接受存货人的仓储物进行保管，在保管期届满，将原先收保的仓储物原样交还给存货人而订立的仓储保管合同。

一般保管仓储合同的仓储物为确定物，保管人必须原样返还。一般保管仓储合同特别重视对仓储物的特定化，且保管人严格承担归还原物的责任，包括仓储物在仓储期间自然增加的利息。

2. 混藏式仓储合同

混藏式仓储合同是指存货人将一定品质数量的种类物交付给保管人，保管人将不同存货人的同样仓储物混合保存，存期满时，保管人只需以相同种类、品质、数量的商品返还给存货人，并不需要原物归还的仓储方式。

混藏式仓储合同具有保管仓储物价值的功能。混藏式仓储方式一般用于粮食、油品、矿石或保鲜期较短的商品的储藏。与一般保管仓储合同不同，混藏式仓储合同的标的物为确定种类物，保管人严格按照约定数量、质量承担责任，且没有合理耗损的权利。

混藏式仓储合同对于仓储物的品质、数量需要有极为明确的认定，并在合同中完整地描述。当保管人向提货人交还仓储物时不能按合同描述的，需补偿提货人的损失。

3. 消费式仓储合同

存货人在存放仓储物时，同时将仓储物的所有权转移给保管人，保管期满时，保管人只需将相同种类、品质、数量的替代物归还给存货人。存放期间的仓储物所有权由保管人掌握，保管人可以对仓储物行使所有权。

消费保管的经营人一般具有仓储物消费能力，消费式仓储的货物一般指面粉加工厂的小麦仓储、加油站的油库仓储、经营期货交易的保管人等。

与前两种仓储合同不同的是，消费式仓储合同是涉及仓储物所有权转移到保管人，自然地，保管人需要承担所有人的权利和义务。消费式仓储经营人的收益，除了约定的仓储费外，更重要的是消费仓储物与到期购回仓储物所带来的差价收益。

4. 仓库租赁合同

仓库租赁合同是仓库所有人将所拥有的仓库以出租的方式开展仓储经营，由存货人自行保管商品的仓储经营方式。

仓储人只提供基本的仓储条件，进行一般的仓储管理，如环境管理、安全管理等，并不直接对所存放的商品进行管理。从严格意义上来说，仓库租赁并不是仓储合同，只是财产租赁合同。

三、仓储合同的当事人

仓储合同的双方当事人分别为保管人和存货人。

1. 保管人

保管人是货物仓储保管的一方。保管人可以是独立的企业法人、企业的分支机构或者个体工商户、合伙、其他组织等，也可以是专门从事仓储业务的仓储经营者，还可以是贸易货栈、车站、码头的兼营机构，或者从事配送经营的配送中心。

1）保管人必须具有仓储设备和专门从事仓储保管业务的资格，必须拥有仓储保管设备和设施。因此，要具有仓库、场地、货架、装卸搬运设施、安全、消防等基本条件，取得相应的公安、消防部门的许可。

2）如果保管人要从事特殊货物的保管，还要有特殊保管的条件要求。设备和设施无论是保管人自有的还是租赁的，保管人必须具有有效的经营使用权。

3）从事仓储经营的保管人必须具有经营资格，进行工商登记，获得工商营业执照。

2. 存货人

存货人是指将仓储物交付仓储的一方。存货人必须是具有将仓储物交付仓储的处分权的人，可以是仓储物的所有人，也可以是只有仓储权利的占有人，如承运人，或者是受让仓储物但未实际占有仓储物的准所有人，或者有权处分人，如法院、行政机关等。存货人可以是法人、非法人单位、事业单位、民营企业、个体经营户、群众组织、国家机关、公民等。

四、仓储合同的标的和标的物

合同标的是指合同关系指向的对象，也就是当事人权利和义务指向的对象。

标的物是标的的载体和表现，仓储合同的标的物就是存货人交存的仓储物。仓储物可以是生产资料，如生产原料、配件、组件、生产工具、运输工具等；也可以是生活资料，如一般商品，包括特定物或者种类物。仓储物必须是动产，能够移动到仓储地进行仓储保管，且是有形的实物动产。无形的或不动产不能成为仓储物，如货币、知识产权、数据、文化等无形资产和精神产品不能作为仓储物。例如，图书可以作为仓储物，但图书的著作权、书内的专利权不能成为仓储物。

虽然仓储合同约定的是仓储物的保管事项，但合同的标的却是仓储保管行为，包括仓储空间、仓储时间和保管要求，存货人要为此支付仓储费。因此，仓储合同是一种行为合同，一种当事人双方都需要行为的双务合同。

五、仓储合同的管理

（一）仓储合同的订立

1. 订立仓储合同的原则

（1）平等的原则

当事人双方法律地位平等是合同制度的基础，也是任何合同行为都需要遵循的原则。本着平等的法律地位的心态，订立仓储合同的双方应进行平等协商，并且订立公平的合同。任何一方采取强势的态度或者方式订立的合同都会成为无效合同。

平等的原则还包括订立合同机会平等的原则，不能采取歧视的方式选择订立合同的对象。

（2）等价有偿的原则

仓储合同是双务合同，合同双方都要享受相应的合同利益，承担相应的合同义务。

保管人的利益体现在收取仓储费和劳务费上，保管人在仓储过程中投入多少劳动和资源，也决定了能获得多少报酬。

（3）自愿与协商一致的原则

合同生效的条件是当事人订立合同时完全根据自身的需要和条件，利用各自的知识和能力，并通过广泛的协商，制订双方在整体上接受合同的约定。合同未经协商一致，如果将来在合同履行中发生严重的争议，会造成合同无法履行。

（4）合法和不损害社会公共利益

当事人在订立合同时要严格遵守法律法规，不得进行任何违反法律法规强制性规定的行为，也不能进行公民不能从事的行为，包括不能发生超越经营权、侵害所有权、侵犯国家主权、危害环境等违法行为。

不损害社会公共利益的原则要求合同主体在合同行为中不进行有损社会安定、扰乱社会经济秩序、妨碍人民生活等的不良行为。不损害社会公共利益从内容上说属于道德规范，但在《合同法》的规范中形成了法律规范。合同当事人要尊重社会公德，维护国家形象，有利于精神文明的建设。

2. 仓储合同订立的程序

一般来说，订立仓储合同主要有两个阶段，即准备阶段和实质阶段，实质阶段又包括要约和承诺两个阶段。

（1）准备阶段

在许多场合，当事人并非直接提出要约，而是经过一定的准备，进行一些先期性活动，才考虑订立合同。其中包括接触、预约和预约邀请，其意义在于使双方当事人相互了解，为双方进入实质的缔约阶段创造条件，扫除障碍。

（2）实质阶段

根据《合同法》的规定，只要存货人与仓储保管人之间依法就仓储合同的有关内容经过要约和承诺的方式达成意思表示一致，仓储合同即告成立。正因为要约与承诺直接关系到当事人的利益，决定合同是否成立，所以将其称为合同订立的实质阶段。

签订合同一般要经过以下三步。

第一步：提出“要约”。由存货或保管的一方提出签约的建议，包括订约的要求和合同的主要内容。

第二步：“承诺”。对另一方的“要约”，表示完全同意，在此基础上签订协议、合同即具有法律效力；如果对“要约”的内容、条件有不同的意见，必须经过充分协商，取得一致意见。

第三步：“签约”。由双方的法人代表签字、单位盖章。如果法定代表授权本单位的经办人员代理签订合同时，代理人应事先取得本企业的委托证明。如果法人之间代理签订合同，代理单位必须事先取得委托单位的委托证明，并根据授权范围以委托单位的名义签订，才对委托单位直接产生权利和义务。

知识拓展

要约和承诺是仓储合同的订立必须经过的过程。一方向另一方提出要约，另一方给予承诺，那么仓储合同成立。要约要产生法律效用，必须具有明确的订立合同的愿望和交易条件，这些条件可以是在要约中明示的，也可以为受要约人通过合理判断确定的默示条件。要约人在要约送达受要约人后，承担遵守要约的责任。

对要约无条件地接受称为承诺，任何对要约实质性的变动都不是承诺，是要约人的反要约。承诺必须是明确的、有确切表现的承诺。承诺到达要约人即生效，承诺人即受承诺的约束。

如果一方向另一方发出不明确的交易愿望，这样的行为为要约引诱，要约引诱不具有约束力，如广告、推销宣传等。但是，如果广告等具有明确交易条件和交易愿望，且明示有约束力的，那么便成为要约。

当一方向另一方发出愿意订立仓储合同的要约，但没有明确合同的主要事项，这种要约构成了双方订立预约合同的要件；一方的承诺表明双方成立了预约合同。预约合同并不是仓储合同本身，仅仅是双方达成了将要订立仓储合同的协议。

3. 合同的形式

合同的形式有很多，可以采用书面形式、口头形式或其他形式。例如，电报、电传、传真、电子邮件也可以作为书面形式。因而仓储合同可以采用书面形式、口头形式或者其他形式。同样，订立仓储合同的要约、承诺也可以是书面的、口头的或其他形式的。

扫一扫：仓储合同样本

由于仓储的存期较长、货量较大，因此还可能进行配送、流通加工等作业，还会涉及作为仓单持有人的第三人，所以仓储合同使用完整的书面合同较为合适。而且完整的书面合同有利于合同的保存、履行和发生争议时的处理。

合同的其他形式包括通过行为订立合同、签发格式合同等。在未订立合同之前，存货人将货物交给仓储保管人，保管人接收货物，则表明事实上合同已经成立。

在公共仓储中，如果周转极为频繁，那么保管人可以采用预先已设定好条件的格式合同。在格式合同中，没有商定格式合同条款的权利，存货人只有签署或不签署合同的权利。

知识拓展

某五金公司与某贸易货栈有着多年的业务往来，两个公司的经理也是“铁哥儿们”，私交很深。某年5月，五金公司经理王某找到贸易货栈经理张某称：“我公司购回走私彩电500台，有关部门正在追查，因此，想请张经理帮帮忙，将这批货暂时在贸易货栈存放一段时间，待避过风头之后，我公司立即想办法处理。”但货栈经理张某说：“咱们都是经营单位，货栈目前效益也不是很好，并且寄存你这批货还要承担很大风险，因此，适当收点仓储费。另外，一旦有关部门得到信息，将该批货查封、扣押或者没收，我单位不承担任何责任。”五金公司王经理表态：“费用按标准支付，签个仓储合同。”双方随即签订了一份仓储保管合同。合同约定，贸易货栈为五金公司储存彩电500台，期限6个月，每月仓储费1000元。10月，该批货在贸易货栈存放期间，被有关部门查获，并依法予以没收。后来双方当事人为仓储费问题发生争执，经多次磋商未果，贸易货栈诉至法院，要求五金公司依约支付仓储费并赔偿损失。

法院裁定，五金公司储存走私货物，被有关部门查获，依法予以没收，仓储合同无效。贸易货栈作为保管人，非但不能取得仓储费，而且还将因其违法行为受到处罚。

（二）仓储合同当事人的权利和义务

仓储合同当事人的权利与义务是合同当事人在履行合同过程中有权要求对方采取的行为和自身需要进行的不行为或行为。

扫一扫：仓储合同范例

合同中的权利和义务的规定包括合同明示条款和默示条款。明示条款具有绝对的效力，所以当事人应尽可能采用明示条款约束双方的权利和义务；默示条款虽然在合同中没有写出，但是根据订立合同的环境和合同的性质的专业知识可以合理地推定得出的当事人在合同履行中所能享受的权利与要承担的义务。

1. 保管人的权利和义务

（1）合适的仓储条件

具有合适的仓储保管条件是仓储人经营仓储保管的先决条件。有拟保管的货物的保管设施和设备，配备一定的保管人员和商品养护人员，制定有效的管理制度和操作规程等。

同时，保管人具有的仓储保管条件应当适合所要进行保管的仓储物的相应仓储保管要求，如保存粮食的粮仓、保存冷藏货物的冷库等。

（2）验收货物

验收货物既是保管人的义务，也是其合同权利。

保管人应该在接受仓储物时对货物进行盘点和查验，在合同约定的期限内检验货物质量，并签发验货单证，验收货物按照合同约定的标准和方法进行。

对于未验收货物保管人推定为存货人所交存的货物完好，保管人也同样要返还完好无损的货物。对于货物存在的不良状况，有权要求存货人更换、修理或拒绝接受，否则需要据实编制记录，以明确责任。

（3）签发仓单

保管人在接收货物后依据合同的约定或者存货人的要求及时向存货人签发仓单。在存期届满，根据仓单的记载向仓单持有人交付货物，并承担仓单所明确的责任。

（4）合理化仓储

保管人应在合同约定的仓储地点存放仓储物，并充分使用先进的技术、科学的方法、严格的制度，高质量地做好仓储管理。

使用适合于仓储物保管的仓储设施和设备，在科学保管和合理维护等各方面做到合理化仓储。保管人对于仓储物的保管承担严格责任，如果由于其保管不善造成仓储物在仓储期间发生损害或者灭失，除非保管人能证明损害是由于货物性质、包装不当、超期以及其他免责原因造成的，否则保管人要承担赔偿责任。

（5）返还仓储物

保管人应在约定的时间和地点向仓单持有人交还约定的仓储物。

如果仓储合同没有明确存期和交还地点的，存货人或仓单持有人可以随时要求提取，保管人应在合理的时间内交还存储物。保管期满保管人在催告存货人提货期满后，可以提存仓储物。

（6）危险通知义务

保管人应当在仓储物出现危险时及时通知存货人或者仓单持有人。存货人掌握仓储物的状态是存货人具有所有权的权利体现，对于仓储物的危险涉及仓储物的交易以及可能造成的损害，存货人需及时掌握并采取措施处理，便于减少损失。

2. 存货人的权利与义务

（1）告知义务

存货人的告知义务包括两个方面，即对仓储物的完整明确的告知和瑕疵告知。

完整告知是在订立合同时存货人要完整细致地告知保管人仓储物的准确名称、数量、包装方式、作业保管要求等，以及涉及验收、作业、仓储保管、交付的资料，尤其是危险货物，存货人还要提供详细的说明资料。

瑕疵包括仓储物及其包装的潜在缺陷、不良状态、不稳定状态等或者已存在的缺陷或将会发生损害的缺陷。保管人了解仓储物所具有的瑕疵，可以采取针对性的操作和管理，避免发生损害和危害。

（2）妥善处理和交存货物

存货人应根据性质进行分类、分储，根据合同约定对仓储物进行妥善处理。

存货人应在合同约定的时间向保管人交存仓储物，并提供验收单证。交存仓储物是存货人履行合同的义务，而不是仓储合同生效的条件。

（3）支付仓储费和偿付必要费用

仓储费是保管人对仓储物进行保管所获得的报酬和目的，也是保管人的合同权利。存货人应根据合同约定按时、按量地支付仓储费，否则构成违约。

如果存货人提前提取仓储物，保管人不减收仓储费。如果存货人逾期提取，应当加收仓储费。保管人有对未支付仓储费的仓储物行使留置权的权利，并可通过拍卖留置的仓储物等方式获得款项。仓储物在仓储期间发生的应由存货人承担责任的费用支出或垫费，如保险费、货物自然特性的损害处理费用、运输搬运费、转仓费等，存货人应及时支付。

（4）查验和取样

在仓储保管期间存货人有对仓储物进行查验、取样查验的权利，能提取合理数量的样品进行查验。

（5）及时提货

存货人应按照合同的约定，按时将仓储物提离。

保管人根据合同的约定安排仓库的使用计划。由于存货人未将仓储物提离，会导致保管人已签订的下一个仓储合同无法履行。存货人未在约定的时间提离仓储物，保管人可以向提存机关要求提存该仓储物。

（三）仓储合同的生效和无效

《合同法》第四十四条规定："依法成立的合同，自成立时生效，法律、行政法规规定应当办理批准、登记等手续生效的，依照其规定。"合同生效，是指已经成立的合同在当事人之间产生了一定的法律约束力。合同生效须具备两大要件，一是合同成立；二是合同依法成立。

1. 合同成立

（1）合同成立是合同生效的前提

合同的成立必须具备以下条件。

1）订约主体必须存在两方以上的当事人。

2）当事人对合同必要条款达成合意。

3）合同的成立应当经过要约和承诺阶段。

（2）依法成立是合同生效的必备要件

合同生效必须具备以下条件。

1）合同当事人在缔结合同时必须具有相应的缔结合同的行为能力。

2）合同当事人订立合同时的意思表示必须真实。

3）合同不违反法律、行政法规的强制性规定；不损害社会公共利益。

4）合同的标的确定，履行的可能、标的物的合法。

5）合同必须具备法律所要求的形式。

2. 合同生效

（1）合同生效的时间

依法成立的合同，自成立时生效，法律、行政法规规定应当办理批准、登记等手续生效的，依照其规定。

实践中有些公证人员在办理合同公证时，往往还在证词中写道："该合同自权属登记日起生效。"这是不正确的，是无法律依据的。此类合同的生效应当是"依法成立时生效"。

《最高人民法院关于适用〈中华人民共和国合同法〉若干问题的解释（一）》规定，法律、行政法规规定应当办理登记手续，但未规定登记后生效的，当事人未办理登记手续的不影响合同的效力，合同标的物所有权等其他物权不能转移。因此，仓储合同自成立时起生效。

当事人对合同的效力可以约定附生效条件或附生效期限，那么，自条件成就或期限届满时，合同生效。

（2）无效合同

《中华人民共和国民法通则》和《合同法》规定，有下列情形之一的为无效合同：

1）订立合同的民事主体不合格，即订立合同的当事人不具有相应的民事权利能力或民事行为能力。

2）一方以欺诈、胁迫的手段订立合同，损害国家利益。

3）恶意串通，损害国家、集体或第三人利益。

4）以合法形式掩盖非法目的。

5）损害社会公共利益。

6）违反法律、行政法规的强制性规定。

（四）仓储合同的变更、解除和终止

当合同生效后，当事人应按照约定全面履行自己的义务，任何一方不得擅自变更、解除和终止合同，这是《合同法》确定的合同履行原则。

仓储经营会因为主客观情况的变化而变化，因而具有极大的变动性和复杂性，为了避免当事人双方的利益受到更大的损害，变更或者解除已生效的不利合同是更有利的选择。

1. 仓储合同的变更

仓储合同的变更是指不改变原合同的关系和本质事项，只是对已生效的仓储合同的内容进行修改或补充。

仓储合同当事人一方因利益需要，可以向另一方提出变更合同的要求，并要求另一方在一定的限期内答复。若当事人另一方在期限内答复并同意变更，或者在期限内没有作出答复，则合同变更成立，双方须按变更后的条件履行。

如果当事人另一方在一定期限内明确拒绝合同变更，则合同变更不能成立。合同变更后按变更后的合同履行，对变更前已履行的部分没有追溯力。但因为不完全履行发生的利益损害，可以作为请求赔偿的原因或者变更合同的条件。

2. 仓储合同的解除

仓储合同的解除是将未履行的合同或合同还未履行部分不再履行，发生的权利、义务关系消亡，合同履行终止。

（1）仓储合同解除的方式

1）存货人与保管人协议解除合同。协议解除合同和协议订立合同一样，都是双方意思一致的结果，具有至高的效力。解除合同协议可以在合同生效后、履行完毕前双方协商达成解除合同的协议；除了这样也可以在订立合同时订立解除合同的条款，当约定的解除合同的条件出现时，一方通知另一方解除合同。

2）出现法律规定的仓储合同解除条件而解除合同。《合同法》规定，因不可抗力致使合同的目的不能实现，任何一方可通知对方解除合同；一方当事人违约，另一方可以行使合同解除权；仓储合同的一方当事人迟延履行合同义务，经催告后在合理期限内仍未履行，另一方也可以解除合同。

（2）仓储合同解除后的后果

仓储合同解除后，随着合同所产生的存货人和保管人的权利、义务关系消灭，未履行的合同部分当然地终止履行。

合同解除并不会影响合同的清算条款的效力，双方当事人仍需要按照清算条款的约定承担责任和赔偿损失，需承担违约责任的一方仍要依据合同约定承担违约责任，采取补救措施并赔偿损失。

3. 仓储合同的终止

仓储合同的终止，是指存货人与仓储保管人之间因仓储合同而产生的权利、义务关系由于各种原因而归于消灭，不再对双方具有法律约束力。

仓储合同的当事人之间可以根据一定的法律事实和法律程序设立合同的权利、义务关系，也可以根据一定的法律事实和法律程序终止仓储合同。

（五）仓储合同违约责任

所谓违约，是指存货人或保管人不能履行合同约定的义务或者履行合同义务不符合合同的约定的行为。

为了限制和减少违约行为以及避免一方的违约造成另一方的损失，由违约方承担违约责任不仅是合同法律制度的规范，也是当事人协议合同的必要事项。

通过法定的和合同约定的违约责任的承担，增加违约成本，弥补被违约方的损失，减少违约的发生，有利于市场的稳定和秩序。

违约责任一般是以弥补对方的损失为原则，违约方需对对方的直接的损失和合理预见的利益损失给予弥补。违约责任的弥补方式可以有很多种。例如，支付违约金、赔偿损失、继续履行合同、采取补救措施等。

1. 支付违约金

违约金是指合同约定当一方违反合同约定时需向另一方支付的金额。

违约金本身来说是一种对违约的惩罚。合同约定和违约行为的发生是违约金产生的前提，这可以包括无论是否发生损失的预期违约。

当事人可以约定一些违约赔偿的方法。例如，根据违约情况向对方支付一定数额的违约金，也可以约定因违约产生的损失赔偿额的计算方法。同时规定当违约金过高或者过低时，可以要求法院或仲裁进行调整。因此，违约金又是一种赔偿处理的方法，具有赔偿性。

合同违约金的约定可以按照违约的现象进行约定，例如，未履行合同的违约金、不完全履行的违约金、迟延违约金等；也可以确定一种违约金的计算方法，当发生违约时通过计算确定具体违约金。

违约金以双方约定支付的方式进行。为了简化索赔过程，对于合同履行中因责任造成对方损失的赔偿，也可以采取违约金支付的方式。

2. 赔偿损失

当事人一方由于违反仓储合同的约定，不履行合同义务或者履行不符合约定合同义务的行为使合同对方发生损失的，应该承担对方损失的赔偿责任。

赔偿损失的条件为违约和使对方产生损失，这种损失包括违约所造成直接的损失和违约方在订立合同时所能预见的履行合同后对方可以获得的利益。

违约的赔偿责任既是法定的责任也是约定的责任，这是因为约定合同的义务未得到履行，出现了损失，才导致赔偿的法律责任。

支付合同中约定违约金时，一方的违约造成超过所支付的违约金的损失时，另一方仍有权要求违约方赔偿超额的损失。

赔偿损失可以采用支付赔偿金的方式，也可以采取其他方式，如实物补偿等。

3. 继续履行合同

继续履行合同是一种违约责任的承担方式，而无论违约方是否支付了违约金和承担了对方的损失赔偿。继续履行是指发生违约行为后，被违约方要求对方或请求法院强制对方继续履行合同的义务的违约责任承担制度。

继续履行的条件为合同还可以继续履行和违约方还具有履行合同的能力，但继续履行合同不违背原合同的性质和法律关系。若法律上或者事实上不能履行、继续履行费用过高、被违约方未在合理期限内提出继续履行，违约方可免除继续履行。

4. 采取补救措施

发生违约后，被违约方有权要求违约方采取合理的补救措施，以便弥补违约的损失，并减少进一步损失的发生。例如，对损坏的仓储物进行修理，将仓储物转移到良好的仓库存放，支付保养费、维修费、运杂费等。

5. 定金惩罚

定金是一种担保方式。在订立合同时，当事人可以约定采用定金来担保合同的履行。在履约前，由一方向另一方先行支付定金；在合同履行完毕，收取定金一方退还定金或者抵作价款。

当合同未履行时，支付定金一方违约的，定金不退还；收取定金一方违约的，双倍退还定金。定金的最高限度是合同总金额的20%。同时有定金和违约金约定的，当事人只能选择其中一种履行。

第三节　仓　　单

一、仓单的定义

仓单是保管人在接收仓储物后签发的表明一定数量的保管物已经交付仓储保管的法律文书。保管人签发仓单，表明已经接收仓储物，并已承担对仓储物的保管责任以及保证将向仓单持有人交付仓储物。

签发仓单是仓储保管人的法律义务，《合同法》规定，“存货人交付仓储物时，保管人应当给付仓单”。

二、仓单的法律特性

仓单的法律特性包括以下几个方面。

1. 仓单是提货凭证

在提取仓储物时，提货人必须向保管人出示仓单，没有仓单不能直接提取仓储物，并在提货后将仓单交回保管人注销。

2. 仓单是所有权的法律文书

保管人在查验并接受仓储物后向存货人签发的仓单，表明只是将仓储物的保管责任转交给保管人，仓储物的所有权并没有转移给保管人，通过保管人签发的仓单作为仓储物的所有权文书。

3. 仓单是有价证券

仓单是仓储物的书面凭证，仓储保管人依据仓单返还仓储物，占有仓单表示占有仓储物，意味着占有了被仓储的财产和该财产所包括的价值。

受让仓单就需要支付与该价值对等的资产或价款，因此仓单是表明仓储物价值的有价证券。由于仓单所表示的是实物资产的价值，其价格受实物市场的供求关系的影响，需要根据供求规律确定仓单具体的价格。

4. 仓单是仓储合同的证明

当双方没有订立仓储合同时，它作为仓储合同的书面证明，证明合同关系的存在，存货人和保管人按照仓单的记载承担合同责任。

三、仓单的功能

1. 保管人承担责任的证明

仓单一旦签发就意味着仓储保管人接管仓储物，并对仓储物承担保管责任。保证在仓储期满向仓单持有人交还仓单上所记载的仓储物，如果仓储物在仓储期间发生损害或灭失，仓储保管人应当承担相应的赔偿责任。

2. 物权证明

仓单是提货的凭证，它意味着合法获得仓单的仓单持有人具有该仓单上所记载的仓储物的所有权。但是，这种所有权是一种确定的物权，只表示占有该仓单上所描述的具体货物，并不意味着固定的价值。

仓单持有人因持有仓单获得仓储物所有权，但是这个仅仅是仓单所明示的物权，并不获得存货人与保管人所订立仓储合同中的权利，只有在仓单中列明时才由仓单持有人享受。除非仓单持有人与存货人为同一人，否则相应地保管人也不能用没有在仓单上明示的仓储合同的约定条款对抗仓单持有人。这种物权会因为不可抗力、自然损耗等保管人免责的原因造成灭失，也可能会因为保管到期产生超期费、保管人进行提存的风险以及由于仓储物的原因造成保管人其他财产损失的赔偿风险。

3. 物权交易

仓储物交给仓储保管人保管后，保管人虽然占有仓储物，但是仓储物的所有权仍然属于存货人。存货人有权依法对仓储物进行处理，或者转让仓储物。

在保管人签发仓单的情形下，存货人和保管人达成了凭仓单提货的契约。保管人可以拒绝仓单持有人之外的其他人行使提货权。如果存货人要进行存储物转让，那么同时必须将仓单转让。

对于存货人在获得仓单后，需要转让仓储物时，如果要通过取出仓储物进行实物交割极为烦琐，而且很不经济。为了减少费用，存货人可以通过直接转让仓单的方式转让仓储物，由受让人凭仓单提货。通过仓单转让即可实现仓储物所有权的转让交易，又不涉及仓储物的保管和交接，是一种简便和经济的方法。仓单转让机制的基础在于仓储保管人对于仓储物的理货验收、对仓储物的完整性承担责任及对所签发仓单的提货保证。

由于仓单大都为记名证券，仓单的转让必须采用背书转让的方式进行。由出让人进行背书，并注明受让人的名称，保持仓单的记名性质。仓单转让经保管人签署仓单通过背书转让，仓储物的所有权发生了转移，被背书人成为仓单持有人。仓单转让后就意味着原先同保管人订立仓储合同的存货人将凭仓单提取货物的合同权利转让给了其他人。保管人将向第三人履行仓储合同义务。

知识拓展

《合同法》规定，“债权人转让权利的，应当通知债务人”，同时还规定债务人转让义务，应当经债权人同意。仓单的转让可能仅涉及存货人债权的转让，也可能存在受让人支付仓储费等债务的转让，因此仓单转让就需要保管人的认可，经保管人签字或者盖章，仓单受让人才能获得提取仓储物的权利。

扫一扫：仓单质押

4. 金融工具

由于仓单所具有的物权功能，仓单也代表着仓储物的价值，成为有价证券，可以作为一定价值的担保。因此，仓单可以作为质押、抵押、财产保证的金融工具和其他的信用保证。在期货交易市场上，仓单交易是交易的最核心部分。

知识拓展

抵押是指债务人或第三人不转移对其特定财产的占有，将该财产作为对债券的担保，在债务人不履行债务时，债权人有权依法就该财产折价或以拍卖、变卖的价金优先受偿的物权。

质押是指债务人或第三人将其特定财产移交给债权人占有，作为债权的担保，在债务人不履行债务时，债权人有依法以该财产折价或拍卖、变卖。

例如，仓单抵押：由存货人占有货物，支付仓储费，保管人对存货人负责。

四、仓单的内容

仓单由保管人提供。仓储经营人准备好仓单簿，仓单簿为一式两联，第一联为仓单，在签发后交给存货人；第二联为存根，由保管人保存，以便核对仓单。《合同法》规定，仓单的内容包括下列事项。

1. 存货人的名称或者姓名和住所

存货人是仓储物的所有人或者占有人，存货人有权对货物进行仓储处理。存货人是仓单法律关系的一方，承担着仓单所确定的存货义务和责任。存货人名称记录的完整性，也是判定仓单背书转让连续性的依据。

存货人的名称为存货人法人的完整名称，与法人证书的登记名称必须完全一致。当存货人为个人时，采用该人的完整姓名。

存货人的住所为存货企业的所在地、主营业地所在地、发生仓储业务关系的分营业部所在地、个人的居住地或者常驻地。住所地址要求采用完整的名称。住所地址是仓单发生司法争议时司法管辖权的确定因素之一，同时也是仓储业务中保管人与存货人联系的途径，因而一般还会注明联系电话等。

2. 仓储物的品名、数量、质量、件数、包装和标记

仓储物是仓单的标的物，仓储物的品名、数量、质量、包装、件数和标记是保管人对所接收的仓储物的准确描述，构成了仓储物的特定化。

在存储期满后，保管人向仓单持有人交还物品。如果保管人不能交还仓单所描述的仓储物，就需要给予赔偿。仓储物的品名、包装、质量、数量、件数和标记是保管人在接收仓储物时查验和理货所获得的准确结果，必要时可以通过商品检验获得。

仓储物的品名应是仓储物的标准名称，仓储物的质量可以采用公认的等级质量标准或者标明具体的质量水平，或者标明检验结论。仓储物的包装必须是在存储期间存续的包装方式，

一般来说为保管人所认可的包装方式。

3. 仓储物的耗损标准

仓储物因为长期保存和仓储作业会发生耗损和减量，仓储物自身特性的自然减量和公认的合理耗损由保管人承担显然是不合理的。仓储物的耗损标准就是在交还仓储物时仓储物数量短少在仓单约定的仓储物耗损标准之内，保管人不予赔偿。

仓储物的耗损标准有国家标准或者行业标准规定的按规定执行，无标准的由双方约定耗损标准。制定耗损标准后，保管人在归还仓储物时，如果是仓储物在耗损标准内的减量或质量变化等，保管人不予以赔偿。

4. 储存场所

储存场所应当保证储存物的安全，所以应具备一些保管条件和操作方法。这可以确定仓储期间仓储物风险的大小，存入和提出仓储物的经济成本和便利条件，同时也可以使仓单持有人了解仓储物存放的位置。

储存场所也是发生仓储争议时的合同履行地、财产所在地司法管辖权的判断依据。

储存场所一般可以由保管人安排，也可以在仓储合同中约定，还可以是仓单中记载的储存场所为仓储物的实际存放地点。储存场所包括储存的仓库的名称和地点，往往还明确注明存放仓储物的仓库号、堆场、货位号等存货的具体位置。

5. 储存期间

保管人根据合同中的时限在约定的时期内对仓储物承担保管责任。为了使仓单持有人明确掌握储存期限，需要将储存期间特别是储存到期时间明确地记录在仓单之上。

储存时间的表示可以采用开始期加期限的方式，如存储期 3 个月，从仓单签发日起算，到期日若为节假日，顺延到假日后的第一个工作日；也可以采用明确到期日的方式表达。

6. 仓储费

仓储费是保管人开展仓储服务的回报，也是其合同行为的目的。

仓储费由保管人和存货人约定，其中包括仓储费计费标准、支付方式、支付时间、支付地点等内容。提货人支付仓储费或者在提货结算时必须在仓单上准确记录，以便约束仓单持有人。

仓储费也可以在仓单转让时，让受让人知道其所要承担的支付义务和支付额。仓储费率是超期保管费计算的基础。

7. 仓储物的保险金额以及保险人的名称

为了降低承担的风险，通常要对仓储物进行投保。投保的成本原则上应该由仓储物所有人承担。如果保管未保险的仓储物，保管人为了降低风险可购买保险，但其保险的成本必然通过仓储费等方式转移给仓储物的所有人。

仓储物是否购买保险，对仓单受让人具有直接的利益关系，仓单的转让只是转让了仓储物的物权，入库后仓储物状态的变化是受让人要承担的风险。仓单受让人通过保险的方式获得仓储物的状态和价值保证。在仓单上记载保险资料，有利于发生事故时的保险处理，如通知保险公司和保险索赔等。

8. 填发人、填发地和填发日期

填发人为仓储经营人的企业名称或者法定代表人的姓名，有填发人签署表明仓单发生效力。填发地和填发日期不仅表示仓单发生效力的时间和地点，同时也是属地管辖的依据和时效起算时间的依据。

一份有效的仓单应当包含以上所有内容或者其他保管人认为必要的内容，但是也可以缺少一些内容。只要仓单的内容能够充分表达出仓储物的物权、保管人的责任承担程度、持有人提取仓储物的权利等仓单功能的事项，保管人签发的仓单就应该有效。如果仓单缺乏保管人、存货人、仓储物、存货地点、保管人签署等事项，那么显然仓单是无效的。

五、仓单业务

1. 仓单的签发

仓单是由保管人向存货人签发的。当存货人要求保管人签发仓单时，保管人必须签发仓单。当存货人交给保管人仓储物时，保管人对仓储物必须进行查验和理数，确认仓储物的状态，在全部仓储物收妥后，填制并签发仓单。

保管人在填制仓单时必须将接收的仓储物实际情况记录在仓单上，特别是要准确描述仓储物的不良状况，以便到期时能按仓单的记载交付仓储物。经保管人签署的仓单才能生效。

保管人对仓储物不良状态的批注必须实事求是，而且准确、明确。当存货人不同意批注时，如果仓储物的瑕疵不影响仓储物的价值或质量等级，保管人可以接受存货人的担保而不批注。否则就必须批注，或者拒绝签发仓单。

2. 仓单的份数

根据《合同法》的规定，仓储保管人只签发一式两份仓单，一份为正式仓单交给存货人，另一份由保管人保管，留为存底单。

仓单副本则根据业务需要复制相应份数，但需注明为“副本”。

3. 仓单的分割

仓单的分割业务是指存货人将一批仓储物交给保管人时，有时因为转让的需要，要求保管人签发分为几份的仓单，或者仓单持有人要求保管人将原先的一份仓单分拆成多份仓单以便向不同人转让。

仓单的分割不仅仅只是单证的处理，还意味着保管人需要对仓储物进行分劈，仓单的分割是仓储保管人提供的额外服务。

仓储物必须能够被分劈是仓单分割的条件，分割后仓单的仓储物总和数与仓储物总数必须相同。保管人对已签发出的仓单进行分割后，必须将原仓单收回。

4. 仓单的转让

仓单持有人需要将仓储物转让时，可以通过背书转让的方式进行。仓单转让生效的条件是背书过程完整，经保管人签署。

（1）背书转让方法

作为记名单证，仓单的转让采取背书转让的方式。背书转让的出让人为背书人，受让人为被背书人。背书格式如下：

兹将本仓单转让给×××（被背书人的完整名称）

×××（背书人的完整名称）
背书经办人签名、日期

仓单可以进行多次背书转让，第一次背书的存货人为第一背书人。如果进行第二次转让，第一次被背书人就成为第二背书人。因此，背书过程是衔接的完整过程，任何参与该仓单转让的人都应在仓单的背书过程中记载。

（2）保管人签署

存货人将仓单转让，意味着保管人需要对其他人履行仓储义务。因为仓单的转让，保管人与存货人订立仓储合同的意境和氛围发生了改变。

保管人对仓单受让人履行仓单义务的同时也要了解义务对象的变化，对仓单受让人行使仓单权利也需要对债务人有足够的信任。

保管人需要对仓单的转让给予认可，所以仓单的转让需要保管人签署，受让人方可凭单提取仓储物。

5. 仓单的提货

（1）凭单提货

经保管人同意的提货时间或者保管期满，仓单持有人向保管人提交仓单并出示身份证明，经保管人核对无误后，保管人给予办理提货手续。

1）核对仓单。保管人首先核对仓单上的存货人或者被背书人与其所出示的身份证明是否一致。然后核对提货人所提交的仓单和存底仓单，确定仓单的真实性，并且查对仓单背书的完整性以及过程衔接是否清楚。

2）提货人缴纳费用。提货人按仓单的约定支付仓储费用。除此之外，提货人还要支付根据仓储合同约定并记载在仓单上的仓储物在仓储期间发生的仓储人的垫费、为仓储物所有人利益的支出、对仓储人或其他人所造成的损害赔偿等费用。

3）保管人签发提货单证并安排提货。保管人收取费用、收回仓单后，签发提货单证，安排货物出库准备。

4）提货人验收仓储物。根据仓单的记载，提货人与保管人共同查验仓储物，签收提货单证，收取仓储物。

如果查验时发现仓储物状态不良，要求现场编制记录，并要求保管人签署，必要时申请商品检验，以备事后索赔。

（2）仓单灭失的提货

仓单因故损毁或灭失，将会出现无单提货的现象。无论对方是合同订立人还是其他人，如果仓单灭失了，原则上提货人不能提交仓单，保管人就不能交付货物。因为保管人签发出仓单就意味着承认只能对仓单承担交货的责任，不能向仓单持有人交付存储物就需要给予赔偿。

仓单灭失的提货方法有以下两种。

1）通过人民法院的公示催告使仓单失效。原仓单持有人或者仓储合同人可以申请人民法院对仓单进行公示催告。当 60 天公示期满无人争议，人民法院可以判决仓单无效，申请人可以向保管人要求提取仓储物。在公示期内有人争议，则由法院审理判决，确定有权提货人，并凭法院判决书提货。

2）提供担保提货。提货人向保管人提供仓储标的物的担保后提货，由保管人控制担保财产，将来另有人出示仓单而不能交货，保管人需要赔偿时，保管人使用担保财产进行赔偿。该担保在可能存在的仓单失效后，方解除担保。

本 章 小 结

本章主要阐述了仓储商务管理、仓储合同以及仓单的有关知识。

仓储商务管理是仓储经营人对仓储商务所进行的计划、组织、指挥和控制的过程，是独立经营的仓储企业对外商务行为的内部管理，属于企业管理的一个方面。仓储商务管理涉及企业的经营目标、经营收益，因而更为重视管理的经济性、效益性。

仓储合同是指仓储保管人接受存货人交付的仓储物，并进行妥善保管，在仓储期满将仓储物完好地交还给存货人并收取保管费的协议。仓储保管合同主要包括存货人、保管人的名称、地址；储存货物的品种、数量、质量、包装、件数和标记；交接时间、地点和验收方法；仓储物的损耗标准；储存场所；储存期间；仓储费；仓储物的保险约定；违约责任；合同变更解除的条件、争议处理以及合同签署等内容。

合同双方应本着平等、等价有偿、自愿与不损害社会公共利益等原则签订仓储保管合同。仓储合同为不要式合同，当事人双方可以协商采取任何一种形式。常见的合同形式有合同书、确认书、计划表及格式合同 4 种。合同签订后，双方应认真履行各自的权利和义务。

仓单是保管人在接收仓储物后签发的表明一定数量的保管物已经交付仓储保管的法律文书。签发仓单表明仓储保管人已接收了仓单上所记载的仓储物。仓单是仓储保管人凭以返还仓储物的凭证；是确定保管人和仓单持有人、提货人责任和义务的依据；同时还是仓储合同的证明。

案 例 分 析

A 公司与甲厂的仓储合同纠纷

A 公司想生产学生书包，故向甲纺织厂发去传真，要求该厂在一个月内为其发一批布料。该传真载明了所要布料的品种、型号、价格、数量以及交货时间、地点和交货方式等内容。传真发出后10天，乙纺织厂为A公司送来样品，该厂同类产品的价格比甲厂要低25%。于是，A公司与乙厂签订了合同书，购买乙厂的布料。正在这时，A公司收到甲厂同意供货的传真。为避免重复购货，A公司给甲厂发去传真，声明其已经购货，不再向甲厂购货。但5天后，甲厂将货送至A公司。

如果按照《合同法》，A公司是否可以未与甲厂签订合同为由拒收货物？为什么？

案例解析

根据《合同法》的规定，A公司与甲厂之间的合同关系是成立的，理由如下。

第一，合同关系是否成立应当看要约人发出的要约是否具有法律效力。《合同法》第十三条规定："当事人订立合同，采用要约、承诺方式。"如果要约人没有发出要约，合同不可能成立。A公司向甲厂发出的传真符合要约的特征。首先，A公司发给甲厂的传真是要采购生产书包的布料，目的明确，意思表示真实。其次，A公司发给甲厂的传真载明了合同的具体条款，一经甲厂承诺即可执行，符合《合同法》第十四条关于要约的规定。再次，A公司发出的传真已经正式到达甲厂，要约已经生效。按照《合同法》的规定，要约生效后，要约人应当受自己要约的约束。

第二，A公司发出要约后，没有使要约不发生法律效力或者使要约失效的事由。首先，按照《合同法》的规定，当事人发出要约后，要使要约不发生法律效力应当及时撤回要约，而要约要撤回，就必须在要约到达受要约人之前或者与要约同时到达受要约人时才有可能。而A公司在向甲厂发出传真后，没有作出撤回要约的行为，因此要约在到达受要约人后正式发生法律效力。其次，在要约正式生效后，A公司又没有在受要约人正式承诺之前向受要约人要求撤销要约。

第三，在A公司发出的要约还具有法律效力期间，甲厂即受要约人向A公司作出正式承诺，并且将承诺通知用传真的形式送达A公司。因此，按照《合同法》第二十五条关于承诺生效时合同成立的规定，A公司与甲厂的合同关系应当受到法律的保护。

正因为上述原因，尽管A公司没有与甲厂正式签订合同书，但A公司与甲厂之间的传真往来已经导致双方合同关系的建立。合同关系建立后，双方当事人应当受合同条款的约束，不得违背合同约定的义务，否则应当承担违约责任。如果A公司确实已经购货重复，需要解除一份合同，那就应当与甲厂协商；如果甲厂同意解除合同，你们双方可以解除合同；如果甲厂不同意，则A公司应当履行合同义务，不能拒收货物。

练 习 题

一、选择题

1．不属于仓储商务管理特点的是（　　）。

A．经济效益性　　B．外向性

C．整体性　　D．功能性

2．订立仓储合同的原则包括（　　）。

A．平等的原则　　B．等价有偿的原则

C．自愿与协商一致的原则　　D．合法和不损害社会公共利益

二、填空题

1．根据《合同法》的规定，仓储保管人只签发________仓单，一份为正式仓单，交给________，另一份由_______保管，留为存底单。

2．仓储合同包含_______、________、________与________。

3．______________是指存货人将一定品质、数量的种类物交付给保管人，保管人将不同存货人的同样仓储物混合保存，存期满时，保管人只需以相同种类、品质、数量的商品返还给存货人，并不需要原物归还的仓储方式。

三、简答题

1．什么是仓储合同？其包含哪些类型？

2．仓单有什么作用？

3．仓单包含哪些内容？

4．什么是仓储商务管理？仓储商务管理应当遵循哪些原则？

5．仓单灭失的提货方法有哪些？

练习题答案

第五章　仓储作业管理

学习目标

- 掌握仓储作业流程。
- 了解入库过程的相关工作，包括接运、验收。
- 熟悉商品堆码设计。
- 了解商品的出库管理，掌握商品出库的形式，熟悉商品出库管理流程。
- 了解商品的盘点，熟悉呆废料管理及处理方法。

J仓库作业流程问题

J仓库属于企业自营仓库，坐落于南京雨花区仓库。其仓储对象较多，目的是为了支持销售。现在J仓库的物流还处于起步阶段，其仓库内部设施很缺乏。除了一些基本的货架和手工叉车，基本上没有现代化物流设施。而且目前J仓库的管理人员受知识水平和硬件设施的局限总是在作业流程中重复出现相同的问题。

J仓库作业流程中出现的问题包括以下几个方面。

1. 入库阶段出现的问题

1）货物入库时准备工作未做好。货物入库时没有做好入库的准备工作，仓促将货物入库，不仅没有计划性而且对以后的理货发货工作产生不利影响。

2）货物入库时仓位划分不明确。仓位的科学合理划分有利于对入库货物的管理，但是J仓库来货时经常是不划分货位，各种货物存放无序。

3）货物入库时验货问题。发现货物质量、数量、规格差异，标签、合格证、包装缺失。

4）货物入库验收方法落后。货物查验时每件货物全部点数，甚至包括几百件一箱的袜子也必须全部拆开点数。

2. 货物的保管和维护阶段出现的问题

1）理货时将同一货物不同规格串号混箱。货物的串号经常发生于同一品种不同规格货物之间，有的是厂家出货时将货物串号，有的是仓库工作人员粗心所致。

2）货物堆码不正确。货物的堆码没有规律，在仓库经常是哪里有地方放在哪里，没有计划性。

3）检查盘点时发现货物库存与公司ERP不一致。盘点时候发现货物缺失的问题是最头疼的问题，不仅需要负责该货物的人员重新盘点核对，而且费时费力，缺失货物的责任划分不明确。而总部只重视ERP数据，对实际的库存不甚关心。

3. 货物配货阶段出现的问题

1）配货时发现无库存。平时没有建立对货物管理的数据库系统，导致在配货时发现缺货或者是无货。

2）配货包装不正规。J仓库没有自己的包装，配送的包装是供应商发货的包装。往往验货完毕后包装已经破损的很严重。

3）重复劳动。配货时经常是配货组先配货。

4. 货物出库阶段出现的问题

1）车辆调度不及时。货物配货完毕后，发现车辆不能及时调运，导致应该发送的货物批量积压，占用仓位，不利于作业。

2）货物出库后在到达目的地后发现货物缺失。货物离开仓库交接完毕后，在到达分店或者总部后发现货物缺失，这个问题在小件货物比较常见。

5. 货物退货阶段出现的问题

1）所退货物标牌缺失。货物从门店或者分店退回后发现原有的标牌和合格证不见了，不仅不利于货物的验收和分类，也浪费仓库工作人员的工作时间。

2）货物破损、污染。货物退回仓库发现货物本身毁坏，已经严重影响货物的再次销售。

（资料来源：肖强. 2010. 仓储作业流程中的存在问题及解决策略：以J国际仓库为例. 中国商贸，2：124-194）

第一节 仓储作业概述

一、仓储作业流程

仓储作业是指以保管保养活动为核心，从仓库接收物品入库开始，到按客户需要把物品全部完好地发送出去的全过程的作业。仓储管理技术按作业的顺序来分，主要由卸车、检验、整理入库、保养保管、检出与集中、装车和发运等七个作业环节构成。按作业过程来分，主要有商品的入库、商品的保管保养和商品的出库三个阶段。货物在经过接运提货、装卸搬运、检查验收之后，办理入库手续。在进入仓库后不仅要注意商品的货位规划，还要注意商品的养护和盘点。当货主领取商品的时候要注意核实仓单，并做好出库工作。作业过程包括实物流过程和信息流过程两个方面。

微课：Boots（英国）配送中心（全流程）

一般仓储作业流程如图5.1所示。

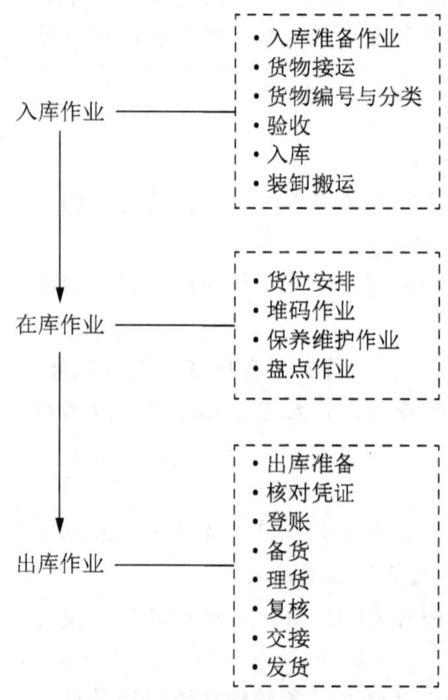

图5.1 一般仓储作业流程

二、仓储作业管理的一般原则与要求

1. 仓储业务管理一般原则

1）仓管人员应按物料的特性、体积、重量、数量、分库、分类、分区存放。

2）仓库人员应绘制仓库平面图，标明各类商品存放位置，并贴于明显处。

3）各类商品应堆放整齐，标记清楚。

4）已验收商品、待验收商品和不合格商品应分区存放，并标记清楚。

5）定期（如一个月）核对物料账，遇有账实不符，应即时追查原因，经公司负责人核准后方可调整。

6）仓库应设置相应的消防设备及消防器材和报警装置。

7）仓库内应随时保持清洁、干燥和通风状态良好。

8）易燃易爆商品应与其他商品隔离保管，并于明显处标示严禁烟火。

9）建立健全岗位责任制，加强火源、电源管理，做好防火、防汛、防盗、防虫、防潮等工作。

2. 仓储作业管理的一般要求

仓库管理要求做到“三化”、“三保”、“三清”、“两齐”“三一致”、“五防”。

1）“三化”，即仓库规范化、存放系列化、养护经常化。

2）“三保”，即保质、保量、保安全。

3）“三清”，即材料清、规格清、数量清。

4）“两齐”，即库区整齐、工位整齐。

5）“三一致”，即账、物、卡三者一致。

6）“五防”，即防火、防水、防盗、防虫、防变质

三、仓储的组织

（一）仓储组织概述

仓储组织就是按照预定的目标，将仓库作业人员与仓库储存手段有效地结合起来，完成仓库作业过程各环节的职责，为商品流通提供良好的储存劳务。

1. 仓储组织的目标

仓储组织的目标就是实现仓储活动的“快进、快出、多储存、保管好、费用省”。

1）快进：物资运抵到港口、车站或企业仓库专用线时，要以最快的速度完成物资的接运、验收和入库作业活动。

2）快出：物资出库时，要及时迅速并高效率地完成备料、复核、出库和交货清理作业活动。

3）多储存：在库容合理规划的基础上，最大限度地利用有效的储存面积和空间，提高单位面积的储存量和面积利用率。

4）保管好：按照物资的性质和储存条件的要求，合理安排储存场所，采取科学的保管方法，使其在保管期间内质量完好、数量准确。

5）费用省：物资输入和输出，即物资吞吐运行过程中各业务作业环节，都要努力节省人力、物力和财力，以最低的仓储成本取得最好的经济效果。

2. 仓储组织的原则

为了实现以上目标，在组织仓储作业过程时，就更应该在综合全面地考虑各方面因素的同时，注意以下几个原则。

（1）保证仓储作业过程的连续性

连续性是指储存物资在仓储作业过程的流动，在时间上是紧密衔接的、连续的。储存物资在库期间经常处在不停地运动之中，从物资到库后的卸车、验收、库内搬运、堆码，到出库时的备料、复核、装车等，都是一环紧扣一环，互相衔接的。

因此，在组织仓储作业过程时，要求储存物资在各个环节或工序间的流动在时间上尽可能衔接起来，不发生或少发生各种不必要的停顿或等待时间。保持作业过程的连续性，可以缩短物资在各个环节的停留时间，加快物资周转，提高劳动生产率。特别是在现代化大生产条件下，要求作业过程的连续性越来越高。

因此，要能够满足现代化大生产的客观要求，从技术上和组织上采取措施，保证仓储作业过程的连续性。同时，我们都知道仓储作业是一个统一的过程。组织仓储作业时，考虑到相互联系的各个环节的作业要求，应该从整个作业过程出发来评价和选择作业方案，进行作业安排。

（2）实现仓储作业过程的比例性

仓储作业过程的比例性是指仓储作业过程的各个阶段、各个工序之间在人力、物力的配备和时间的安排上必须保持适当的比例关系。作业过程的比例性，在很大程度上取决于仓库总平面布置的正确性，特别是各作业环节之间各种设备能力的比例。

因此，在进行仓库总平面布置时，就应注意这个问题。同时，在物资储存过程中，由于作业技术的改进，工人技术熟练程度的提高，以及储存物资品种、规格、数量发生变化，会使作业过程的各环节间的比例发生不协调。

（二）仓储组织的运作

1. 人员选择

合理选择人员，就是根据仓储各项工作的需要，给不同的工作选择相应工种的人员，做到人事相宜、人尽其才。对人员选择的要求主要有以下几个方面。

1）每个员工所承担的工作尽可能适合本人的业务条件和工作能力。

2）每个员工都有适合的工作量，充分利用工时。

3）每个员工都有明确的任务和责任，要建立岗位制度。

4）员工间保持联系和协作，保证各项工作的协调性。

5）员工在岗位上的业务技术发展要全面，员工的素质要高。

2. 人员组织

仓库管理组织的基础是作业分工和人员配备。要在合理分工的基础上配备人员，以便发挥各作业人员的技术特长和工作能力，处理好分工和协作的关系。

正确的作业分工是合理分配的前提，而合理的分工又是保证实现作业分工的重要条件。科学合理的作业分工，一般应遵循以下原则。

1）根据仓储作业过程中所采用的设备、工具、操作方法及对技术业务熟练程度的要求，把工作划分为若干区域，分配给不同技术状态的仓储人员或专门的技术人员来承担。

2）在分工时要保证每个员工在一个班组内都有足够的工作量。分工的粗细应以保证每个工作人员在每个岗位上都有足够的工作量为限度，同时还应考虑培养仓储人员一专多能。

3）按照一个人单独担当工作的可能性分工，考虑分配给一个员工单独担当工作可能性的目的，在于使每个员工都有明确的责任，清除无人负责的现象，并且便于评价员工的劳动成果。

3. 空间组织

仓储作业过程的空间组织就是正确确定仓储作业的路线，保证商品在空间上的最短运动路线和仓库空间的有效利用。在安排仓储作业路线时，应避免储存物资在作业过程中的迂回和往返运动。作业过程的空间组织主要是通过仓储作业场地的合理布置和作业班组的合理划分来实现，即在划分生产过程中，应根据物资仓储的特点，使储存物资在生产过程中径直前进，避免往返运转。

因此，一方面要合理地划分作业班组，另一方面要保证仓储设施的合理布局。作业班组的设置主要应该根据仓库的吞吐规模、储存商品类别和生产流程的特点等因素而建立，一般多按照专业化形式设置班组。

4. 时间组织

仓储作业过程的时间组织就是通过各个环节作业时间的合理安排和衔接，保证作业的连续进行。尽可能消除或减少作业过程中的停顿或等待时间。商品仓储作业的时间，主要取决于供货合同的规定，但仓储活动的各环节是否合理同样影响着时间。特别是急需商品，各道工序的结合方式直接影响作业时间。有的仓库实现一次性作业，卸车验收、搬运等可连续进行，一次进入货位堆码。

当然，在工序时间上的结合方式与机械化程度、设备能力、工人技术水平有关。作业过程的时间组织是一个比较复杂的问题，为此，仓储作业过程的时间组织应综合考虑各方面的条件。

第二节 入 库 管 理

商品入库的管理流程如图 5.2 所示。

下面将根据图 5.2 学习商品入库管理的具体知识。

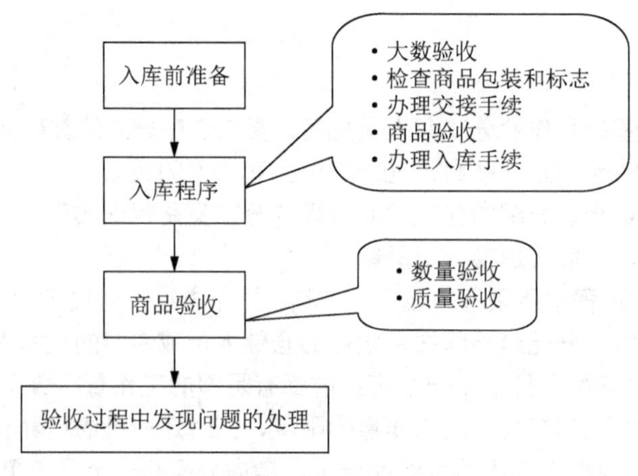

图 5.2　商品入库流程

一、入库前准备

1. 入库前准备的内容

商品入库前的具体准备工作一般有以下几个方面。

（1）加强日常业务联系

一般来说，商品入库，存货单位或仓库主管部门要提前（至少一天）通知仓库，以便仓库做好接货的各项准备工作。

（2）要妥善安排仓容

微课：倒库仿真

接到进货单后，在确认为有效无误时，应根据入库商品的性能、数量、类别，结合分区分类保管的要求，核算所需的货位面积（仓容）大小，确定存放位置以及必要的验收场地。

（3）组织人力

根据商品进出库的数量和时间，做好收货人员和搬运、堆码人员等劳动力的安排工作。采用机械操作的，要定人、定机，事先安排作业序列，做好准备。

（4）准备验收和装卸搬运的机器

为保证入库作业的顺利进行，根据入库商品验收内容和方法，以及商品的包装体积、重量，准备齐全各种点验商品数量、质量、包装、装卸、堆码所需的点数、称量、测试机具等所有用具。

（5）准备苫垫、劳保用品

根据入库商品的性能、数量和储存场所的条件，核算所需苫垫用品的数量，据以备足必需的数量。尤其对于底层仓间和露天场地存放商品，更应注意苫垫物品的选择和准备。同时，根据需要准备好劳动保护用品。

2. 商品接运

由于商品到达仓库的形式不同，除了一小部分由供货单位直接运到仓库交货外，大部分要经过铁路、公路、航运、空运和短途运输等运输方式转运。凡经过交通运输部门转运的商品，均需经过仓库接运后，才能进行入库验收。因此，商品的接运是商品入库业务流程的第一道作业环节，也是商品仓库直接与外部发生的经济联系。它的主要任务是及时而准确地向交通运输部门提取入库商品，要求手续清楚、责任分明，为仓库验收工作创造有利条件。因为接运工作是仓库业务活动的开始，是商品入库和保管的前提，所以接运工作好坏直接影响商品的验收和入库后的保管保养。因此，在接运由交通运输部门（包括铁路）转运的商品时，必须认真检查，分清责任，取得必要的证件，避免将一些在运输过程中或运输前就已经损坏的商品带入仓库，造成验收中责任难分和在保管工作中的困难或损失。

做好商品接运业务管理的主要意义在于，防止把在运输过程中或运输之前已经发生的商品损害和各种差错带入仓库，减少或避免经济损失，为验收和保管、保养创造良好的条件。接运方式大致上有四种，现将各种接运方式的注意事项分别叙述如下。

（1）车站、码头提货

1）提货人员对所提取的商品应了解其品名、型号、特性，以及一般保管知识、装卸搬运注意事项等。在提货前应做好接运货物的准备工作，如装卸运输工具，腾出存放商品的场地等。提货人员在到货前，应主动了解到货时间和交货情况，根据到货多少，组织装卸人员、机具和车辆，按时前往提货。

2）提货时应根据运单以及有关资料详细核对品名、规格、数量，并要注意商品外观，查看包装、封印是否完好，有无沾污、受潮、水渍、油渍等异状。若有疑点或不符，应当场要求运输部门检查。对短缺损坏情况，凡属铁路方面责任的，应作出商务记录；属于其他方面责任需要铁路部门证明的，应作出普通记录，由铁路运输员签字。注意记录内容与实际情况要相符合。

3）在短途运输中，要做到不混不乱，避免碰坏损失。危险品应按照危险品搬运规定办理。

4）商品到库后，提货员应与保管员密切配合，尽量做到提货、运输、验收、入库、堆码一条龙作业，从而缩短入库验收时间，并办理内部交接手续。

（2）专用线接车

1）接到专用线到货通知后，应立即确定卸货货位，力求缩短场内搬运距离；组织好卸车所需要的机械、人员及有关资料，做好卸车准备。

2）车皮到达后，引导对位，进行检查，看车皮封闭情况是否良好（即卡车、车窗、铅封、苫布等有无异状）；根据运单和有关资料核对到货品名、规格、标志和清点件数；检查包装是否有损坏或有无散包；检查是否有进水、受潮或其他损坏现象。在检查中发现异常情况，应请铁路部门派员复查，作出普通记录或商务记录，记录内容应与实际情况相符，以便交涉。

3）卸车时要注意为商品验收和入库保管提供便利条件，分清车号、品名、规格，不混不乱；保证包装完好，不碰坏，不压伤，更不得自行打开包装。应根据商品的性质合理堆放，以免混淆。卸车后在商品上应标明车号和卸车日期。

4）编制卸车记录，记明卸车货位、规格、数量，连同有关证件和资料，尽快向保管员交代清楚，办好内部交接手续。

（3）仓库自行接货

1）仓库接受货主委托直接到供货单位提货时，应将这种接货与出验工作结合起来同时进行。

2）仓库应根据提货通知，了解所提货物的性能、规格、数量，准备好提货所需的机械、工具、人员，配备保管员在供方当场检验质量、清点数量，并做好验收记录，接货与验收合并一次完成。

（4）库内接货

存货单位或供货单位将商品直接接运送到仓库储存时，应由保管员或验收人员直接与送货人员办理交接手续，当面验收并做好记录。若有差错，应填写记录，由送货人员签字证明，据此向有关部门提出索赔。

二、商品入库的程序

货物的入库是指接到入库通知单后，经过接运提货、装卸搬运、检查验收、办理入库手续等一系列作业环境构成的工作过程。

入库作业要在一定时间内迅速、准确地完成。商品入库通常有以下几个程序。

1. 大数验收

仓库收货人员与运输人员或运输部门进行商品交接后，商品入库的第一工序是进行大数验收。大数验收，一般采用逐件点数计总以及集中堆码点数两种方法。逐件点数，靠人工点计费力易错，可采用简易的计算器，计算累计以得总数，此方法适用于花色品种单一、包装大小一致的商品。数量大或体积大的商品适宜用集中堆码点数法，即入库的商品，堆成固定的垛形（或置于固定容量的货垛），排列整齐，每层、每行件数一致，一批商品进库完毕，货位每层（横列）的件数与堆高（纵列）的件数相乘，即得总数。

2. 检查商品包装和标志

在商品大数点收的同时，对每件商品的包装和标志要进行仔细检查。收货人员应注意识别商品包装是否完整、牢固，有无破损、受潮、水湿、油污等异状；对液体商品要检查包装有无渗漏痕迹；认真核对所有商品包装上的标志是否与入库通知所列的相符。对于包装有问题的商品要及时进行处理，以免发生商品质量变质。

3. 办理交接手续

入库商品经大数验收、商品包装和标志的检查这两个工序之后，即可与送货人员办理交接手续，由仓库收货人员在送货单上签收，此后的工作将由仓库管理部门负责，商品出现问题时也是由仓库方承担。

4. 商品验收

商品入库后，要根据有关业务部门的要求以及本库必须抽验入库的规定，进行开箱，拆包点验。

5. 办理入库手续

商品验收后，由保管员或验收人员根据验收结果写在商品入库凭证上，以便记账、查货和发货。经过复核，仓库留下保管员存查及仓库商品账登录所需的入库联单外，其余入库凭证各联退送业务部门，作为正式收货的凭证。

商品入库手续办理完毕后，仓库账务人员根据保管员签收的商品入库凭证，将仓储有关项目登入商品保管账。在库商品的货位编号应在账上注明，以便核对账货和发货时查考。

三、商品验收

（一）验收的含义

商品验收是按照验收业务作业流程，核对凭证等规定的程序和手续，对入库商品进行数量和质量检验的经济技术活动的总称。凡商品进入仓库储存，必须经过检查验收；只有验收后的商品，方可入库保管。

商品验收方式分为全验和抽验。在进行数量和外观验收时一般要求全验；在质量验收时，当批量小、规格复杂、包装不整齐或要求严格验收时可以采用全验。当批量大、规格和包装整齐、存货单位的信誉较高，或验收条件有限的情况下，通常采用抽验的方式。全验需要大量的人力、物力和时间，但是可以保证验收的质量。

（二）验收的作用

商品验收的作用，主要表现在以下几个方面。

1. 验收是做好商品保管、保养的基础

在商品入库时，将商品实际状况搞清楚，判明商品的品种、规格、质量等是否符合国家标准或供货合同规定的技术条件，数量上是否与供货单位附来的凭证相符，才能分类、分区按品种、规格分别进行堆码存放，才能针对商品的实际情况，采取相应的措施对商品进行保管、保养。

2. 验收记录是仓库提出退货、换货和索赔的依据

商品验收过程中，若发现商品数量不足或规格不符或质量不合格时，仓库检验人员作出详细的验收记录，据此由业务主管部门向供货单位提出退货、换货或向承运责任方提出索赔等要求。倘若商品入库时未进行严格的验收，或没有作出严格的验收记录，而在保管过程中，甚至在发货时才发现问题，就会使责任不分，丧失理赔权，带来不必要的经济损失。所以，商品只有经过严格的检验，在分清了商品入库前供货单位以及各个流转运输环节的责任后，才能将符合合同规定、符合企业生产需要的商品入库。

3. 验收是避免商品积压、减少经济损失的重要手段

保管不合格品，是一种无效的劳动。对于一批不合格商品，如果不经过检查验收，就按合格商品入库，必然造成商品积压；对于计重商品，如果不进行检斤验数，就按有关单据的供货数量付款，当实际数量不足时，就会造成经济损失。

4. 验收有利于维护国家和企业的利益

改革开放使我国经济与世界经济的联系日益紧密，进口商品的数量和品种不断增加。对于进口商品，国别、产地和厂家等情况更为复杂，必须依据进口商品验收工作的程序与制度，严格认真地做好验收工作。否则，数量与质量方面的问题就不能得到及时发现，若超过索赔期，即使发现问题，也难于交涉，这就会给国家和企业造成重大损失。可见，把好商品验收关是十分重要的，任何疏忽大意，都会造成保管工作的混乱，给国家、企业带来经济损失。

（三）验收工作的内容

商品验收包括验收准备、核对凭证和实物检验 3 个作业环节。

1. 验收准备

仓库接到到货通知后，应根据商品的性质和批量提前做好验收前的准备工作，大致包括以下内容。

1）人员准备，即安排好负责质量验收的技术人员或用料单位的专业技术人员以及配合数量验收的装卸搬运人员。

2）资料准备，指收集并熟悉待验商品的有关文件，如技术标准、订货合同等。

3）器具准备，指准备好验收用的检验工具，如衡器、量具等，并校验准确。

4）货位准备，指确定验收入库货物的存放货位。

5）设备准备，指大批量商品的数量验收，必须有装卸搬运机械的配合，应做好设备的申请调用。

此外，对于有些特殊商品的验收，如毒害品、腐蚀品、放射品等，还要准备相应的防护用品。

2. 核对凭证

入库商品必须具备下列凭证。

1）入库通知单和订货合同副本，这是仓库接受商品的凭证。

2）供货单位提供的材质证明书、装箱单、磅码单、发货明细表等。

3）商品承运单位提供的运单，若商品在入库前发现残损情况，还要有承运部门提供的货运记录或普通记录，作为向责任方交涉的依据。

核对凭证，也就是将上述凭证加以整理全面核对。入库通知单、订货合同要与供货单位提供的所有凭证逐一核对，相符后，才可进行下一步实物检验。

3. 实物检验

所谓实物检验，就是根据入库单和有关技术资料对实物进行数量和质量检验。

（1）数量检验

数量检验是保证物资数量准确不可缺少的重要步骤，一般在质量验收之前，由仓库保管职能机构组织进行。按商品性质和包装情况，数量检验分为3种形式，即计件、检斤、检尺求积。

1）计件是按件数供货或以件数为计量单位的商品，做数量验收时的清点件数。

2）检斤是按重量供货或以重量为计量单位的商品，做数量验收时的称重。

3）检尺求积是对以体积为计量单位的商品，如木材、竹材、砂石等，先检尺，后求体积所做的数量验收。

凡是经过数量检验的商品，都应该填写磅码单。在做数量验收之前，还应根据商品来源，包装好坏或有关部门规定，确定对到库商品是采取抽验还是全验方式。

在一般情况下数量检验应全验，即按件数全部进行点数，按重量供货的全部检斤，按理论重量供货的全部检尺，后换算为重量，以实际检验结果的数量为实收数。有关全验和抽验，如果商品管理机构有统一规定时，则可按规定办理。

（2）质量检验

质量检验包括外观检验、尺寸检验、机械物理性能检验和化学成分检验4种形式。仓库一般只作外观检验和尺寸精度检验，后两种检验如果有必要，则由仓库技术管理职能机构取样，委托专门检验机构检验。

1）商品的外观检验。外观检验是指通过人的感觉器官，检验商品的包装外形或装饰有无缺陷；检查商品包装的牢固程度；检查商品有无损伤，如撞击、变形、破碎等；检查商品是否被雨、雪、油污等污染，有无潮湿、霉腐、生虫等。在仓库中，质量验收主要指商品外观检验，由仓库保管职能机构组织进行。

2）商品的尺寸检验。进行尺寸精度检验的商品，主要是金属材料中的型材、部分机电产品和少数建筑材料。不同型材的尺寸检验各有特点，如椭圆材主要检验直径和圆度，管材主要检验壁厚和内径，板材主要检验厚度及其均匀度等。对部分机电产品的检验，一般请用料单位派员进行。尺寸精度检验是一项技术性强、很费时间的工作，全部检验的工作量大，并且有些产品质量的特征只有通过破坏性的检验才能测到。所以，一般采用抽验的方式，由仓库的技术管理职能机构组织进行。

3）理化检验，是对商品内在质量和物理、化学性质所进行的检验，一般主要是对进口商品进行理化检验。对商品内在质量的检验要求一定的技术知识和检验手段，目前仓库多不具备这些条件，所以一般由专门的技术检验部门进行。

（四）验收的作业程序

1）仓管员将供应商（或采购员）的送货单与订货部签字的订货单上的名称、规格、数量、条码、价格进行核对。订货单上有而送货单没有的货物应在订货单上注销；送货单上有而订货单上没有的应问明情况，并与柜组联系，如系柜组急需商品，应通知柜组按补货程序与订货管理追补订货单，同时给供应商指定卸货地点。送货单的商品价格高于订货单价格的按订货单价格收货，低于订货单价格的按送货单价格收货，并将价格差异报物价质检部。

2）验收货物之前，有退、换货物的应先办理好退、换货手续。

3）仓管员和防损部收发货稽查员根据核对好的订货单和送货单共同对商品进行逐件验收，并对部分包装打开抽检。

4）送货单上如有数字改动的部分（不管增加还是减少），应由仓管员和防损员以及供应商同时签字核准。送货单上有而未送的货物或因价格、条码、质量不符而未收的货物应在送货单上划掉，并由仓管员和供应商同时签字，未收的货物由承办仓管员开具放行条放行。

5）对直接上柜的商品（如鲜肉、冻品、水果、面包、蔬菜、饮料），应由仓管员、防损员和柜组人员共同验收并签名，最后由值班经理签名确认。

6）仓管员对货物验收后，应在送货单和订货单上签字，并交仓库主管签名。

7）由仓库文员将一联送货单和订货单传给计算机文员录入计算机，另一联给供应商作为换取结算蓝单的凭证。

8）计算机部打制进货单同时生成调拨单。

9）打印好的进货单、调拨单应传回仓库由主管核对并签名。

10）通知柜组验收、调拨商品。

（五）验收管理的作业要点

商品验收工作是一项技术要求高、组织严密的工作，关系到整个仓储业务能否顺利进行，所以，必须做到及时、准确、严格、经济。

1. 及时

只有及时验收，尽快提出检验报告，才能保证商品尽快入库，满足用料单位需要，加快商品和资金周转。同时，商品的托收承付和索赔都有一定的期限，如果验收时发现商品不合规定要求，要提出退货、换货或赔偿等要求，均应在规定的期限内提出。否则，供方或责任方不再承担责任，银行也将办理拒付手续。

2. 准确

验收的目的是要弄清商品数量和质量方面的实际情况，验收不准确，就失去了验收的意义。而且，不准确的验收还会给人假象，造成错误的判断，引起保管工作的混乱，严重者还可以危及营运安全。

3. 严格

验收工作的好坏直接关系到国家和企业利益，也关系到以后各项仓储业务的顺利开展，因此，仓库领导应高度重视验收工作，直接参与人员更要以高度负责的精神来对待这项工作。

4. 经济

商品在验收时，多数情况下，不但需要检验设备和验收人员，而且需要装卸搬运机具和设备以及相应工种工人的配合。这就要求各工种密切协作，合理组织、调配人员与设备，以节省作业费用。此外，验收工作中，尽可能保护原包装，减少或避免破坏性试验，也是提高作业经济性的有效手段。

（六）品质检验的作业要点

抽样检验分为单次抽样检验和双次抽样检验。

1. 单次抽样检验

对整批批量为 N 的物料，从中抽样本数为 n，若 n 中的不良品数 d 小于或等于允收数 c 时，则允许该批物料入库。

2. 双次抽样检验

对整批批量为 N 的物料，从中抽出第一个样本数为 n_1，若 n_1 中的不良品数 d_1 小于或等于允收数 c_1 时，则允许该批物料入库；若 d_1 大于第二个允收数 c_2，则拒收该批物料；若 d_1 大于 c_1 但小于或等于 c_2，则抽取第二个样本 n_2；第一及第二样本中，合计不良品数（d_1+d_2）小于或等于 c_2，则允许该批物料入库；若（d_1+d_2）大于 c_2，则拒收该批物料，如图 5.3 所示。

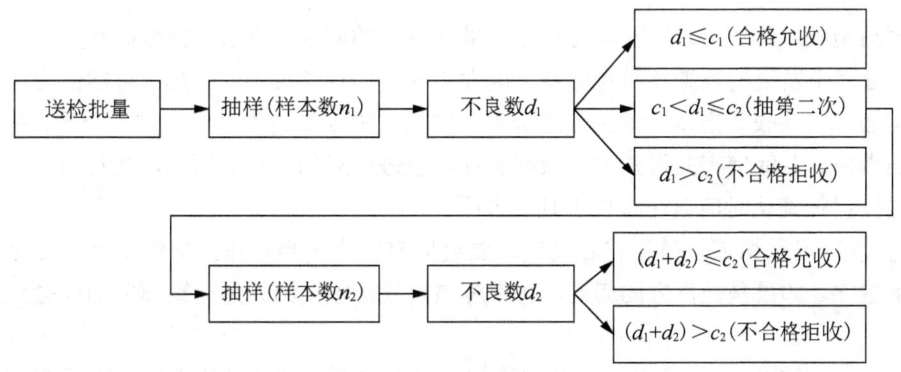

图 5.3　双次抽样检验判定流程

四、验收过程发现问题的处理

1. 证件不齐、数量短缺、质量不符合要求等问题的处理

商品验收中，可能会发现诸如证件不齐、数量短缺、质量不符合要求等问题，应区别不同情况，及时处理。

1）凡验收中发现问题等待处理的商品，应该单独存放，妥善保管，防止混杂、丢失、损坏。

2）凡质量不符合规定的，应及时向供货单位办理退货、换货交涉，或征得供货单位同意代为修理，或在不影响使用前提下降价处理。商品规格不符或错发的，应先将规格对的予以入库，规格不对的做成验收记录交给主管部门办理换货。

3）数量短缺在规定磅差范围内的，可按原数入账；凡超过规定磅差范围的，要查对核实，做成验收记录和磅码单交主管部门会同货主向供货单位办理交涉。实际数量多于原发料量的，可由主管部门向供货单位退回多发数，或补发货款。在商品入库验收过程中发生的数量不符情况，其原因可能是因为发货方面在发货过程中出现了差错，误发了商品，或者是在运输过程中漏装或丢失了商品等。在商品验收过程中，如果对数量不进行严格的检验，或由于工作粗心，放过了商品数量的短缺，就会给仓库造成经济损失。

4）证件未到或不齐时，应及时向供货单位索取，到库商品应作为待检验商品堆放在待验区，待证件到齐后再进行验收。证件未到之前，不能验收，不能入库，更不能发料。

5）属承运部门造成的商品数量短少或外观包装严重残损的，应凭接运提货时索取的“货运记录”向承运部门索赔。

6）价格不符，供方多收部分应予拒付，少收部分经过检查核对后，应主动联系，及时更正。

7）凡“入库通知单”或其他证件已到，在规定的时间未见商品到库时，应及时向主管部门反映，以便查询处理。

2. 商品发生数量或质量问题的责任确认

在商品验收过程中，如果发现商品有数量或质量的问题，应该严格按照有关制度进行处理。验收过程中发现的数量和质量问题可能发生在各个流通环节，例如，可能是由于供货方或交通运输部门或收货方本身的工作造成的。按照有关规章制度对问题进行处理，有利于分清各方的责任，并促使有关责任部门吸取教训，改进今后的工作。所以，在对验收过程发现的问题进行责任确认时应该注意以下几个方面。

1）发现商品数量或质量不符合规定，要会同有关人员当场作出详细记录，交接双方应在记录上签字。如果是交货方的问题，仓库应该拒绝接收；如果是运输部门的问题就应该提出索赔。

2）在数量验收中，计件商品应及时验收，发现问题要按规定的手续，在规定的期限内向有关部门提出索赔要求，否则超过索赔期限，责任部门对形成的损失将不予以负责。

知识拓展

越库作业是指在越库设施接收来自各家供给商的整车货件，立即依顾客需求及交货点加以拆解、分类、堆放，进而装上预备好的出货运具上，送往各顾客交货点。其中，所有货件均不进入仓库的储存空间。越库作业非常适合于快速处理的紧急订单，适合于要求零售商向客户直接运送商品的情况。在越库作业中，货物是流经仓库或配送中心而不是储存起来。通过越库策略大幅降低库存水平，可以降低库存治理成本、减少货物损失率、丢失率及加快资金周转等。

越库作业在供给链中的一般流程如下：先由销售商将采购订单发往供给商，同时向供给商说明各店所需商品的具体情况。供给商将订单中各店的商品集中到一个货箱或 SKU 并用代表商品号和店号的条形码贴在外包装上，再将货物运至分销商处。分销商扫描所有货品外包装上的条形码进行验货，确保所有订购货物收齐，然后立即把货箱按照不同地点进行分装后将货物运出。这一步是越库作业的关键所在。

第三节　商品在库管理

货物经过验收入库后，便进入储存保管阶段，它是仓储业务的重要环节。通过商品的在库科学管理，保持商品原有使用价值和价值。商品在库管理包括商品存放的分区分类、货位规划、堆码作业、商品养护、商品的在库盘点、商品的在库检查等。本章重点介绍商品的堆码、盘点作业及呆废料管理。

扫一扫：商品的在库检查

扫一扫：商品在库管理的保管原则

一、商品的堆码、苫垫

堆码也称码垛，就是将存放的商品整齐、规划地摆放成货垛的作业，也就是根据商品的包装外形、重量、数量、性能和特点，结合地坪负荷、储存时间，将商品分别堆成各种垛形。

苫垫是对商品苫盖和垫垛的简称。“苫”是指在货垛上加上遮盖物，避免直接受到风、雪、雨、雾、日晒的侵蚀；“垫”是指在商品垛底加衬垫物，防止受潮、受水浸。合理的堆码、妥善的苫垫是商品保管、保养的一项重要工作，也是仓库搞好商品管理的一个重要环节。

（一）商品堆码设计

合理的商品堆码对于储存商品的完好、仓容利用程度及安全作业等方面都有很大关系。合理的堆码是保证商品不变形、不受损的重要条件，也是提高仓储作业效率、减少差错的必要措施。为了保证商品堆码的合理，又能达到充分利用仓容的目的，进行商品堆码时，对堆码的方式、形状、高度等需要进行科学的研究及必要的计算。

扫一扫：货垛的五距

1. 商品堆码的要求

不同商品因其包装、性能、形状的不同，就有各种不同的堆码方式。即使是同一种商品，因储存条件不同，其堆码方式也有所不同。商品的堆码方式是随着保管技术的不断提高而不断改进的。

（1）堆码时应具备的条件

进行商品堆码时，一般应具备下列条件。

1）商品的数量、质量已彻底查清，验收合格。

2）对需取样检验的商品，堆码时注意取样的方便，防止倒垛。

3）包装完好、标志清楚。

4）包装外的尘土、雨雪等已清扫干净，或包装虽有些污染，但不影响商品质量。

5）受潮、锈蚀以及已发生质量变化或质量不合格的部分，已经加工修复或者已作出处理决定的，应与合格品分开堆码。

（2）堆码的基本要求

商品具备上述堆码条件后，就可根据商品储存规划和商品保管要求进行商品的堆码工作。尽管商品堆码的形式多种多样，但无论哪种形式都应符合下列要求。

1）合理。商品堆垛时选择的垛形必须适合商品的性能特点，同时要考虑仓库的设备、面积、条件等情况。对不同品质、规格、牌号、等级、批次、产地、单价的商品，应分开堆码，以便合理保管。另外，要合理确定墙距、垛距、柱距、灯距、顶距，走、支道的宽度。堆垛时要分清先后次序，贯彻“先进先出”的原则。

2）牢固。货垛必须不偏不斜、不倒不歪，不压坏底层商品和地坪，以确保商品堆垛安全牢固。

3）定量。每行每层数量力求成整数，尽量做到“五五摆放”，过目知数。过磅商品不能成整数时，每层应明显分隔，标明重量。这样，便于清点和发货。

4）整齐。垛形应有一定规格，货垛排列整齐有序，横竖均成行、成列。商品的包装标记和标志要一律朝外。

5）节省。堆垛时要考虑节省货位，提高仓容利用率，节约劳动消耗，节约苫垫材料。

6）方便。堆垛时必须考虑到检查、拆垛、分拣、发货等作业的方便和保证装卸作业的安全，并有利于提高堆码作业的机械化水平。

2. 堆码的技术和方法

扫一扫：堆垛的基本形式

（1）货垛堆码法

货垛堆码法适用于存放有外包装的商品，如箱、包、桶、袋等商品，或不需要包装的大宗商品，如钢材、箱包商品等。商品的性能不同，规格不同，包装各异，外形多样，则货垛堆码形式较多。常用的货垛形式有重叠式、纵横交错式、仰伏相间式、鱼鳞式、压缝式、栽柱式、通风式、衬垫式、宝塔式等。

（2）货架堆码法

用货架堆码商品，能够提高仓容利用率，便于对商品的维护保养，使库房内外整齐美观。在使用货架堆码时，要在库房地坪、货场地面负荷能力允许的条件下，尽量向空中发展。要根据商品性能特点、设备条件，积极开展技术改造，努力设计和制作既经济方便又能充分利用仓容的各种货架。

（3）散堆法

散堆法适用于露天存放的没有或不需要包装的各种大宗商品，如煤炭、生铁等。露天存放商品的数量有的占仓库总库存量的70%以上。

（4）托盘化管理方法

托盘化是将散装或散件商品，用托盘或货箱或捆扎等方法，组合成若干个较大的集装单元。也就是将商品码放在托盘上、卡板上或托箱中，便于成盘、成板、成箱地叠放和运输。这样就可使原来不能用机械作业的商品能采用机械作业，对加快堆垛、装卸、运输速度，提高仓容利用率及保管好商品等具有重要的意义。

（5）五五化堆放法

五五化是以五为基本计量单位，根据商品的不同形状，码成各种总数为五的倍数的货垛。由于五五化堆码本身只能解决商品堆码中每层每垛的计算方法，并不解决垛形问题。因此，各种不同的商品有不同的五五化垛形。例如，外形较大的可五五成方、较高的商品可五五成行、较小的商品可五五成包、带眼的商品可五五成串等。在确定各种五五化堆码时，同样必须符合上述堆码的基本要求。

五五堆码方法能把大小不一、形状各异、无规则的商品摆放成较有规则的各种定量包装和货垛，这样堆码能做到过目知数，并且美观整齐，清点方便，不易出差错，收发快，效率高，便于盘点和保管。

3. 堆码形式的计算

依据商品的性能、数量、体积和形状，地坪载重量等确定垛行、底层排列和可堆高层数，计算货垛的占地面积。在计算占地面积、确定垛高时，必须注意上层商品的重量不得超过底层商品承载能力。整个货垛的压力不得超过地坪的最大载重量。

（1）货垛可堆高层数的计算

货垛可堆高层数计算，可分为两种：一种是在库房地坪安全负载范围内不超重的计算方法；另一种是在库房可用高度范围内不超高的计算方法。

1）库房载重量是根据建筑部门核定的安全负载决定的，通常是以千克/平方米为单位。货垛不超重，就是指在安全负载范围内进行堆垛。所以，在商品堆垛之前，应预先计算货垛不超重、商品可堆高层数。

以一件商品的占地面积计算，计算公式为

$$\text{不超重可堆高层数}=\frac{\text{每件商品实占面积}\times\text{每平方米核定载重量}}{\text{每件商品毛重}}$$

以一批商品整垛的占地面积计算，公式为

$$\text{不超重可堆高层数}=\frac{\text{整垛商品实占面积}\times\text{每平方米核定载重量}}{\text{每件层数}\times\text{每件商品毛重}}$$

2）货垛不超高可堆高层数，是指货垛不超过可用高度的可堆高层数。其计算公式为

$$\text{不超高可堆高层数}=\frac{\text{库房可用高度}}{\text{每件商品高度}}$$

（2）货垛底层排列

货垛底层排列要先测算可堆高层数，再进行货垛底层排列。货垛底层排列有两个内容：一是货垛底数的安排；二是货垛底形的安排。货垛底层排列时，根据可堆高层数，先排底数；再根据商品外包装占地面积和堆垛要求，排出底形。对于箱装、规格整齐划一的商品可参照下列公式计算。

1）底数计算。底数多少与占用货位面积的大小成正比，计算公式为

$$\text{底数}=\frac{\text{堆垛总件数}}{\text{可堆高层数}}$$

2）底形排列。底形排列是根据商品实占面积与货位的深度、宽度综合考虑排列的。底形排列关系到货垛的稳固、点数和发货的方便，应予以重视。

货垛底数、每件商品底面积和底形排列直接影响货垛实占面积，计算公式为

$$\begin{aligned}\text{货垛的实占面积}&=\frac{\text{货垛总件数}\times\text{每件商品底面积}}{\text{可堆层数}}\\&=\text{底数}\times\text{每件商品底面积}\end{aligned}$$

扫一扫：货垛计算

4. 堆码货垛参数的计算

（1）平台垛

平台垛每层货物的件数、方向相同，垛顶呈平面，垛形为长方形，如图5.4所示。平台垛适用于包装规格单一的大批量货物。

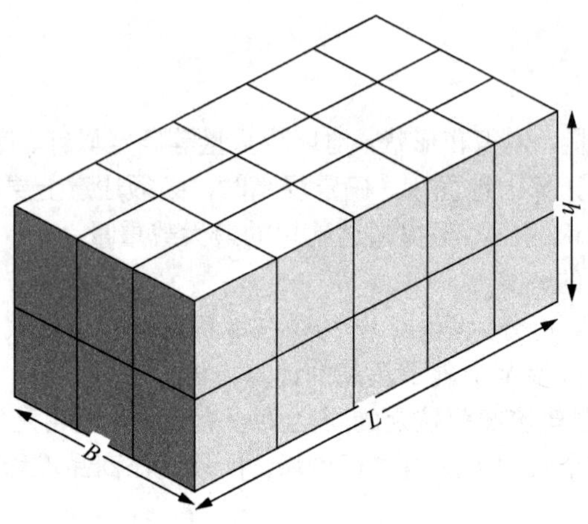

图5.4 平台垛

标准平台垛的货物件数为

$$A=LBh$$

式中，A为总件数；L为长度方向的件数；B为宽度方向的件数；h为层数。

（2）起脊垛

起脊垛是平台垛的一种变形，先按平台垛的方法码垛到一定高度，以卡缝的方式逐层收小，将顶部收尖成屋脊形。起背垛便于雨水排泄，防止水湿货物。起背垛的货物件数为

$$A=LBh+\text{起脊件数}$$

（3）立体梯形垛

立体梯形垛最低层以同一方向排放货物的基础上，项上逐层同方向减数压缝堆码。垛顶为平面，整个货垛呈下大上小的立体梯形形状，如图5.5所示。

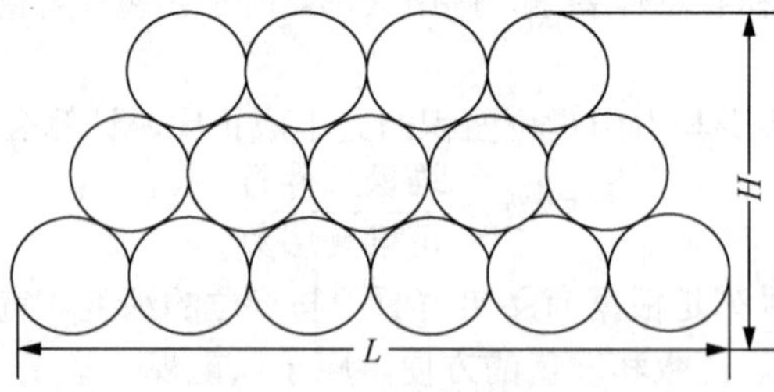

图5.5 立体梯形垛

立体梯形垛的件数计算为

$$A=\frac{(2L-h+1)hB}{2}$$

式中，A、L、B、h 与平台垛公式表示一致。

（4）梅花垛

梅花垛用于需要立直存放的大桶装货物，如图 5.6 所示。

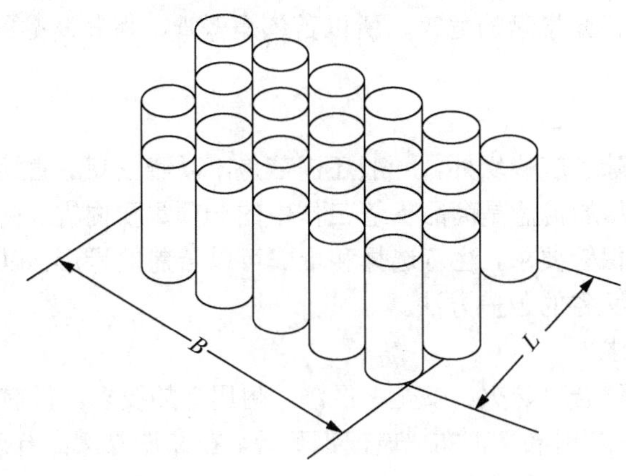

图 5.6　梅花垛

单层梅花垛的货物件数计算公式为

$$A=\frac{(2B-1)L}{2}$$

计算结果有小数时进 1 为整数。

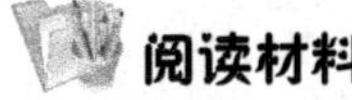

阅读材料

烟花爆竹储存注意事项（部分）

1）产品应存放在专用危险品库。库房应通风干燥，库房温度不得超过 35℃，相对湿度控制在 75%以下，并备有相应的消防器材。

2）产品可以堆垛存放或货架存放。堆垛（货架）与堆垛（货架）之间应留有不小于 2 米宽的运输通道。堆垛或货架距内墙至少保持在 0.45 米，产品堆垛高度不得超过 2 米，货架高度不得超过 1.85 米。

3）储存仓库的内部安全距离、布局、建筑结构、安全疏散条件、消防设施，以及防爆、防雷、防静电等安全设施符合国家法律、法规规定和国家标准或行业标准。

4）库墙与堆垛之间、堆垛与堆垛之间应留有适当的间距作为通道和通风巷，主要通道宽度应不少于 2 米。

5）烟火药、半成品、成品堆垛高度按照表 5.1 规定执行。

表 5.1　仓库堆垛要求　　单位：米

名称	成品或半成品	烟火药	成箱成品	货架离地面
高度	≤1.5	≤1	≤2.5	>0.3

（二）商品苫垫技术

商品堆垛时需要垫垛；露天存放的商品，在货垛上有的还要苫盖，以避免商品遭受雨、雪、露潮气的侵袭和受日光暴晒的危害，所以苫垫是保管、保养商品的必要措施。

1. 苫盖

货场存放的商品，除了应垫垛外，一般还需苫盖，以避免商品直接受雨、雪、露、霜的侵蚀和日光的暴晒。商品的苫盖是商品保管工作中的一项重要内容。商品堆垛时，就要根据储存商品的不同性质和保管要求，注意选择和堆成可以苫盖的垛形，以便采用不同的苫盖材料和采取又快、又好、又省的苫盖方法。

（1）苫盖材料和要求

苫盖材料的选择应符合“防火、安全、经济、耐用”的要求。目前常用的苫盖材料有铁皮、芦席、竹席、油毡、塑料布、苫布、玻璃钢瓦等。在易燃易爆品仓库里，不得使用芦席、油毡纸等易燃的苫盖物。对有排水性能，不怕雨、雪、风、露、霜以及日光侵蚀的商品，或使用时必须进行再加工的原材料，如生铁等，也可以不进行垫垛和苫盖。

不论使用何种苫盖物，货垛苫盖时都不要留空隙，垛顶斜面必须平整，以免下雨积水渗入垛内。垛底的垫木、垛基等不可露在苫盖物外面，以防雨水顺沿渗入垛内。苫盖物不能苫到地面，阻止垛底通风。苫盖后必须将苫盖物栓紧扎牢，以防被风掀起。使用苫盖材料要注意节约和保管。

（2）苫盖的方法

扫一扫：亚硝酸钠储运注意事项

苫盖的方法一般有就垛苫盖法、隔离苫盖法、鱼鳞式苫盖法和活动棚架苫盖法4种。

1）就垛苫盖法，是将苫盖材料直接覆盖在货垛上的苫盖法。此方法操作简便，一般适用于屋脊形货垛或大件包装商品的苫盖。

2）隔离苫盖法，此方法与就垛苫盖法的区别在于苫盖材料与货垛商品不直接接触，而是采用隔离物使苫盖材料与货垛间留有一定空隙。其优点是利于垛内通风散潮，又便于排水，防止雨水渗透。

3）鱼鳞式苫盖法，是将苫盖材料自货垛的底部逐层向上围盖，从外形看似鱼鳞状。商品如果需要顶部或四周有通风条件时可将席子下部反卷来隔离垫垛。

4）活动棚架苫盖法，即利用废弃钢材或木材，根据堆垛形状制成棚架，在棚架上面及四周铺围铁皮、玻璃钢瓦等物，并在棚柱底部装上轮子。整个货棚可沿着固定轨道移动，其外形与固定棚架相似。其优点是不需要随着商品的进出而启盖苫盖物，可节约大量苫盖材料及费用；加快商品的出入库速度；苫盖及时，通风透气，便于盘点和检查；同时还具有制作简便、适用性强和使用年限长等特点。

2. 垫垛

（1）垫垛材料和目的

垫垛是根据不同商品的保管要求，按垛形尺寸和负荷轻重，在垛底放上适当的衬垫物。

目前，常用的垫垛材料有石墩、石条、水泥墩、水泥条、枕木及防潮纸等。

库房和货场的垫垛高度要求有所区别。首先，由于货场上的商品有被雨、雪浸淋的可能，所以垫垛要比库房地面高些。其次，货场地势的高低、排水能力的大小、地质松软程度等都会影响衬垫的高低。货场和库房的衬垫材料也有所不同，一般货场多用水泥墩、石块、枕木等垫垛；而库房一般用垫板、枕木等。由于垫垛是一项重复而又繁重的劳动，采用固定式的垛基，可以不移动地重复使用，节省劳动力，提高作业效率。

垫垛的目的是使商品避免地面潮气自垛底侵入，并使垛底通风。

（2）垫垛的方法

在露天货场垫垛，首先要平整夯实货场的地面，以免堆垛后地面下沉而造成倒垛事故。然后摆放水泥墩、石墩或建设固定式垛基，墩与墩之间留有一定的间距，促使空气流通，必要时在垫墩上铺上一层防潮纸，而后再放置储存商品。需要注意的是，垫垛时若货垛重量较大，可适当提高衬垫物的密度，但仍需注意通风，且衬垫物的负重要均衡，以防货垛和商品变形。

垫垛的高度，露天货场可保持在 40 厘米上下；库房和货棚内要根据地坪和商品防潮要求而定，如水泥地面一般只需垫板、枕木或水泥条，高度达 20 厘米以上即可。楼层干燥地面可以不垫，只铺一层防潮纸。对于化工材料、动植物制品以及易受潮霉变的商品，应尽可能加高垫层，使垛底通风良好。

知识拓展

垫垛物数量的计算公式为

$$n=\frac{Q_m}{l\times w\times q-Q_{自}}$$

式中，n 为衬垫物数量；Q_m 为物品重量；l 为衬垫物长度；w 为衬垫物宽度；q 为仓库地坪承载能力；$Q_{自}$ 为衬垫物自重。

二、盘点管理

（一）盘点的定义与目的

商品在储存过程中，因其本身性质、自然条件的影响、计量工具的合理误差或人为的原因，易造成商品数量和质量的变化。为了及时了解和掌握商品在储存过程中的这些变化，就需要进行经常的和定期的盘点和检查。

扫一扫：库存商品的存储要求

盘点是指将仓库内现有原物料的存量进行实际清点，以确定库存物料的数量、状况及储位等，使实物与信息记录相符，以期提高仓储作业效率，并为仓储管理提供正确而完整的物料资料。

简而言之，盘点就是核查库存物料的实际数量与管理单位的存量账卡上所记载的数量是否相符，某一定期间内储存物料的结存数量是否无误的一种方法。盘点的具体内容包括：

① 数量盘点，即查明库存的实际数量是盘点的主要内容；

② 质量盘点，主要是检查在库产品是否超过有效期和保质期，必要时要对产品进行技

术检查；

③ 货与账核对，即根据盘点商品的实际数量，逐笔核对商品保管账上所列的结存数字；

④ 账与账核对，即仓库保管账应定期与货主的商品账核对，必要时应随时核对。

在盘点对账中如发现问题，要做好记录，并应逐一进行分析；及时与存货人联系，找出原因，协商对策；纠正账目中的错误；对霉烂、变质、残损货物，应采取积极挽救措施，尽量减少损失。

盘点能达到以下目的：

扫一扫：盘点管理的原则

1）检查物料与账卡的准确程度。库存物料的种类繁多，经过了长时期不断地收进、发出，难免会产生差额或错误。发生的错误，若不实施盘点，不容易发现。因此，仓管部门必须常设一人或临时编组盘点小组来办理盘点工作，借以随时发现错误，并查明错误原因，以避免再次发生。

2）核查物料的耐用程度。物料储存在库内或散居各处，平时因工作繁忙无暇清理物料，疏漏之处在所难免。清点物料时，可以同时查找所放置的物料，如果发现确有疏漏之处，须大力改进，使其恢复原有状态与性能。

3）预防呆废料的发生。检查物料有无长期不用者，若在某一特定时期内，该物料没有任何拨发移动记录，即可视为呆料。借着盘点可防止物料过期，另外对废料须做适当处理。

4）了解物料有无短缺现象。物料短缺是影响生产的一大障碍，实施盘点可提前发现以图补救。

5）揭发舞弊、盗窃损失的可能性。对盘点所发现的这些误差，除了进行纠正以外，还必须分析检讨其原因，以便采取必要的各项防范措施，如加强仓储安全作业等。

6）可以显示存货控制的各项缺点所在。最高存量或最低存量控制不当，造成资金冻结积压的损失，或者停工待料现象的产生，可借盘点察觉并改善。

7）证实库存物料的正确价值。企业损益多寡与物料库存有着密切的关系，而物料库存金额的正确与否有赖于存量与单价的正确性，因此，为求得损益的正确性，便利成本的计算及作为编制资产负债表等报表的依据，必须加以盘点以明确存料价值。

8）可预防差误以减少损失。一般差误的原因，有天然差误和人为差误两种，并可大致区分为 8 类：①登记差误；②计算差误；③编号差误；④原装差误；⑤放置差误；⑥点料差误；⑦保养差误；⑧其他差误。如果有盘点，则可以预防差误，进而减少损失。

9）查明差误原因以改善情况。因库存物料难免发生差额及错误，此项差误，如不经盘点，极难发现，故仓库必须规定定期或不定期盘点，随时发现差误，并查明差误的原因，分别加以纠正。

（二）盘点的方法

物料的盘点可依盘点时期、方法、形式与实务应用进行区分。

1．依时期区分的盘点法

（1）定期盘点法

定期盘点法是选择某一日期，全面盘点所有物料的一种方法，即在规定的日期内，将所有物料加以盘点，通常在一个会计期间的期末进行。因使用工具不同，定期盘点法又可分为盘点单盘点法、盘点签盘点法和料架签盘点法。

1）盘点单盘点法，是以物料盘点单统计盘点结果的方法。此种方法汇总记录在整理列表上十分方便，但在盘点过程中，容易发现漏盘、重盘、错盘的现象。

2）盘点签盘点法，是指采用特别设计的盘点签于盘点后挂在物料上，经复核无误后取下汇总统计的盘点方法。此法对于物料的盘点与复盘的核对来说既方便又正确，对于紧急用料仍可照发，临时进料也可以照收，核账与列表都很方便。

3）料架签盘点法，是以原有的料架签作为盘点工具，盘点完毕后即将盘点数量填入料架签内。此种盘点法既方便又可免去设计盘点签。

（2）不定期盘点法

不定期盘点法并未确定实施盘点的日期，而是在必要时随时进行盘点。

（3）经常盘点法

经常盘点法并未设盘点的时期，而是穿插在日常业务之中每日进行盘点。一般使用此法都将日常业务在上午或下午定点即设定出库限制，其后的时间用于清理或盘点。

2. 依方法区分的盘点法

（1）全面盘点法

全面盘点法是指不管定期或是不定期，就所有物料全面进行盘点。进行全面盘点须事先制订准备计划，需要停止物料的出入库或利用假日上班进行盘点。其优点是对全部的物料，可同时正确地掌握盘点，且可与会计上的终止日期一致；其缺点是为了盘点必须停止出入库或假日上班，且需要增援临时人员。

（2）连续盘点法

连续盘点法又称为循环盘点法，是将仓库分成若干区，或就物料分类，逐区、逐类轮流连续盘点；或某类物料存量达到最低存量时，机动加以盘点。它又可以分为分区轮盘法、分批分堆盘点法和最低存量盘点法。

1）分区轮盘法是指由盘点人员先将仓库分为若干区，依序清点，经一定日期后周而复始，再从第一区起重新盘点。

2）分批分堆盘点法是指将记录签放置于透明塑料袋内，挂在物料的包装上，在发料时随即记录，并将领料单副本存于该透明塑料袋内。盘点时，对还未动用的物料可认为其存量无误，将已动用的物料加以盘点，并核对记录签与领料单。

3）最低存量盘点法指当库存物料达到最低存量或订购点时，即通知盘点人员清点仓库。盘点后开出对账单，以便核查误差。

3. 依形式区分的盘点法

盘点物料的形式可区分为下列两大类。

（1）开库盘点法

开库盘点法是指物料的收入、拨发照常进行的盘点。进行开库盘点时，为了免除影响作业的进行或与工作冲突，通常选在淡季；因不关闭工厂与仓库，故可以减少停工的浪费和领料的不便。

（2）闭库盘点法

进行闭库盘点时，需先通知所属的用料单位，并限期将已开出账拨料单提领完毕，必要时则停工以配合闭库盘点。

4. 依实务应用区分的盘点法

依据实务应用区分的盘点法有随机盘点法、永续盘点法和年度盘点法 3 类。

（1）随机盘点法

随机盘点法是指物料管理部门视状况的需要随时指定某一项或数项物料，由物料保管部门报告现有的存量，累总并计算出差异以作为调账的依据。

（2）永续盘点法

永续盘点法又称连续盘点制，是指物料管理部门依 ABC 分类或用量的分析，排定日程并将所有的物料分批举行盘点一次或数次。

（3）年度盘点法

年度盘点法是指公司停止生产或营业，将物料或物品置于指定位置，以清点物料或物品，并作出结算报告表。

（三）盘点的实施步骤

1. 盘点前的准备

（1）盘点日期的决定

扫一扫：某生超干货商品盘点流程

不论是月初盘点还是月底盘点，盘点基准日确定后，在盘点日期前均须确定已记录存货的原始凭证单号（如入库单、领料单等）。其注意事项如下所述。

1）待验收物料的入库单不得记入存货账。

2）待验收数量、品质的物料，因入库单未记入存货账，故不应列入盘点量，否则会造成盘盈。

3）已整理等待出货的物料（成品），须先确认出货单或发料单是否已记入存货账。若已记入存货账，则该物料不列入盘点量；若未记入存货账，则该物料须列入盘点量。

4）已验收物料，须马上记入存货账。

5）物料完成验收后须马上归入仓位。

6）整理仓库，有利于盘点工作。

7）废料或不良物料预先做标记，便利盘点人员盘点数量。重复盘点会造成盘盈，原始凭证重复过账会造成盘亏，这些现象是造成盘点不准确的主要原因之一。

（2）人员组训及任务分派

在盘点进行前，人员需依照各人平日的职务与专长，予以适当的分组。盘点程序、区域划分、负责人员的分配均应事先妥善安排，对初次参与盘点的人员，应事先予以教导和讲习。

盘点前被选定的盘点人员必须熟悉物料、盘点程序、方法、相关表单及注意事项，才能确保盘点资料的正确性。其注意事项如下。

1）教导盘点人员熟悉造成盘点误差的原因，于盘点时避免。

2）确实核对仓位上的物料编号与盘点单上的物料编号是否一致。

（3）整理盘点区域

在盘点前，每一盘点区域均需整理得井然有序，以节省盘点时间及提高盘点准确性。

（4）定义盘点范围

在盘点前，需明确定义盘点的范围，使盘点项目与非盘点项目能明确地加以区别，以免误盘。

（5）检定材料料号

若材料与料号不符，即料号与实物不符，则不管点数如何正确，都将发生错误，甚至会影响到两种材料的正确性。因此，在盘点前，由有经验的管理人员组队到盘点区域，在盘点进行前，先抽样检查材料与料号相符的准确程度，若发现错误，在盘点前立即加以修正。

（6）停止进料供应

盘点期间或盘点前若干日，除急用材料外，一般均不再收货进库，以保证验收部、检验部及库房的材料有序及易于盘点。因而，在盘点前须以正式信函通知所有供货厂商配合规定，除急用材料外，暂停送货。

（7）度量仪器的校正

除了可以计数的物料以外，磅秤是计量性物料盘点的重要工具，因此，磅秤的精确与否尤为重要。现场盘点常用的磅秤计有地磅、台秤、弹簧秤等数种。依需过磅物料的轻重决定适当的规格和秤重；注意磅秤的归零；秤锤的取用要配合秤台的规格，以免错误；磅秤平时的维护保养和正确使用都会影响盘点的精确性。

（8）会同盘点

防弊为盘点的重要功能之一，因此，盘点时应有其他部门的人员参与，一般可由会计或管理等部门人员会同盘点，以减少勾结的机会。

（9）储备足够的原料

先预估盘点时间，并储备盘点进行期间足够的用量，以免发生停工待料的现象。

2. 盘点中作业项目

（1）冻结在制品的移动

从盘点开始到盘点完成，这段时间应冻结所有阶段在制品的移动，以免混乱，造成重复或遗漏。

（2）按一定路线实施

每次盘点，均按一定的路线行进，如此记载的资料井然有序，不容易发生重复或遗漏，一旦将来需要再复查，也可按此路线核对。

（3）争取时效

对于同批的半成品，可以抽取代表性样本的方式，计算单位重量后，再乘以总数即可。

3. 盘点后的统计分析

（1）使用盘点单统计存货数量

盘点后即根据盘点单统计存货数量，故盘点单上准确记录盘点状况，是确保盘点正确性的唯一方法，如表 5.2 所示。

表 5.2 库存商品盘点表 金额单位：元

序号	材料名称	规格型号	单价	账面		实点		盘盈		盘亏		备注
				数量	金额	数量	金额	数量	金额	数量	金额	

盘点单内容及用途说明如下。

1）仓位区域号：借以判定所有仓位均已盘点。

2）仓位编号：每一仓位区域中所有仓位均事先填妥，确保每一仓位编号均已盘点。同一仓位编号中有 2 项以上物料者，均须记录。

3）包装单位：盘点所使用包装单位，可能为箱、盒、个、千克等。

4）数量：与包装单位对应，如 10 箱、10 盒等。

5）量/单位：每一盘点单位的实际存货量，如 10 盒/箱。

6）账上存量：提醒盘点人，若实际盘存量与此数值差异过大，须谨慎盘点。

7）实际存货数量：此数值＝数量×单位×（量/单位）。

8）待整理、不良品、废料、包装破损等字段供仓储部门作为处理该类物料的依据。

（2）运用计算机统计分析盘点单

运用计算机统计分析盘点单，可以提高盘点的正确性。

以计算机打印出各仓位区域号中所有仓位编号的盘点记录单，以免遗漏。

盘点后将盘点单输入计算机，说明如下：①确定仓位区域号没有遗漏，表示盘点单无遗漏；②防止仓位编号及料号输入错误，若以自黏性条形码贴在仓位编号处，以扫描方式输入，可以避免输入错误；③盘点单位、存货量/单位由计算机控制，减少填写错误的概率；④实际存货数量由计算机计算，减少计算错误的概率；⑤根据料号统计存货量，减少计算错误概率；⑥根据废料、不良品等资料统计各种状况的数量。

（3）根据统计分析结果填写相应表单

统计盘点单之后可得到盘点差异报表，说明如下。

1）盘点差异分析表，主要包括：①各项物料的盘盈、盘亏的数量、金额、总金额及差异率；②全部累计盘盈、盘亏总金额；③差异原因及处理对策。

2）呆料统计表。

3）废料报告表。

4. 盘点差异原因分析

（1）账目错误

账目错误主要有以下 4 种。

1）登记入账错误。

2）数量计算错误。

3）漏账登记，造成或亏或盈。

4）对于大小物料的数量统计，在作业时发生笔误。

（2）储存作业错误

储存作业错误主要有以下 4 种。

1）接收及拨发物料时点交错误。

2）接收时未照规定开箱检验，事后才发现原装箱的数量超出或减少。

3）储存的过程中原挂签损坏或遗失，导致物料名称及料号等资料无法鉴定，很可能与其他相接近物料混淆。

4）编号错误。

（3）物料本身情况发生变化

物料本身情况发生变化主要是指以下变化。

1）原装箱物料在拨发时，发现情况改变。

2）保管不良，遇到物料恶化、遗失或意外损坏。

3）接收物料时，检验人员对于物料的规范鉴别错误。

4）基于需要，物料类别变更，装配或拆为零件。

（4）盘点方法有误

盘点方法有误指存在重盘、漏盘、误盘等现象。

5. 盘点差异的处理

凡发现差误，应提出分析意见，并实时追查，一般是先向保管人员查问，因这些人员熟悉实情，易发现不符原因，可予适当解释，立即加以纠正。若保管人员无法解释不符原因或说明正当理由，即可列为疏忽，如发现显著不符，应审查存量卡，核对各有关记录、账表，并对各种不符项目加以明确、追究。现将盘存结果的处理方法列述如下。

（1）差异

存料超过最高存量，或不及最低存量，应予记录并会同各有关部门检讨改进。

（2）错误

凡发现错误，应于盘点时当场予以纠正。

（3）变质

应详查变质原因、存储时效，必要时应会同检验部门复验，凡损坏者应在发现时立即处理，以防损害扩大；如为不能利用者，即拨交呆废料处理。

（4）盘盈或盘亏

审查确定后，即转入盘存整理准备账户抵销，并更正各有关材料账卡。

（5）耗损

可能发生损耗，参考以往记录与经验，予以核定后调整出账。

知识拓展

RFID 技术正在为仓储盘点管理领域带来一场巨大的变革，以识别距离远、快速、不易损坏、容量大等条形码无法比拟的优势，简化繁杂的工作流程，有效改善仓储管理当中的效率和透明度。RFID 技术对库存盘点管理等各个作业环节的数据进行自动化的数据采集，保证仓库盘点管理各个环节数据输入的速度和准确性，确保企业及时准确地掌握库存的真实数据，合理保持和控制企业库存量。

RFID 技术在仓库盘点管理中的应用环节如下。

1）精准明确地标识了每批次物料的所有信息。凭借 RFID 的技术优势可以在标签中大量的存储物料信息，并且可以实现数据实时同步，避免了人工录入带来的信息滞后性和错误问题。

2）库存量及货架信息的完全掌控。通过为每一个货架安装电子标签，可以在物料上架或下架的时候同步更新信息，让每一位管理者可以很方便地了解库存率等问题。

3）盘点流程的全面简化。无论是分区轮盘法、最低存量盘点法还是联合盘点法，RFID 技术都可以将该流程简化，提升效率。通过系统与手持机的全面绑定，盘点人员可以轻松地前往盘点所在地进行盘点，并用手持机对物料进行远距离一次性扫描，与系统数据进行比对完成盘点工作。

三、呆废料管理

（一）呆废料的含义

呆料，即物料存量过多、耗用量极少，而库存周转率极低的物料，此料偶尔耗用少许，很可能不知何时才能领用，甚至根本不可能再领用。呆料是具备原有特性或功能的可用物料，只是呆置在仓库中，很少领用而已。

废料，是指报废的物料，即经过使用且本身已残破不堪或磨损，甚至已超过其寿命年限，以致失去原有的功能而本身无利用价值的物料。

残料，是指在加工过程当中，所产生的物料零头或边料，虽已丧失主要功能，但仍可设法加以利用。

（二）呆废料管理和目的

呆废料的价值已下降，而仓储管理费用并不因为物料价值下降而减少，因此，以同样的仓储管理费用保存价值急剧下降的物料，显然并非经济之道。呆废料管理的目的有以下几点。

1）物尽其用。呆废料闲置于仓库中而不能加以利用，久而久之物料将锈损磨蚀，降低其价值。

2）减少资金呆滞。呆废料闲置在仓库而不能加以利用，若能适时加以处理，即可减少资金的呆滞。

3）节省人力及费用。呆废料在未处理前仍需有关人员加以管理，因而会产生各种管理费用。若能将呆废料加以处理，则上述人力及管理费用即可节省。

4）节省仓储空间。呆废料日积月累，势必占用庞大的仓储空间，可能影响正常的仓储管理。为节省仓储空间，呆废料应适时予以处理。

（三）呆废料的管理程序

1）呆废料信息的建立与确认。信息包括依公司所订呆废料政策类别的材料、成品、半成品等收发记录与统计报表、盘存记录表等。

2）呆废料处理计划。由信息所区分确认呆废料之后，即由各资材单位详细列示各呆废料的名称、规格、数量及金额，再提报给处理小组或专人进行分析及研拟对策并列出处理计划表。

3）呆废料处理执行。处理计划表拟好之后，交由处理单位执行，由各有关单位（如工务、销售等）配合执行。

4）呆废料管制。管制负责人为处理小组或专人，但管理阶层应定期实施追查考核，以确知执行的成效。

（四）呆料管理

1. 呆料发生的原因

呆料反映了资金无谓的积压，同时也浪费仓库空间及管理人力，因此，需探讨呆料成因并防止呆料产生，一旦发现呆料应及时善加处理。

呆料的形成原因主要有下列几种。

1）生产计划错误。

2）产品设计变更。

3）订单更改致使物料的用量减少。

4）机械设备本身报废而剩余的备用物料。

2. 呆料的预防对策

扫一扫：各部门的呆料预防措施

呆料一旦产生，便会带来价值的贬损，为避免此种损失，宜在事前采取有效措施，以防止其发生。呆料的防止，固然是物料管理单位的责任，然因其产生原因很多是其他部门造成的，故要防止呆料，必须销售、设计、生管、生产、物管、采购、品管等相关部门共同配合、注意，才能有效达成。防止呆料的发生，可采取下列预防措施。

1）把握产销计划的正确性，尽量减少计划及订单的变更，以减少呆料发生的机会。

2）设计工作应力求准确，测试工作完成后经少量试检无误后，再准备量产所需的物料，以免物料准备错误而形成呆料。

3）新产品推出的时机应考虑到原有产品物料库存的消化。

4）加强存量管制，以防止呆料的产生。

3. 呆料标准的确立

呆料的确定若缺乏具体标准，仅凭主观的判断，则其目的不易达成，且其衡量标准视各企业机构的物料性质而异，因此需先确定每种物料的标准存货周转率及周转天数，若超出此标准，则可将其视为呆料。

4. 呆料的处理

为了避免呆料演变为废料，应迅速统计呆料种类及数量，并给予适当处理，处理对策如下。

1）每月由计算机统计各项呆料数量，提供给设计、生产管理及采购部门参考。

2）设计部门设计新产品时，设法应用呆料。

3）生产管理部门参考物料的可替代性，调拨其他产品使用，设法消耗呆料。

4）出售给原供货商，或与供货商交换其他可用物料。

5）有些呆料经加工或拆解后，部分可供使用。例如，纸张规格不符，则经裁剪后即可部分使用。

（五）废料管理

1. 废料发生的原因

1）锈蚀。机器设备有一定耐用年限，无论如何妥善保养，终有锈蚀报废的一天，尤其是保养不良，或露天搁置的机械设备，锈蚀更快，当其丧失原有功能时，自然成为废料。

2）陈腐变质。物料若长期储存于仓库而未加使用，就可能日趋陈旧腐坏，失去原有的价值，不得不将它当作废料处理。

3）因技术革新而遭淘汰的设备或物料。由于科技不断发展，工业技术日益精进，原有的机器设备可能因为新式设备的高效率低成本而自然淘汰，成为无多大价值的设备。

生产方式的变更，或原料配方的改进，也可能使原使用的物料被其他物料所取代，原有的物料就可能成为毫无价值的废料。

4）建厂时所留下的余料。建厂时需要的各种材料，在工厂竣工之后，或多或少总剩下部分材料，或半截、短头残料，已无多大价值，而变成废料。

5）裁剪边料。塑料、布匹、钢料、电线、皮革等，加工或裁剪后必会产生边料零头，而无法再发挥其原有的功能，不得不以废料处理。

6）拆解的产品或机械设备。不良的产品或无用的机械设备，当其拆解时，必定会产生许多已无利用价值的零件或材料，即成为废料。

7）废弃的包装材料。包装原料或机械设备的包装材料，如麻袋、塑料袋、纸袋、木箱、铁带等，拆解后已无价值而成为废料。

知识拓展

5S 是指整理、整顿、清扫、清洁、素养，是以上 5 个词语的日文罗马音的第一个字母“S”而成的。

1）整理（selrl）：工作现场，区别要与不要的东西，只保留有用的东西，撤除不需要的东西。

2）整顿（selton）：把要用的东西，按规定位置摆放整齐，并做好标识进行管理。

3）清扫（selso）：将岗位保持在无垃圾、无灰尘、干净整洁的状态。

4）清洁（selketsu）：将整理、整顿、清扫进行到底，并且制度化。

5）素养（shisuke）：对规定了的事，大家都要遵守执行。

2. 废料的预防措施

综上所述，物料成为废料的主要原因为仓储管理不良、陈腐、锈蚀或加工不当等，故加强加工技术与仓储管理是最好的预防措施。

1）追踪废料的责任归属，具有警惕作用。

2）根据报废申请单及统计资料，公布每年产生的废料金额及废料率，具有警惕作用。

3）改善加工技术，力求降低产生废料的概率。

4）加强机器设备的预防保养，降低产生不良品废料的概率。

5）改善仓储管理技术，了解物料的保存方法与期限，防止物料因陈腐、锈蚀、虫咬等仓储不当而变为废料。

6）采用先进先出的发料制度，防止储存过久，造成废料。

7）预防自然灾害造成废料。

3. 废料标准的确立

库存应当报废的原物料由专人确认后登入废料表，送请主管复核，若认为应当报废，再送请领用部门或检验部门做最后的核查，如均认为确属不能应用者，则正式列为废料处理。

4. 废料的处理

扫一扫：呆废料处理申请表

废料即为公司的损失，故如何降低废料率成为重要的工作。一般处理方式有出售和分解再利用两种方式。

（1）出售

废料出售前填写报废申请单，经主管签字批准，避免因鱼目混珠或舞弊而造成更多损失。

（2）分解再利用

铜、铝、钢等原料均可分解后再利用。废料出售前须填写报废申请单，经核准后方能报废。

第四节　出库和发运管理

一、出库管理

（一）出库管理的含义与原则

出库管理是指仓库管理员根据提货清单，在保证物品原先的质量和价值的情况下，组织商品出库一系列工作的总称。出库货物准备，是在通常情况下，仓库调度在商品出库的前一天，接到从外运公司送出来或从其他方面送来的提货单后，应按去向、船名、报关单等，分理和复审提货单，及时正确地编制有关的出库任务单、配车吨位、机械设备单以及提货单等，分别送给工班长、机械长和保管员、收货员、发货员或理货员，以便做好出仓准备工作。物资出库业务作业管理，是仓库根据出库凭证，将所需物资发放给需用单位所进行的各项业务管理。物资出库作业的开始，标志着物资保管、养护业务的结束。

出库管理有两个方面的工作：一是用料单位凭规定的领料凭证，如领料单、提货单、调拨单等领取物资，并且所领物资的品种、规格、型号、数量等项目及提取货物的方式等必须书写清楚、准确；二是仓库方面，必须核查领料凭证的正误，按所列物资的品种、规格、型号、数量等项目组织备料，并保证把物资及时、准确、完好地发放出去。

出库作业管理中要遵循的原则有以下几个方面。

1）按程序作业。物资发料出库必须按规定程序进行，领料提货单据必须符合要求。对于非正式凭证一律不得发料出库。

2）做好发放准备。为使物资得到合理使用、及时投产，必须快速、准确发放。为此，必须做好发放的各项准备工作。例如，化整为零、备好包装、复印资料、组织搬运人力、准备好设备工具等。

3）坚持“先进先出”原则。在保证物资使用价值不变的前提下，坚持“先进先出”的原则。同时，要做到保管条件差的先出，包装简易的先出，容易变质的先出，有保管期限的先出，回收复用的先出。

4）及时记账。物资发出后，应随即在物资保管账上核销，并保存好发料凭证，同时调整料卡吊牌。

5）保证安全。物资出库作业，既要注意安全操作，防止损坏包装和震坏、压坏、摔坏物品，又要保证运输安全，做到物品包装完整、捆扎牢固、标志正确清楚、性能不互相抵触，避免发生运输差错和损坏物品的事故。同时，还要保障物品质量安全，已失去原使用价值的物品不允许分发出库。

（二）商品出库的依据、要求和方式

1. 商品出库的依据

商品出库必须依据货主开具的商品调拨通知单进行。不论在任何情况下，仓库都不得擅自动用、变相动用或者外借货主的库存商品。

商品调拨通知单的格式不尽相同，不论采用何种形式，都必须是符合财务制度要求的具有法律效力的凭证。要坚决杜绝凭信誉或无正式手续的发货。

2. 商品出库的要求

微课：出库检验

商品出库要求做到“三不三核五检查”。“三不”，即未接单据不翻账，未经审单不备货，未经复核不出库；“三核”，即在发货时，要核实凭证、核对账卡、核对实物；“五检查”，即对单据和实物要进行品名检查、规格检查、包装检查、件数检查、重量检查。具体来说，商品出库要求严格执行各项规章制度，提高服务质量，使用户满意，包括对品种规格要求，积极与货主联系，为用户提货创造各种方便条件，杜绝差错事故。

3. 商品出库的形式

（1）送货

仓库根据货主单位预先送来的商品调拨通知单，通过发货作业，把应发商品交由运输部门送达收货单位，这种发货形式就是通常所称的送货制。仓库实行送货，要划清交接责任。仓储部门与运输部门的交接手续，是在仓库现场办理完毕的。运输部门与收货单位的交接手续，是根据货主单位与收货单位签订的协议，一般在收货单位指定的到货目的地办理。

送货具有“预先付货、按车排货、发货等车”的特点。仓库实行送货具有多方面的好处：仓库可预先安排作业，缩短发货时间；收货单位可避免因人力、车辆等不便而发生的取货困

难；在运输上，可合理使用运输工具，减少运费。

仓储部门实行送货业务，应考虑到货主单位不同的经营方式和供应地区的远近，既可向外地送货，也可向本地送货。

（2）自提

由收货人或其代理持商品调拨通知单直接到库提取，仓库凭单发货，这种发货形式就是仓库通常所称的提货制。它具有“提单到库，随到随发，自提自运”的特点。为划清交接责任，仓库发货人与提货人在仓库现场，对出库商品当面交接清楚并办理签收手续。

（3）过户

过户是一种就地划拨的形式，商品虽未出库，但是所有权已从原存货户转移到新存货户。仓库必须根据原存货单位开出的正式过户凭证，才予办理过户手续。

（4）取样

货主单位出于对商品质量检验、样品陈列等需要，到仓库提取货样（一般要开箱拆包、分割，发给若干细数）。仓库必须根据正式取样凭证才予发给样品，并做好账务记载。

（5）转仓

货主单位为了业务方便或改变储存条件，需要将某批库存商品自甲库转移到乙库，这就是转仓的发货形式。仓库也必须根据货主单位开出的正式转仓单，才予办理转仓手续。

（三）商品出库的程序

1. 催提

催提是直接向已知的提货人发出提货通知，当不知道确切提货人时，可以向存货人催提。对于将要到期的仓储物，要做好催提工作，以免接受了新的委托但没有仓容不能接受仓储物。到期催提应在到期日的前一段时间进行，在合同约定期通知，如果原合同订有续期条款的，在续期日前通知，合同没有约定通知期的，仓库应在合理的提前时间内催提，以便提货人有足够的时间准备。

另外，对于在仓储期间发生损害、变质的仓储物，质量保存期就要到期的商品，或者剩余的少量残货、地脚货，也应进行催提，以免堆积占用仓库仓容，同时减小或避免存货人的损失。

2. 出库前的准备

（1）包装整理

与承运单位联系，使包装适合运输，长途运输要加垫板，防止运输途中堆垛倾覆；冬季注意防寒，必要时用保温车或专用运输车。包装破损的要加固和更换。

（2）组配和分装

对于拆零发货的物品，要经常准备好零货，及时补充，避免临时拆包，延缓付货。例如，每箱 1000 个的螺丝，习惯每次提货为 200 个，就平均分装在 5 个周转箱内，循环补货。实际工作中，如果是供应生产工位，就不必 200 个螺丝一个不差地数出来，每个螺丝价值低，没有必要浪费人力去检斤和计数。

（3）工具准备

准备记号笔、封签、胶带、剪刀、胶带座、木箱、钉箱工具等。

（4）设备调配及人员组织

设备调配及人员组织指叉车等机械设备的调配，并且组织相关人员，如库管员、分拣员、叉车司机、辅助工人等。

3. 核单备料

扫一扫：出库单

发放商品必须有正式的出库凭证，严禁无单或白条发料。保管员接到出库凭证后，应仔细核对，这就是出库业务的核单（验单）工作。首先，要审核出库凭证的合法性和真实性；其次，核对商品品名、型号、规格、单价、数量、收货单位、到站、银行账号；再次，审核出库凭证的有效期等。如果属自提商品，还须检查有无财务部门准许发货的签章。

扫一扫：分拣作业概述

在对商品调拨通知单所列项目进行核查之后，才能开始备料工作。出库商品应附有质量证明书或抄件、磅码单、装箱单等，机电设备等配件产品，其说明书及合格证应随货同到。备料时应本着“先进先出、易霉易坏先出、接近失效期先出”的原则，根据领料数量下堆备料或整堆发料。备料的计量实行“以收代发”，即利用入库检验时的一次清点数，不再重新过磅。

1）准备附件。如技术标准证件、合格证、使用说明书、质量检验书等。

微课：出货分拣过程仿真

2）备货地点。原则上在备货发货区域内备货、清点、复核，批量大、品种少的发货，在备货区准备单品种的零头；整托盘、整箱的物料在原货位上等待出库，减少搬运次数。供应生产线时，可以在开工前在线上备货交接。

3）备货人员。根据行业不同、业务能力不同，由库管员、分拣员、叉车司机、辅助工人负责备货。

4）备货时间。快速消费品（如饮料食品），需要晚上备好货，第二天早上5～7时送到超市、经销点；白天准备长途运输的备货出库，24小时循环往复不停。其他行业一般是当天备货当天发货，或前一天备货第二天发货，管理不善的可能备货后一个月才发货。

5）备完货后可以二次清点总数，检查是否漏配、是否多配，减少出现差错的机会。

4. 复核

为防止差错，备料后应立即进行复核。出库的复核形式主要有专职复核、交叉复核和环环复核3种。除此之外，在发货作业的各道环节上，都贯穿着复核工作。例如，理货员核对单货，守护员（门卫）凭票放行，账务员（保管会计）核对账单（票）等。这些分散的复核形式，起到分头把关的作用，十分有助于提高仓库发货业务的工作质量。复核的主要内容包括品种数量是否准确，商品质量是否完好，配套是否齐全，技术证件是否齐备，外观质量和包装是否完好等。复核后保管员和复核员应在商品调拨通知单上签名。

5. 包装

出库的货物如果没有符合运输方式要求的包装，应进行包装。根据商品外形特点，选用适宜包装材料，其重量和尺寸，应便于装卸和搬运。出库商品包装，要求干燥、牢固，如有破损、潮湿、捆扎松散等不能保障商品在运输途中安全的，应负责加固整理，做到破包、破箱不出门。此外，各类包装容器，见外包装上有水湿、油迹、污损，均不许出门。在包装中，严禁互相影响或性能互相抵触的商品混合包装。包装后，要写明收货单位、到站、发货号、本批总件数、发货单位等。

阅读材料

唛头专指在货物的外包装上注明收货人和货物内容的信息标志。使发货人、承运人、监管人和收货人都能够很快地辨明货物的归属、去向和包装内部货物的情况，避免混乱出错。把这些信息制作在外包装上的工作称为刷唛。

英文“shipping mark”意为运输标志，最早出现在广东的出口贸易中，广东人将“mark”称作“唛头”，后被广泛沿用至今。

外贸中的“唛头”是运输标志的一种称呼，是为了便于识别货物而设置。唛头通常由一个简单的几何图形和一些字母、数字及简单的文字组成，其作用在于使货物在装卸、运输、保管过程中容易被有关人员识别，以防错发、错运、错收。其主要内容包括：①收货人或买方名称缩写或标志；②参照号码；③目的港（地）名称；④件数、批号；⑤制造国别、产地等。这些内容刷在正面和对应的一面的称作“正唛”。

此外，运输标志还包括合同号、许可证号、款号与毛净重、体积、装箱搭配、箱子的顺序号等内容，具体由买卖双方根据商品特点和具体要求商定。一般而言。这些内容刷在两侧，称作“侧唛”。

6. 点交

商品经复核后，如果是本单位内部领料，则将商品和单据当面点交给提货人，办清交接手续；如果是送料或将商品调出本单位办理托运的，则与送料人员或运输部门办理交接手续，当面将商品交点清楚。交清后，提货人员应在出库凭证上签章。

7. 登账

点交后，保管员应在出库单上填写实发数、发货日期等内容，并签名。然后将出库单连同有关证件资料，及时交货主，以使货主办理货款结算。保管员把留存的一联出库凭证交实物明细账登记人员登记做账。

8. 现场和档案的清理

现场清理包括清理库存商品、库房、场地、设备和工具等。档案清理是指对收发、保养、盈亏数量和垛位安排等情况进行分析。

在整个出库业务程序过程中，复核和点交是两个最为关键的环节。复核是防止差错的重要和必不可少的措施，而点交则是划清仓库和提货方两者责任的必要手段。

（四）商品出库单证的流转和财务处理

出库单证主要是指提货单，它是向仓库提取商品的正式凭证。在不同单位中，其采用的出库方式也会有所不同，而在不同出库方式条件下，单证流转与账务处理的程序也会不同，这里只是就一般情况做一些介绍。

1. 送货方式下的提货单

在送货方式下，一般是采用先发货、后记账的形式。提货单随同送货通知单经内部流转送达仓库后，一般是直接送给理货员，而不先经过账务人员。

理货员接单后，经过理单、编写地区代号，分送给保管员发货，待货发讫后再交给账务人员记账。对于其他几种出库方式，其单证的流转与账务的处理过程基本相同。取样和移库对于货主单位而言并不是商品的销售和调拨，但对仓库来说却是一笔出库业务。

2. 提货方式下的提货单

自提是提货人持提货单来仓库提货的出库形式。商品明细账账务人员在收到提货单后，经审核无误，向提货人开出商品出门证，出门证上应列明每张提货单的编号。出门证中的一联交给提货人，账务人员将根据出门证的另一联和提货单在商品明细账出库记录栏内登账，并在提货单上签名，批注出仓吨数和结存吨数，将提货单递给保管员发货。提货人凭出门证向发货员领取所提商品，待货付讫，保管员应盖付讫章和签名，并将提货单返回给账务人员。提货人凭出门证提货出门，并将出门证交给守护员（门卫）。守护员在每天下班前应将出门证交回账务人员，账务人员凭此与已经回笼的提货单号码和所编代号逐一核对。如果发现提货单或出门证不符，应该立即追查，不得拖延，如图 5.7 所示。

对于其他的几种出库方式，其单证的流转与账务的处理过程基本相同。取样和移库对于货主单位而言并不是商品的销售和调拨，但对仓库来说却是一笔出库业务。货主单位签发的取样单和移库单也是仓库发货的正式凭证，它们的流转和账务处理程序与提货单基本相同。商品的过户，对仓库来说，商品并不移动，只是所有权在货主单位之间转移。所以，过户单可代替入库通知单，开给过入单位储存凭证，并另建新账，即作入库处理；对过出单位来说，等于所有商品出库。过户单位与提货单位一样，凭此进行出库账务处理。

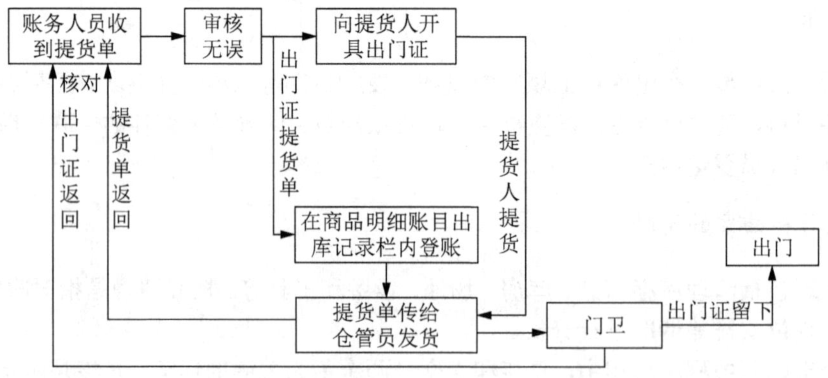

图 5.7 提货方式下出库单证流转

（五）商品出库中发生问题的处理

1. 出库凭证问题

出库凭证上出现有下列情况，如质量不合格、规格不符、缺件不配套、包装不牢以及未经仓库检验点收或无技术证件等，仓库应主动向业务部门或存货方说明情况。

出库凭证所列品名、规格、型号等与仓库账面和库存实物不符，仓库应主动向业务主管部门反映或在出库凭证上签署意见退回用料单位，以便用料单位向业务主管部门联系处理。

商品进库未经验收，一般暂缓发货，并通知供应商，待验收后再发货，提货期顺延，保管员不得代验。

2. 出库与实存数量不符

若出现出库与实存数量不符的情况，配送中心仓储部门要认真分析原因，根据具体情况及时进行处理。如果是入库时错账，可以用报出报入方法进行调整，即先按库存账面数开具商品出库单销账，然后再按实际库存数量重新入库登账，并在入库单上注明情况。如果属于用户单位漏记账而多开出库数，应由用户单位出具新的提货单，重新组织提货和发货。如果属于配送中心仓储过程中的损耗，需要考虑损耗数量是否在合理的范围之内，并与用户单位进行协商，合理范围之内的损耗应由用户单位承担，超过合理范围之外的损耗则由配送中心负责赔偿。

3. 包装破漏

包装破漏是指在发货过程中，因商品外包装破散等情况而引起的商品泄漏、裸露等问题。发货时应对其进行整理或更换包装，方可出库，否则造成的损失应由配送中心承担。

4. 窜发货和错发货

窜发货和错发货是配送中心仓储部门发货人员对商品种类不很熟悉，或者由于工作中的疏漏，把错误规格、数量的商品发出库的情况。

如果商品尚未离库，应组织力量重新发货；如果商品已经出库，保管人员应根据库存实际情况，如实向配送中心主管部门和用户单位讲明窜发货和错发货的品名、规格、数量等情况，与用户单位协调解决问题。

5. 记账错误

记账错误包括有漏记和错记。漏记账是在出库作业中，由于没有及时核销明细账而造成账面数量大于或少于实存数的现象；错记账是在商品出库后核销明细账时没有按实际发货出库的商品名称、数量等登记，从而造成账实不相符的情况。

无论是漏记账还是错记账，一经发现，除及时向有关领导如实汇报情况外，还应根据原出库凭证查明原因并调整保管账，使之与实际库存保持一致。

二、发运管理

1. 发货要求

仓储中的发货方式一般有托运、提货、取样、移仓、过户等，无论何种发货方式，均应按以下要求进行发货。

（1）准确

发货准确与否关系到仓储服务的质量，所以在短促的发货时间里做到准确无误，要求在发货时做好复核工作，认真核对提货单，从配货、包装到交提货人或运输人的过程中，要注意环环复核。

（2）及时

无故拖延发货是违约行为，这将造成经济上的损失。为了掌握发货的主动，平时应注意与货主保持联系，了解市场需求的变动规律，同时加强与运输部门的联系，预约承运时间。在发货的整个过程中，各岗位的责任人员应密切配合，认真负责，这样，便能保证发货的及时性。

（3）安全

在货物出库作业中，要注意安全操作，防止作业过程中损坏包装，或震坏、压坏、摔坏货物。在同种货物中，应做到先进先出。对于已发生变质的货物应禁止发货。

2. 发货准备

发货前的准备工作应包括以下内容。

1）零星货物的组配、分装。有些货物需要拆零后出库，仓库应为此事先做好准备，备足零散货物，以免因临时拆零而延误发货时间。有些货物则需要进行拼箱，为此，应做好挑选、分类、整理和配套等准备工作。

2）原件货物的包装整理。货物经多次装卸、堆码、翻仓和拆检，会使部分包装受损，不适宜运输要求。因此，仓库必须视情况进行加固包装和整理工作。

3）包装材料、工具、用品的准备。对从事装箱、拼箱或改装业务的仓库，在发货前应根据性质和运输部门的要求，准备各种包装材料及相应的衬垫物，并准备好钉箱、打包等工具。

4）待运货物的仓容及装卸机具的安排调配。对于待出库的商品，应留出必要的理货场地，并准备必要的装卸搬运设备，以便运输人员的提货发运。

5）发货作业的合理组织。发货作业是一项涉及人员较多、处理时间较紧、工作量较大的工作，进行合理的人员组织是顺利完成发货的必要保证。

3. 发货程序

1）验单：审核货物出库凭证。应注意审核货物提货单或调配单内容，特别注意是否有涂改的痕迹。

2）登账：对于审核无误的出库货物，即可根据提货单所列项目进行登记，核销存储量，并在发货凭证上标注发货货物存放的货区、库房、货位编号以及发货后的结存数等。同时，要转开货物出库单，连同货主开制的商品提货单一并交仓库保管员查对配货。

3）配货：保管员对出库凭证进行复核，在确认无误后，按所列项目和标注进行配货。配货时应按照“先进先出”、“易坏先出”、“已坏不出”的原则进行。

4）包装：在货物出库时，往往需要对货物进行拼装、加固或换装等工作，均涉及货物的包装。对货物包装的要求是封顶紧密，捆扎牢固，衬垫适当，标志正确。

5）待运：包装完毕，经复核员复核后，需出库的货物均需集中到理货场所，与理货员办理交接手续；理货员复核后，在出库单上签字或盖章，然后填制货物运单，并通知运输部门提货发运。

6）复核：复核货物出库凭证的抬头、印鉴、日期是否符合要求，经复核不符合要求的货物应停止发货。对货物储存的结余数进行复核，查看是否与保管账目、货物保管卡上的结余数相符，对于不相符的情况应及时查明原因。

7）交付：仓库发货人员在备齐商品并经复核无误后，必须当面与提货人或运输人逐件点交，明确责任，办理交接手续。在货物装车时，发货人员应在现场进行监装，直到货物装运出库。发货结束后，应在出库凭证的发货联上加盖“发讫”印戳，并留据存查。

8）销账：上述发货作业完成后，需核销保管账、卡上的存量，以保证账、卡、货一致。

4. 发货复核

（1）托运复核

仓库保管员根据发货凭证负责配货，由理货员或其他保管员对货单逐行逐项核对，即核对货物的名称、规格、货号、花色、数量等，检查货物发往地与运输路线是否有误，复核货物的合同号、件号、体积、重量等运输标志是否清楚。经复核正确后，理货员或保管员应在出库凭证上签字盖章。

（2）提货复核

仓库保管员根据货主填制的提货单和仓库转开的货物出库单所列货物名称、规格、牌号、等级、计量单位、数量等进行配货；由复核员逐项进行复核。复核正确，则由复核人员签字后，保管员将货物当面交提货人。未经复核或复核不符的商品不准出库。

（3）取样复核

货物保管员按货主填制的正式样品出库单和仓库转开的货物出库单出货，核实无误，经复核员复核、签字后，将货物样品当面交提货人，并办理各种交接、出库手续。

本 章 小 结

仓储作业过程主要由入库、在库、出库 3 个阶段组成。

商品入库是以商品的接运和验收为中心开展的业务活动，一般根据商品入库凭证接受商品入库储存而进行卸货、搬运、清点数量、检查质量、办理入库手续等一系列作业环节构成的工作过程。合理组织入库工作，对商品在库保管以及出库业务的改善等都有着密切关系。

商品出库是商品存储阶段的终止，与运输部门和商品使用单位直接发生联系。做好出库管理工作，对改善仓库经营管理、降低仓储作业费用、提高企业物流服务质量有一定作用。

由于收发料的人为作业疏忽、计算机输入资料错误、仓储不当等因素，均会造成物料存量不正确及账料不一致的现象，因此，盘点并更新记录是企业一项必要的仓管工作。在满足需求的过程中，由于生产计划变更、技术的进步等因素会产生呆废料，而呆废料会造成企业资金成本的积压及仓储空间的浪费。

案 例 分 析

自动化立体仓库出入库

在仓储行业当中，仓库的建设和使用一直对于行业发展起着非常重要的推动作用，随着自动化立体仓库的出现，更是让仓储业的发展更上一个台阶。自动化立体仓库出入库和普通仓库的出入库有哪些不同呢?

实际上，自动化立体仓库出入库并没有什么神秘之处，整个过程和人工仓库出入库的过程是大同小异的，只不过这个过程全部自动完成，不需要操作人员的直接参与，非常方便。

首先，来看一下自动化立体仓库出入库的入库过程。当有一批物料到达仓库时，操作人员会通过查询物料系统和仓储系统，事先在计算机系统中做好物料的归类和仓储位置的选择，然后将相关指令发送给自动化仓库系统，它会自动对托盘和货箱以及货架进行编码，按照指令通过搬运和输送设备将物料堆放到仓库指定货架的指定位置上，这样就完成了整个物料入库的过程。

然后，再来看一下自动化立体仓库出入库的出库过程。这个过程相对来说要比入库简单，操作人员只需要在计算机系统中输入物料名称、规格和数量等相关数据，发送给仓库系统，它就会自动在仓库中进行搜索，找到所需物料的存放位置，然后操作相关设备将所需物料从货架上卸下来，最后由输送设备输送到指定位置，同时也会在仓储系统中对物料的出入库和库存状态自动更新。当然，自动化立体仓库出入库系统还会在出库的过程中自动通过扫码的方式对物料进行核对确认，防止出库错误。

案例解析

随着人类对科技和机械的应用，很多工作完全可以交给机械完成，自动化立体仓库出入库系统就是典型代表。在仓储行业当中，这个系统的快速推广和应用，已经帮助企业解决了很多仓储难题，同时大大提高了仓储效率。相信在不久的将来，它不仅仅可以实现自动出入库功能，还可以实现更多的功能来提高工作效率，降低工作失误。

（资料来源：http://www.kg-log.com.）

练 习 题

一、选择题

1．商品接运方式包括（　　）。

A．车站、码头提货　　B．专用线接车

C．仓库自行接货　　D．库内接货

2．商品验收的作用，主要表现在（　　）。

A．验收是做好商品保管、保养的基础

B．验收记录是仓库提出退货、换货和索赔的依据

C．验收是避免商品积压，减少经济损失的重要手段

D．验收有利于维护国家利益

3．验收管理的作业要点包括（　　）。

A．及时　　B．准确

C．严格　　D．经济

4．苫盖的方法一般有（　　）。

A．就垛苫盖法　　B．隔离苫盖法

C．鱼鳞式苫盖法　　D．活动棚架苫盖法

5．商品出库的形式有（　　）。

A．送货　　B．自提

C．过户　　D．取样　　E．转仓

6．盘点的方法主要有（　　）。

A．依时期区分的盘点法　　B．依方法区分的盘点法

C．依形式区分的盘点法　　D．依实务应用区分的盘点法

二、填空题

1．依方法区分的盘点法可分为____________________和______________________。

2．所谓实物检验，就是根据入库单和有关技术资料对实物进行_______和______检验。

3．抽样检验分为_____________和__________________。

4．商品堆码要做到_______________________。

三、简答题

1．入库作业应遵循怎样的管理原则？

2．堆码有什么基本要求？

3．商品验收发现问题应如何处理？

4．简述盘点的作业流程。

5．简述呆废料的管理程序。

6．出库方式有哪几种？

练习题答案

第六章　商品养护管理

学习目标

- 了解在库商品养护的基本知识。
- 了解金属防锈的措施。
- 了解食品变质的原因。
- 掌握在库商品的温、湿度管理。

萧山湘湖路某仓库白蚁的危害情况及防治

萧山湘湖路某仓库，库房依山而建，有建在近山脚也有建在山坡上的，其中 1 号库建筑面积 1 万多平方米，3 号库等各 3000 多平方米，存放高精设备、仪器和几家公司的商品及军用木材。白蚁将木材、商品包装设备及木箱、纸箱、塑料和橡胶制品蛀得千疮百孔，损失惨重。经查探，发现有家白蚁、土白蚁、散白蚁几种白蚁危害，库外树木也有危害现象，属内外相连型。虽设诱杀桩、投放诱饵包 3 次，散白蚁灭了，土白蚁和家白蚁仍然危害不断，最后采用了综合灭治手段进行灭治，约一年回访时，再没有发现白蚁危害。至今已有两年半时间，再未发现白蚁危害现象。下面选 1 号库为例作为防治说明。

1 号库靠近山脚而建，在查探过程中，就已怀疑有多个蚁群。其蚁线的颜色为黄色，且其颗粒较粗大，与附近山上的黄泥类似，因库房是山脚推平后建设的，所以估计有几个蚁巢在地下的可能性很大。根据以往灭治经验，我们判断白蚁巢在地下或室外。由于地面是大面积混凝土（厚 30 厘米以上），且白蚁出入口在施工缝外，所以在施工缝处灌入药剂，依靠蚁路或孔隙，到达垫层及垫层以下，控制白蚁的来去回路，这样不仅能杀灭白蚁还可以迫使白蚁转移至库外，甚至由于灌药而杀死蚁群，再在库外设毒土防御，达到防治效果。

灭治和防治建议如下。

1）掘沟、钻洞及喷洒药剂，此法灭治散白蚁效果较好。

2）诱杀法，即采用白蚁喜食的饵料引诱白蚁吃食达到歼灭的目的，此法对家白蚁、散白蚁、土白蚁等均有效。

3）直接在蚁道上喷洒药粉，应用此法应选择多点，如果发现主蚁道则最好，喷洒时应多喷在工蚁身上。

若能初步判断主巢位的方向，在此附近设置诱杀箱，那么效果最好。在仓库地下发现蚁巢，特别是家白蚁或土白蚁的蚁巢，切勿贪功而挖巢，就算挖巢后又喷施药粉或药剂，往往也达不到最好效果，二三年后，逃散的白蚁仍有可能分几个群体大肆侵害。

第一节　商品养护概述

一、商品养护管理的重要性

商品养护是指商品在储存过程中所进行的保养和维护。从广义上说，商品从离开生产领域而未进入消费领域之前这段时间的保养与维护工作，都称为商品养护。

商品由生产部门进入流通领域后，需要分别对不同性质的商品在不同储存条件下采取不同的技术措施，防止其质量恶化。商品养护就是要防止商品由于本身自然属性及外界因素的影响而发生的变化，所以研究的内容就是研究各类商品的结构、成分、性质等方面的自然属性，探讨商品在日光、温度、湿度、昆虫、微生物等外界因素的影响下，质量发生变化的规律，从而认识、掌握和运用这些规律，积极采取各种有效的措施和科学的养护方法，维护商品在储存期间的安全，保护商品的质量和使用价值，并最大限度地降低商品的损耗。

二、商品在库质量的变化

1. 商品在库质量变化的类型

商品的质量是指商品在一定条件下，满足人们需要的各种属性。由于商品本身的性能特点不同以及受各种外界因素的影响，商品在储存期间，有可能发生各种各样的质量上的变化。

扫一扫：商品在库质量变化举例

商品质量变化的类型有物理变化、化学变化、生化变化等。

（1）物理变化

物理变化是指只改变物质本身的外表形态，而不改变其本质，没有新物质的生成，并且可以反复进行变化的现象。商品的机械变化是指商品在外力的作用下，发生形态上的变化。物理机械变化后，结果不是数量损失，就是质量降低，甚至失去使用价值。

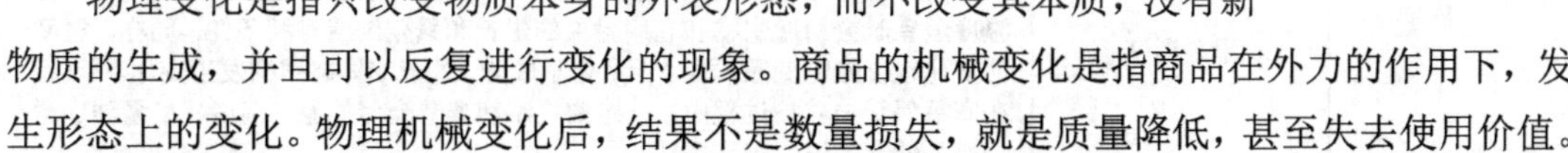

商品常发生的物理变化，有商品的挥发、熔化、溶化、渗漏、串味、冻结与沉淀、破碎与变形等。

（2）化学变化

化学变化是指不仅改变物质的外表形态，也改变物质的本质，并生成新物质，且不能恢复原状的变化现象。商品发生化学变化，即商品质变的过程，严重时使商品完全丧失使用价值。常见的有化合、分解、氧化、聚合、老化、风化以及陈化等。

（3）生化变化

生化变化是指有生命活动的有机体商品，在生长发育过程中，为了维持它们的生命，本身所进行的一系列生理变化。例如，粮食、水果、蔬菜、鲜鱼、鲜肉、鲜蛋等有机体商品，在储存过程中，受到外界条件的影响和其他生物作用，往往会发生这样或那样的变化。这些变化主要有呼吸、发芽、胚胎发育、后熟、霉腐、虫蛀等。

库存商品发生变化的原因有内因和外因，内因是变化的根据，外因是变化的条件。对此必须有全面的了解，方能掌握库存商品变化的规律，科学地进行商品保管工作。

2. 影响在库商品质量变化的因素

商品在储存期间发生各种变化，这主要是因为受到内在因素和外界因素的影响，如表 6.1，其中起决定作用的是商品本身的内在因素，如化学性质、物理性质、机械性质、化学成分、结构形态等。影响商品质量变化的外界因素，可分为自然条件因素和社会因素两大类。自然条件因素主要包括温湿度、日光照射、臭氧和氧的作用、有害气体的影响、微生物及虫鼠害的侵害、卫生条件等。另一个引起商品质量变化的外在因素就是社会因素，主要包括国家的方针政策、经济形势、技术政策、企业管理水平、人员素质及规章制度等。这些因素影响商品的储存规模、储存水平及储存时间，对储存质量具有间接影响。

表 6.1 影响在库商品质量变化的因素

内在因素	商品的化学性质	商品的化学性质是指商品的形态、结构，以及商品在光、热、氧、酸、碱、湿度、温度等作用下，发生改变商品本质的性质。与商品储存密切相关的商品的化学性质包括商品化学稳定性、毒性、腐蚀性、燃烧性、爆炸性等
	商品的物理性质	商品的物理性质主要包括导热性、耐热性、吸湿性、含水率、吸湿率、透气性、透湿性、透水性。物理性质是决定和判断商品品质、种类的依据，也能反映商品种类、品种的特征，特别是能判断许多食品品质优次和正常与否
	商品的机械性质	商品的机械性质指商品的形态、结构在外力作用下的反应。商品的这种性质与其质量关系极为密切，是体现适用性、坚固耐久性和外观的重要内容，主要包括商品的弹性、塑性、强度等
	商品的化学成分	商品可按化学成分分为有机成分的商品和无机成分的商品。不同化学成分的商品应采用不同的包装技术和方法
	商品的结构形态	商品的种类繁多，各种商品有各种不同形态的结构，要求用不同的包装盛装。例如，气体商品，分子运动快、间距大，多用钢瓶盛装，其形态随盛器而变；液态商品，分子运动比气态商品慢，间距比气态小，其形态随盛器而变；只有固态商品，有一定外形
外在因素（自然条件因素）	温、湿度	温度的变化会使物质微粒的运动速度发生变化，高温能促使商品发生挥发、渗漏、熔化等物理、化学变化，低温易引起商品的冻结、沉淀等变化；同时，温度适宜时会给微生物和仓库害虫的生长和繁殖创造有利条件。同样，湿度的变化也会影响商品的含水量、化学成分、外形或体态结构发生变化。所以，在商品保管与养护过程中，一定要控制和调节仓储的温、湿度，尽量创造适合商品储存的温、湿度条件
	日光照射	太阳光中含有的热量、紫外线、红外线等，对商品起着正反两方面的作用。一方面，日光能加速受潮商品的水分蒸发，杀死微生物和商品害虫，有利于商品的养护；另一方面，某些商品在光的照射下，会发生物理化学变化，如挥发、老化、褪色等。所以要根据不同商品特点，注意避免或减少日光的照射
	臭氧和氧的作用	仓库内一定量的臭氧可以高效、快速、广谱地杀菌，也能够起到商品防护、保鲜的作用，但是若含量过高，对人和物都会造成损伤；氧很活跃，空气中21%左右的气体是氧气，能和许多商品发生作用，对商品质量变化影响很大。所以，在商品保管、养护过程中，要对受臭氧和氧影响较大的商品，采取适当的方法进行隔离
	有害气体的影响	有害气体主要来自燃料燃放时放出的烟尘以及工业生产过程中产生的粉尘、废气。商品储存在有害气体浓度大的空气中，其质量变化明显，特别是金属商品，必须远离二氧化硫气体的发源地
	微生物及虫鼠害的侵害	微生物和虫鼠会使商品发生霉腐、虫蛀现象。微生物可使商品产生腐臭味和色斑霉点，影响商品的外观，同时使商品受到破坏、变质，丧失其使用价值或食用价值。虫鼠在仓库不仅蛀食动植物性商品和包装，有的还会对塑料、化纤等化工合成商品造成危害，甚至毁损仓库建筑物
	卫生条件	卫生条件不好，不仅会使灰尘、油垢、垃圾等污染商品，造成某些外观瑕疵和感染异味，而且还会为微生物、仓库害虫创造活动场所。所以，在储存过程中，一定要搞好储存环境卫生，保持商品本身的卫生，防止商品间的感染

所有这些影响因素，都会直接或间接造成商品的变质和损坏。因此，必须采取有效措施，防止有害因素的影响，保证商品的储存安全。

第二节　商品养护技术与方法

一、仓库温、湿度管理

商品在仓库储存过程中出现的各种变质现象，几乎都与空气的温、湿度有密切关系，因此，仓储商品保管的中心环节就是控制好仓库的温、湿度。由于商品的性质不同，其所适应的温、湿度也不同。仓库温、湿度的变化对储存商品的质量安全影响很大，而仓库温、湿度往往又受自然气候变化的影响，这就需要仓库管理人员正确地控制和调节仓库温、湿度，以确保储存商品的安全。

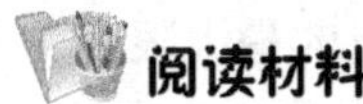 **阅读材料**

几种商品的温湿度要求

几种常见仓储商品的温湿度要求如表6.2所示。

表6.2　仓储商品的温湿度要求

种类	温度/℃	相对湿度/%	种类	温度/℃	相对湿度/%
金属及制品	5～30	≤75	重质油、润滑油	5～35	≤75
碎末合金	0～30	≤75	轮胎	5～35	45～65
塑料制品	5～30	50～70	布电线	0～30	45～60
压层纤维塑料	0～35	45～75	工具	10～25	50～60
树脂、油漆	0～30	≤75	仪表、电器	10～30	70
汽油、煤油、轻油	≤30	≤75	轴承、钢珠、滚针	5～35	60

（一）温、湿度的基本知识

1. 空气温度

空气温度是指空气的冷热程度，又叫气温。仓库温度的控制既要注意库房内外的温度，也要注意储存物本身的温度。

空气中的热量主要来自于太阳的热量。因为空气的导热性很小，所以只有接近地面的气层温度较高，通过冷热空气的对流，使整个大气层的温度发生变化。一般而言，距地面越近气温越高，距地面越远气温越低。

仓库日常温度管理中，多用摄氏度表示，凡零度以下度数，在度数前加一个“－”号，即表示零下多少摄氏度。其他比较常用的温度单位还有华氏温度和绝对温度，它们之间的换算关系为

$$摄氏温度=（华氏温度-32）\times 5\div 9$$

$$华氏温度=32+摄氏温度\times 9\div 5$$

$$绝对温度=273+摄氏温度$$

2. 空气湿度

空气湿度是指空气中所含水汽量的多少或大气干湿的程度。空气中水汽量的多少，一方面与气温有关，气温越高，空气中所能包含的水汽也就越多；另一方面还与地表的水分有关，地表的水分越大，地面越潮湿，空气中的水汽相对也就越多。

表示空气湿度大小的方法很多，如绝对湿度、饱和湿度、相对湿度、露点等方法。

1）绝对湿度，是指单位容积的空气里实际所含的水汽量，一般以克为单位。温度对绝对湿度有着直接影响。一般情况下，温度越高，水汽蒸发得越多，绝对湿度就越大；相反，绝对湿度就越小。

2）饱和湿度，是表示在一定温度下，单位容积空气中所能容纳的水汽量的最大限度。如果超过这个限度，多余的水蒸气就会凝结，变成水滴。空气的饱和湿度不是固定不变的，它随着温度的变化而变化。温度越高，单位容积空气中所能容纳的水蒸气就越多，饱和湿度也就越大。

3）相对湿度，是指空气中实际含有的水蒸气量（绝对湿度）距离饱和状态（饱和湿度）程度的百分比，即在一定温度下，绝对湿度占饱和湿度的百分比数。相对湿度用百分率来表示，公式为

$$相对湿度=\frac{绝对湿度}{饱和湿度}\times 100\%$$

相对湿度越大，表示空气越潮湿；相对湿度越小，表示空气越干燥。

扫一扫：仓库内外温湿度变化

空气的绝对湿度、饱和湿度、相对湿度与温度之间有着相应的关系，温度如果发生了变化，则各种湿度也随之发生变化。在地表水分比较充沛的情况下，高温往往伴随着高湿。所以，越是在高温的情况下，越是应该注意防潮，防止热空气进入商品包装内部。因为一般来说，空气的温度越高，其所含饱和空气水汽量就越大，一旦冷却下来，就会形成较高的空气湿度，使商品受潮。当湿度和温度适宜时，真菌就会大量繁殖，从而使商品发霉。

4）露点。含有一定量水蒸气（绝对湿度）的空气，当温度下降到一定程度时，空气中所含的水蒸气就会达到饱和状态（饱和湿度）并开始液化成水，这种现象叫作结露。水蒸气开始液化成水时的温度叫作露点温度，简称露点。如果温度继续下降到露点以下，空气中超饱和的水蒸气就会在商品或其他物料的表面上凝结成水滴，此现象称为水池，俗称商品出汗。此外，风与空气中的温、湿度有着密切的关系，也是影响空气温、湿度变化的重要因素之一。

（二）仓库温、湿度的控制与调节

控制与调节仓库温、湿度，是商品养护中非常重要的日常性工作，是维护商品质量的重要措施。在商品储存过程中，要根据商品的特性和质量变化规律，合理安排储存场所，科学地运用密封、通风、吸湿等方法，正确地控制与调节仓库的温、湿度，以确保商品质量的安全。

1. 密封

密封就是利用绝热性与防潮性较好的材料，把商品尽可能地严密封闭起来，防止和减弱外界温、湿度对商品的影响，以达到安全储存的目的。密封措施是仓库温、湿度管理的基础。对库房采用密封，就能使库内温度处于相对稳定状态。如果能根据商品特性，做到合理得当，能收到防潮、防霉、防热、防冻、防锈和防老化等多方面的效果。

目前常用的密封材料有防潮纸、油毡纸、塑料薄膜、稻谷壳，还有纤维板、芦席、锯末、干草、河沙等。密封形式很多，主要有整库、整室、整垛、整柜、整件密封等。

为了保证商品在密封期间的质量安全，必须注意下列事项。

（1）密封商品的质量要求

密封前，要认真检查商品的质量和含水量是否正常，如果发现商品的含水量过高、生霉、生锈、虫蛀或有其他变质现象，要经过降湿、除霉、除锈、灭虫等处理，使商品质量恢复到正常，方可密封。

（2）密封时间的选择

要根据商品的性质来确定密封时间。怕潮、易霉的商品，宜在梅雨季节到来之前密封；怕热、易熔的商品，应在较阴凉的季节进行密封；怕冻商品，应在气温较高时进行密封；怕干裂的商品，应在温度较高、干燥期到来之前进行密封。

（3）密封后的商品检查

商品密封后，要定期进行检查。因为密封只是相对的密封，不能完全隔绝气候对商品的影响。在检查中，若发现商品和包装有异状，或温、湿度不适宜时，应及时采取措施予以补救，以保护商品质量的安全。

2. 通风

通风就是根据空气自然流动规律，有目的地使仓库内外空气交流，以达到调节库内空气温、湿度的目的。虽然利用通风调节库内温、湿度是简便易行的有效方法，但是通风时需要一定的条件，才能收到预期的效果，否则，可能适得其反。

仓库通风应按照商品的性质及其对温、湿度的不同要求，结合库内外温、湿度的对比情况，并参考风力、风向等，合理地选择通风时机进行通风，以维护商品质量的安全。

（1）通风降温

有些商品对温度要求比较严格，而对空气湿度要求则不大严格。例如，易挥发的过氧化氢、氨水等某些化工商品。这类怕热商品，在夏季，只要库外温度低于库内温度，就可以通风。

（2）通风升温

当库外温度高于库内温度时，可采用通风办法升温。怕冻或怕凝固的商品，可采用通风方法，调节库内温度。

（3）通风降湿

有的商品怕受潮（如五金商品），需要通风来降低库内的相对湿度。在通风降湿时，应先比较库房内外的绝对湿度的高低，然后对比相对湿度和温度的高低，一般只有当库外的绝对湿度低于库内时，才能通风降湿。但是库内外温、湿度变化情况比较复杂，通风前，必须认真分析研究，才能进行通风降湿。通风降湿的时机，一般有下面几种情况。

1）当库外空气的温度和相对湿度都低于库内时，可以通风。

2）库内外相对湿度很接近，库外温度低于库内时，也可以通风。

3）当库内外空气的温度很接近，而库外相对湿度较库内低时，也可以通风。

4）当库外温度和绝对湿度低于库内，库外相对湿度稍高于库内时，也能通风。

5）在其他情况下，一般不可通风降湿。

（4）通风降温、降湿

当库外温度、相对湿度和绝对湿度都低于库内时，才能通风，达到同时降温、降湿的目的。例如，储存皮革制品就需要同时降低温度和湿度。

（5）通风增湿

有些商品怕干（如竹木制品），可采用通风方法，增加相对湿度。当库外相对湿度高于库内相对湿度时可通风；当库外温度低于库内温度而相对湿度等于库内时，也可通风，随温度降低可提高库内相对湿度。

通风方法包括自然通风和机械通风两种：①自然通风就是利用库房内外的温差和气压差，开启库房的门、窗、通风口等，使库房内外的空气进行自然交换；②机械通风就是在库房的上部装设排风扇、库房下部装置送风扇，利用机械设备来加强库内、外空气的交换而通风。有的还在通风处装置空气过滤设备，以提高空气的洁净程度和降低空气的温度和湿度。此外，有部分商业储运公司应用先进的、科学的商品养护设备，如使用联动开关仓窗排风去湿装置，进行调温、调湿，速度快，效果较好。

3. 吸湿

吸湿是在梅雨季节或阴雨天，库内湿度过大，又不宜通风时，在密封条件下使用吸潮剂或机械来降低库内湿度的方法。

（1）吸潮剂吸湿

吸潮剂具有较强的吸湿性，能迅速吸收库内空气中的水分，从而降低相对湿度。吸潮剂有很多种，常用的有生石灰、氯化钙、硅胶。此外，还有分子筛、炉灰和木炭等吸潮剂。在使用各种吸潮剂降低库内湿度时，库房应尽可能严密封闭，否则，会降低吸湿效果。

（2）机械吸湿

使用空气去湿机吸湿，是一种利用机械吸湿来降低库内相对湿度的方法。

4. 气幕隔潮

气幕俗称“风帘”，是利用机械鼓风产生强气流，在库门口形成一道气流帘子，其风速大于库内外空气的流速，可以阻止库内外空气的自然交换，从而防止库外热潮空气进入库内。

5. 自动控制与调节温、湿度

光电自动控制设备，可以自动控制与调节库房的温、湿度，并自动做好记录。当库内温、湿度超过储品规定范围时，能自动报警、自动开启仓窗、自动开动去湿机、自动记录、自动调节库内的温、湿度。当库内温、湿度降到适宜条件时，又能自动停止去湿机工作，自动关闭通风窗。

二、仓库虫害与防治

（一）仓库虫害的类型及危害

仓库内害虫的防治，是商品保管的重要组成部分。

1. 仓库害虫的来源

仓库内害虫的来源为：①商品入库前已有害虫潜伏在商品之中；②商品包装材料内隐藏害虫；③运输工具带来害虫；④仓库内本身隐藏有害虫；⑤仓库环境不够清洁，库内杂物、垃圾等未及时清除干净，潜有并滋生害虫；⑥邻近仓间或邻近货垛储存的生虫商品，感染了没有生虫的仓间或商品；⑦储存地点的环境影响。

2. 仓库内害虫的特性

仓库内的害虫大多数来源于农作物，由于长期生活在仓库中，其生活习性逐渐改变，能适应仓库的环境而继续繁殖，并具有以下特性。

（1）适应性强

仓库害虫一般能耐热、耐寒、耐干、耐饥，并具有一定的抗药性。适宜仓库害虫生长繁殖的温度范围一般为18～35℃，仓库害虫在5～8月生长繁殖最为旺盛，一般能耐38～45℃的高温。在10℃以下，大多数仓库害虫停止发育，0℃左右处于休眠状态，但不易冻死。大多数仓库害虫能生活在含水量很少的物品中。

扫一扫：常见仓库害虫类型——白蚁

大部分仓库害虫能忍耐长时期的饥饿。例如，黑皮蠹能耐饥5年；花斑皮蠹的休眠幼虫能耐饥8年，体长7～8毫米的幼虫可缩小到2.5毫米，一旦复食很快就能长起来。

（2）食性广杂

仓库害虫的口器发达，便于咬食质地坚硬的食物，大多数仓库害虫具有多食或杂食性。

（3）繁殖力强

由于仓库环境气候变化小，天敌少，食物丰富，活动范围有限，雌雄相通机会多，所以仓库害虫繁殖力很强。

（4）活动隐蔽

大多数仓库害虫体型很小，体色较深，隐藏于阴暗角落或在商品中蛀成“隧道”而难以发现。

仓库害虫的种类很多，世界上已定名的有500多种。在我国已发现近200种仓库害虫，其中能危害商品的有60多种，能严重危害商品的有30多种。主要的仓库害虫有黑皮蠹、竹长蠹、烟草甲、锯谷蠹、袋衣蛾；衣鱼科的毛衣鱼；蛛甲科的裸体蛾甲、白斑蛾等；天牛科的星天牛、褐幽天牛；豆象科的各种豆象以及象虫科的玉米象等。

3. 常见易虫蛀商品

容易虫蛀的商品主要是一些由营养成分含量较高的动植物加工制成的商品，如毛丝织品、毛皮制品、竹藤制品、纸张及纸制品等。

（1）毛丝织品与毛皮制品

毛丝织品与毛皮制品含有多种蛋白质。常见危害这类商品的害虫，主要有各种皮蠹、织网衣蛾、袋衣蛾、毛毡衣绒、白斑蛛甲、裸体蛛甲、毛衣鱼等。此类害虫生长繁殖期是4～9月，其中以6～8月为盛。对温、湿度要求：温度为25～30℃；相对湿度为70%～90%。

（2）竹藤制品

竹藤制品含纤维素和糖分。常见蛀虫有竹长蠹、角胸长蠹、褐粉蠹和烟草甲等。竹藤蛀虫性喜温湿，怕光，一般在4～5月发现成虫，最适合生长繁殖的气温为28～30℃，相对湿度为70%～80%。

（3）纸张及纸制品

纸张及纸制品含纤维素和各种胶质、淀粉糊。常见的蛀虫有衣鱼与白蚁。此类蛀虫喜温湿、阴暗环境。仓库中如果有新鲜松木或胶料香味时，便容易诱集白蚁与衣鱼。危害严重季节：衣鱼在7～9月，白蚁一般在4～9月。

此外，常见虫蛀的商品还有烟叶和卷烟、干果等。这类商品含糖类、蛋白质、烟碱等物质，主要害虫有烟草甲和烟草粉螟等。干果糖分、淀粉及水分含量较高，蛀虫有锯谷盗、花斑皮蠹、玉米象、咖啡豆象、螟娥等。此类蛀虫生长繁殖的旺盛期在6～8月，最适合温度为28～30℃，相对湿度为70%～80%。

（二）仓库虫害的防治

商品中发现害虫如不及时采取措施进行杀灭，会造成严重损失。

1. 杜绝仓库害虫来源

要杜绝仓库害虫的来源和传播，必须做好以下几点。

1）商品原材料的杀虫、防虫处理。

2）入库商品的虫害检查和处理。

3）仓库的环境卫生及备品用具的卫生消毒。

2. 药物防治

使用各种化学杀虫剂，通过胃毒、触杀或熏蒸等作用杀灭害虫，是当前防治仓库害虫的主要措施。常用的防虫、杀虫药剂有以下几种。

（1）驱避剂

驱避剂的驱虫作用是利用易挥发并具有特殊气味和毒性的固体药物，使挥发出来的气体在商品周围经常保持一定的浓度，从而起到驱避毒杀仓库害虫的作用。常用驱避剂药物有精萘、对位二氯化苯、樟脑精（合成樟脑）等。

（2）杀虫剂

杀虫剂主要通过触杀、胃毒作用杀灭害虫。触杀剂和胃毒剂很多，常用于仓库及环境消毒的有敌敌畏、美曲膦酯等。

（3）熏蒸剂

杀虫剂的蒸汽通过害虫的气门及气管进入体内，从而引起害虫中毒死亡，称为熏蒸作用。具有熏蒸作用的杀虫剂称熏蒸剂。常用的有氯化苦、溴甲烷、磷化铝、环氧乙烷和硫黄等。熏蒸方法可根据商品数量多少，结合仓库建筑条件，酌情采用整库密封熏蒸、帐幕密封熏蒸、小室密封熏蒸和密封箱、密封缸熏蒸等形式。必须注意的是，上述几种熏蒸均系剧毒气体，使用时必须严格落实安全措施。

仓库害虫的防治方法，除了药物防治外，尚有高低温杀虫、缺氧防治、辐射防治及各种合成激素杀虫等。

三、商品的霉变、腐烂与防治

1. 商品霉变、腐烂的成因

商品的霉变、腐烂是指商品在某些微生物的作用下，发生霉变、腐烂和腐败发臭等质量变化的现象。

由于糖类、蛋白质、油脂和有机酸等物质是微生物生长繁殖所必需的营养物质，因此凡是生物（如植物的根、茎、叶、花、果及其制品，动物的皮、毛、骨、肌体、脏器及其制品）在适宜于菌类生长的条件下，都易发生霉变。矿产品、金属商品其本身虽不会发霉，但若沾染污垢或有以生物为原料制成的附件、配件，则在一定条件下也可能发生霉变。一般仓库中，容易生霉的商品有棉麻、纸张等含纤维素较多的商品；鞋帽、纸绢制品（含糨糊、浆料）等含淀粉的商品；皮毛、皮革、丝毛织物等含蛋白质较多的轻纺工业商品；鱼、肉、蛋、乳及制品等含蛋白质较多的食品商品；烟、酒、糖、茶、干鲜果菜等含多种有机物质的商品。

霉腐微生物的生存必须有一定的外界条件，因此我们要用科学的方法保管商品，从而使霉腐微生物得不到适宜的生存条件。商品霉变、腐烂的原因有以下几个方面。

（1）水分和空气湿度

当湿度与霉腐微生物自身的要求相适应时，霉腐微生物就会繁殖、生长；反之，则处于休眠状态或死亡状态。试验证明，只有当空气相对湿度达到75%以上时，多数商品的含水量才可能引起霉腐微生物的生长繁殖，因而通常把相对湿度75%叫作商品霉腐临界湿度。但是水果、蔬菜等本身含水较多的食品对湿度要求比一般商品高，储存的适宜湿度一般应为85%～90%。

（2）温度

根据微生物对温度的适应能力，可将其分为低温性微生物、中温性微生物和高温性微生物。每一类型的微生物对温度的要求又分为最低生长温度、最适生长温度和最高生长温度，超过这个范围其生长就会滞缓或停止。具体要求如表6.3所示。

表6.3　各类微生物对温度的要求

单位：℃

类型	最低限	最适温度	最高限
低温性微生物	0	5～10	20～30
中温性微生物	5	25～37	45～50
高温性微生物	30	50～60	70～80

在霉腐微生物中，大多是中温性微生物，最适宜的生长温度为20～30℃，在10℃以下不易生长，在45℃以上停止生长。由此可以看出，高温和低温对霉腐微生物生长都有很大的影响。研究表明，低温对霉腐微生物的生命活动有抑制作用，能使其休眠或死亡；高温能破坏菌体细胞的组织和酶的活动，使蛋白质发生凝固作用，使其失去活动能力甚至死亡。酵母菌在50～60℃时，5分钟就会死亡；许多细菌在60℃条件下，10分钟就会死亡；而个别细菌具有耐寒性，如鱼类的腐败菌，有的在－7℃的条件下仍然可以生长。

（3）光线

日光对大多数微生物的生长都有影响。大多数霉腐微生物经日光直射1～4小时便能大部分死亡，所以商品大都是在阴暗的地方才容易霉腐。日光的杀菌作用主要依靠日光中的紫外线强烈破坏菌细胞和酶。例如，一般微生物在紫外线灯下照射3～5分钟就会死亡。

（4）溶液浓度

大多数微生物都不能在浓度很高的溶液中生长，因为浓度高的溶液能使菌细胞脱水，造成质壁分离，使其失去活动能力甚至死亡。例如，能使蛋白质腐败的细菌在10%～15%的食盐溶液中多数不能生长；能引起食物中毒的霉腐微生物在6%～9%的食盐溶液中也不能生存；多数霉腐微生物在60%～80%的糖溶液中也不能生存。因此，盐腌和蜜饯食品一般不易腐烂。但也有少数微生物对浓度高的溶液有抵抗能力，如蜜酵母能引起蜜饯食品的变质；嗜盐的盐锯杆菌能使盐腌食品腐败。

（5）空气成分

多数霉腐微生物，特别是真菌，要在有氧条件下才能正常生长，否则不能形成孢子。提高二氧化碳的浓度能抑制微生物的生长，例如，改变商品储存环境的空气成分，使二氧化碳的浓度逐渐提高，使氧逐渐减少，那么微生物的生命活动就会受到限制，甚至导致死亡。真菌中的某些青霉和毛霉，当空气中的二氧化碳浓度达到20%时，死亡率能达到50%～70%，而当二氧化碳的浓度达到50%时则会全部死亡。

2. 商品霉变、腐烂的防治

扫一扫：商品霉变、腐烂防治管理

（1）温防霉腐

1）冷却法：又称冷藏法，是使贮存温度控制在0～10℃的低温防霉腐方法。例如，蔬菜、糕点等。但在此低温下，低温性霉腐微生物仍能繁殖，因此，采用冷却法的食品贮存期不宜过长。

2）冷冻法：使贮存温度控制在-18℃的低温防霉腐方法。先将食品进行深冷速冻处理，使食品深层温度达到-10℃左右时，再移至-18℃温度下贮存。这时，所有霉腐微生物都停止繁殖，长时间的冷冻还能造成部分微生物死亡。因此，采用冷冻法适宜长期贮存生鲜动物食品。

（2）干燥防霉腐

干燥防霉腐是通过脱水干燥，使商品的水分含量在安全贮存水分之下，以抵制霉腐微生物的生命活动而达到商品防霉腐目的的一种养护方法。按照脱水手段的不同，分为自然干燥法和人工干燥法。

1）自然干燥法是利用阳光、风等自然因素，对商品进行日晒、风吹、阴凉而使商品脱水的干燥方法。此法简单易行，成本低廉，常用于粮食、食品等商品的贮存。

2）人工干燥法是利用热风、直火、远红外线、微波、真空等手段使商品干燥的方法。此法需要一定的设备、技术和较大的能量消耗，成本较高，主要用于食品的贮存。

（3）缺氧气调防霉腐

根据好氧微生物需氧代谢的特性，通过调节密封环境中气体的组成成分来抵制霉腐微生物的生理活动、酶的活性和减弱鲜活食品的呼吸强度，以达到食品防霉变、防腐烂和保鲜的目的。

按照设备条件的不同，缺氧气调防霉腐分为自发气调法和机械气调法。自发气调法又称普通气调法，是利用鲜活食品本身的呼吸作用来降低塑料薄膜帐幕内氧的含量，提高二氧化碳浓度，起到气调的作用。机械气调法是在密封库或密封垛内，利用二氧化碳或氮气发生器等设备，填充二氧化碳或氮气、排出空气的气调方法。

（4）药剂防霉腐

利用化学药剂使霉腐微生物的细胞和新陈代谢活动受到抑制或破坏，从而达到抑制或杀灭微生物、防止商品霉腐目的的一种防霉腐方法。选用药剂，应考虑低毒、高效、无副作用、价廉等原则，同时还应考虑对人体健康有无影响、对环境有无污染等。

（5）辐射防霉腐

辐射防霉腐主要用于鲜活食品贮存，是利用同位素钴 60 与铯 137 放射出的穿透力很强的射线辐射状照射食品，以杀灭食品商品上的微生物，破坏酶的活性，抑制鲜活食品的生理活动，从而达到防酶腐目的的一种贮存养护方法。但使用此方法存在食品色泽变暗，有轻微异味等问题。

扫一扫：高分子商品防老化

第三节　金属锈蚀防治

由于周围介质的化学作用或电化学作用，而使金属发生的损坏称为金属的腐蚀。金属在大气中的腐蚀，习惯上称为锈蚀或生锈。

在储存保管着大量的金属材料、金属制品、机车车辆配件、机械设备等的场所，金属锈蚀的现象大量、普遍地存在着，金属锈蚀造成的损失是惊人的。据统计，每年因腐蚀而损耗的金属占全年金属总产量的 10%，而每年由于腐蚀而报废的金属材料和设备，相当于金属年产量的 1/3。

知识拓展

金属腐蚀的危害表现在以下几个方面。

1）重大的经济损失（如停产损失、产品损失、效率损失、产品污染、过度设计）。

2）灾难性重大事故（如有毒物质的泄漏，造成环境污染，危及人民健康）。

3）资源与能源的巨大浪费。

4）阻碍科技进步，延缓生产发展。

一、金属锈蚀的成因

金属腐蚀按其发生的机理不同，可分为化学腐蚀和电化学腐蚀。

1. 化学腐蚀

化学腐蚀是指金属在干燥气体或非电解液的作用下，与某些物质直接发生化学作用所引起的腐蚀现象，如高温下金属的氧化。

2. 电化学腐蚀

电化学腐蚀是指具有不同电极电位的金属互相接触，在电解质溶液存在的情况下，电极电位低的金属（比较活泼的金属）作为阳极，电极电位高的金属作为阴极，两极之间产生电流而引起的金属腐蚀现象。发生电化学腐蚀需要3个基本条件：一是不同金属之间（或同一金属的各部分之间）存在电极电位差；二是具有不同电极电位差的金属处于互相接触之中；三是该金属表面有电解质溶液存在。

电化学腐蚀可分为大气腐蚀、海水腐蚀、土壤腐蚀等。在物资仓库发生的腐蚀主要是大气腐蚀，即金属在潮湿空气中发生的腐蚀。

在同样的条件下，各种金属的耐蚀性不同，这主要取决于各种金属的内在因素，如金属的化学成分、组织结构、理化性质、表面状态、应力状态等。

二、影响金属锈蚀的因素

金属的电化学腐蚀主要是在外界因素的影响和作用下发生的。影响金属腐蚀的外界因素主要有湿度、温度、大气、灰尘等。

1. 湿度

湿度，这里是指空气的相对湿度。相对湿度大，表明大气中的水汽接近饱和程度，容易在金属材料表面凝结成水膜。水膜的厚度与大气的相对湿度有直接关系，只有相对湿度超过临界湿度时，金属表面形成的水膜才能满足电化学腐蚀过程的需要。一般金属锈蚀的临界湿度在65%左右，但如果金属表面有灰尘及有害气体，就会降低其临界湿度。当相对湿度小于65%时，一般来说金属就不会受到腐蚀。金属腐蚀的快慢与水膜的厚度有关，当水膜厚度增至1微米左右时，腐蚀速度最快；当水膜厚度继续增加时，腐蚀速度反而减慢。

2. 温度

空气温度对金属腐蚀也有一定的影响。美国腐蚀专家威廉·H.艾罗尔（William H. Ailor）对影响金属腐蚀速度的相对湿度和温度，做了大量实验，提出了布鲁克斯（Brooks）公式，即

$$A=\frac{H-65}{10}\cdot 1.054^{t}$$

式中，A为金属腐蚀的劣化度；H为空气的相对湿度（%）；t为空气的温度（℃）。

从上式可以看出，当空气的相对湿度小于65%时，（$H-65$）为负值，温度t对劣化度A

不产生影响；当空气的相对湿度大于65%时，温度升高，则金属劣化度按1.054^t的倍数增长；常数$\frac{1}{10}$为A值的调整系数，它使A值保持在两位数之间，不宜过大，也不宜过小。

分析布鲁克斯公式可知，金属腐蚀速度K与（$H-65$）成正比，与1.054^t成正比，所以K与A成正比。

此外，温度对金属腐蚀的影响还表现在：当气温骤然降低时，很可能达到露点温度，使金属表面结露形成水淞，从而加速金属腐蚀。例如，在昼夜温差较大的情况下，往往造成库内外比较大的温差，如果在这种情况下打开库门，冷空气进入库内，就容易出现结露现象；若库内取暖突然中断，或者冬季库外的金属材料或设备移入取暖库内，由于温度的骤变，都可能会出现结露现象，这对物资保管是很不利的。

3. 大气

大气中的氧、二氧化硫、二氧化碳、二氧化氮、氯化氢等气体，都会加速金属的电化学腐蚀。

4. 灰尘及盐雾

空气中除含有各种气体外，还含有多种固体或液体微粒，其成分也很复杂，主要包括沙尘、烟尘、有机及无机粉尘、盐的微粒等。沙尘落在金属表面，有吸附水分的作用，作为水汽凝结核，能减弱水珠凝聚时的表面张力，促使水膜形成或加厚。

三、金属防锈

金属防锈就是根据金属锈蚀的内因和外因，积极采取相应的有效措施，防止或减缓金属的锈蚀。前已述及，由于金属锈蚀主要是由电化学腐蚀而引起的，所以金属防锈主要是破坏形成电化学腐蚀的条件，抑制电化学腐蚀的进行。

1. 金属锈蚀的一般措施

金属防锈就是根据金属锈蚀的内因和外因，积极采取相应的有效措施，防止或减缓金属的锈蚀。在物资仓库里，由于对影响金属锈蚀的内在因素无法改变和控制，所以只能根据影响金属锈蚀的外界因素采取相应的措施，具体措施主要有以下几个方面。

（1）防水防潮，保持干燥

在露天存放的金属材料和设备，做好下垫上苫；存入料棚的金属材料应主要防止漏雨和渗雨；金属库房应保持干燥，其相对湿度应控制在临界湿度以下，为此可综合采用通风、密封、吸湿等方法。

（2）避免库内温度的急剧变化

库内温度的变化直接影响空气的饱和湿度，如果库内温度骤然下降，就有可能出现结露现象。另外，在冬季，库外的金属材料或设备，应选择库内外温差小的时机入库，否则温度很低的金属材料入库后与温度比较高的空气接触，有可能出现结露现象。对于有包装的仪器设备，入库后可先放置一段时间，待设备的温度与库内气温相接近时，再进行拆装。

（3）尽量避免有害气体的影响

有害气体对金属锈蚀影响较大。有害气体主要是指工业废气，所以城市内的物资仓库应采取一些措施，减小其危害程度。例如，物资仓库特别是露天料场，应与产生工业废气的工厂、车间、铁路干线、锅炉房、浴池等保持一定的距离；库房应具有较好的密封性；物资保管场所应处于有害气体源的上风向等。

（4）防尘除尘，搞好卫生

金属材料上的灰尘，也会加速金属的锈蚀，所以无论是库房、料棚、料场的存料都应注意防尘和除尘。防尘主要是通过对物资进行苫盖和密封，而除尘则应使用除尘器。此外，应使物资仓库远离储灰场、储煤场和储沙场；仓库范围内应硬化地面和绿化库区，防止起尘；库区内不应堆放垃圾及杂物，以保持库区的清洁卫生。

（5）文明装卸，防止机械损伤

新出厂的金属材料，特别是新轧制的钢材表面都有一层氧化膜，有一定的防护作用。有些金属材料及制品，出厂前已经进行了表面钝化处理，有较好的防腐蚀性能。这些金属材料或制品在装卸、搬运过程中，应注意文明装卸，保护其防护膜不受损坏。

2. 喷涂缓蚀防护层

从金属腐蚀的原理可知，金属腐蚀主要是电化学腐蚀，而电化学腐蚀直接与周围的环境有关。为了破坏电化学腐蚀的条件，可在金属表面喷涂缓蚀防护层，它可以将金属与大气在某种程度上隔离起来，起到防腐蚀的作用。常用的防护层有防锈油脂、气相缓蚀剂、可剥性塑料等。常用的金属防锈方法有以下几种。

（1）涂油防锈

涂油防锈是在金属表面喷涂一层具有缓蚀作用的防锈油脂，对金属起到保护作用。一般要求防锈油脂具有较好的缓蚀能力，对金属有良好的附着力，成膜完整、致密、均匀、牢固，油膜应有一定的强度、稳定性和防水性，防锈油应易喷涂、易清除、无毒害。

防锈油脂分软膜和硬膜两类。软膜防锈油脂是在一般矿物油中加入油溶性缓蚀剂和某些改性添加剂。常用的矿物油有工业凡士林、锭子油、汽缸油、机械油等；油溶性缓蚀剂基本上是高分子有机极性化合物，如羧酸及其皂类（硬脂酸铝、环烷酸锌等）、磺酸盐及含硫的有机化合物（如石油磺酸钡、石油磺酸钙、石油磺酸钠等）、有机磷酸盐及羊毛脂等；最常用的是石油磺酸钡、硬脂酸铝、环烷酸锌、羊毛脂等；改性添加剂包括稳定剂、稠化剂、防霉剂、助溶剂等。

已经锈蚀的金属材料及制品，在涂油前必须彻底除锈。因为金属表面的锈层是粉状或片状的铁锈，与防锈油脂不易结合在一起，因此只有在无锈和干燥的情况下方可涂油，否则不能形成完整牢固的油膜，起不到防锈的作用。

（2）气相防锈

气相防锈是利用挥发性的固体物质——气相缓蚀剂在金属制品周围挥发出缓蚀气体来阻隔腐蚀介质的腐蚀作用，从而达到防锈的目的。气相缓蚀剂应具备下列条件：①具有适宜的挥发性和扩散能力；②具有良好的化学稳定性，在使用时不因光、热等因素的作用而变质；③在水中或有机溶剂中有一定的溶解度；④有良好的缓蚀防锈能力；⑤无严重毒害性。

气相缓蚀剂的种类很多，主要是无机酸或有机酸的胺盐、酯类、硝基化合物及其胺盐、杂环化合物等。气相缓蚀剂的共同特点是，其化合物分子结构中，与水作用时能分离出具有缓蚀作用的基团，在常温下具有一定的挥发性。

使用气相缓蚀剂时，应根据不同的情况，采取不同的方法，常用的方法有粉末法、载体法、溶液法和气相薄膜法。

1）粉末法是指将气相缓蚀剂粉末均匀撒在金属表面上或装入具有透气性的布袋或纸袋中，放在被保护金属的周围；也可将粉末压成片剂，置于包装袋或箱内。缓蚀剂距离金属制品不能超过其作用有效半径（一般为 30 厘米），其用量应根据缓蚀剂种类、性能、包装条件及封存期的长短来确定。一般情况下，每立方米的包装容积需要缓蚀剂 0.5～1 克。此外，还需考虑漏损量和保险系数。

2）载体法是指将气相防锈剂溶解于水或有机溶剂中，然后浸涂在载体上。载体可以是纸或布，使用最多的是纸，这种纸称为气相防锈纸。用气相防锈纸包装金属制品或仪器、仪表，外层再用密封材料密封包装，可以达到较好的防锈效果。

3）溶液法是指将气相缓蚀剂溶于水或有机溶剂中，生成一定浓度的溶液，直接喷洒在被防护金属的表面上，然后用蜡纸或塑料袋密封包装；也可将缓蚀剂溶液喷洒在包装箱内壁或缓冲材料上，然后将整个包装箱密封。

4）气相薄膜法是指将含有气相缓蚀剂的黏合剂涂于聚丙烯等合成树脂的薄膜上。使用气相薄膜封贴金属材料，可以长期防锈，必要时可随时剥除，不影响加工性能。

气相防锈是一种比较新的防锈方法，最近几年发展较快，特别适用于体积小、要求高、形状和结构复杂的金属制品及仪器、仪表的防锈。因为气相防锈是靠挥发的气体起作用，而气体能充满整个包装或容器的每一个角落、缝隙，所以对任何部位都能发挥作用。此外，气相防锈不需要喷涂油膜，不影响被保护金属的外观和使用。

气相防锈方法简便，效果好，有效期长，但必须保持密封状态，否则会影响防锈效果，缩短有效时间。

（3）可剥性塑料防锈

可剥性塑料是以塑料为成膜物质，配以增塑剂、稳定剂、缓蚀剂等物质组成的防锈涂料。其特点是形成的塑料膜并不与金属制品结合在一起，而是处于互不粘连的状态，很容易剥掉。

可剥性塑料可分为热熔型和溶剂型两大类，其差别在于成膜物质和使用方法不同。热熔型可剥性塑料的成膜物质是乙基纤维素或醋酸丁酸纤维素，使用时加热熔化，浸涂被防护制品，待冷却后即在金属表面形成一层透明薄膜。溶剂型可剥性塑料的成膜物质是聚氯乙烯、过氯乙烯、聚乙烯、聚苯乙烯等，使用时将其和其他添加剂溶解于有机溶剂中，形成有机溶液，在常温下即可使用，浸涂金属制品后溶剂挥发，制品表面便形成一层防护膜，起到隔离防锈的作用。

使用可剥性塑料防锈对各种金属制品都有良好的防锈效果，而且防锈期长，不但适用于小件制品的封存，对大型设备的保护也非常适用。因此，可剥性塑料防锈是一种很有发展前途的防锈方法。

四、金属除锈

金属材料及制品的锈蚀是很难完全避免的，它也有一个从量变到质变的过程。金属开始生锈时表面出现黄色或红色粉末，称为轻锈或浮锈，很容易除掉，而且对材料质地影响也不大。随着锈蚀的继续进行，部分氧化膜脱落，出现部分红褐色或淡赭色锈斑，这种锈斑只有用钢丝刷才能除掉，清除后表面粗糙，甚至留有锈痕，这时称为中锈或迹锈。若任其继续锈蚀，则会形成片状褐色松脆的锈层，锈层剥离后，金属表面会出现麻坑，严重影响材质，这时称为重锈或层锈。

金属除锈的方法可分为物理方法和化学方法两种。

1. 物理方法

物理方法除锈是指利用机械摩擦除去锈层的方法，又分为人工除锈法和机械除锈法两种。

（1）人工除锈法

人工除锈法也称手工除锈法，是指人工使用钢丝刷、铜丝刷、砂纸、砂布等打磨锈蚀物表面而除掉锈层的方法。对于比较粗糙的钢铁制品，可使用钢丝刷或粗砂布、粗砂纸打磨；一般精度的金属制品及零件，可用软铜刷或细砂布（纸）打磨；表面有镀层或经过抛光的金属制品，可用纱布蘸抛光膏、去污粉等打磨。

（2）机械除锈法

机械除锈法是指利用专用的机械设备进行除锈的方法，如旋转摩擦轮除锈法、滚筒除锈法和喷砂除锈法等。

1）旋转摩擦轮除锈法是利用电动机带动摩擦轮旋转，使被除锈对象与轮缘接触，靠摩擦力将锈蚀物除掉。采用此方法时，应根据不同情况选用相应的摩擦轮，对于严重锈蚀的非加工面，可使用砂轮除锈；一般大中型钢材可采用钢丝轮或铜丝轮除锈；对锈蚀不太严重的中小型钢材或管材，可使用棕轮或布轮除锈；对表面有镀层或经抛光的金属条材或管材，可利用布轮加抛光膏除锈。这种方法适用于形状简单的各种条材、板材和管材的除锈。对于大型钢材，可采用摩擦轮移动除锈。

2）滚筒除锈法是利用一个木制或钢制的六棱或八棱的带轴滚筒，将滚筒安装在木架或钢架上，由电动机驱动滚筒旋转，把需要除锈的对象放入筒中，并加入一定数量的干锯末或碳酸钙细粉，依靠锈蚀对象之间的相互撞击、摩擦除掉锈层。这种除锈方法设备简单，操作方便，效率高，适用于体积小、形状简单、表面精度要求不高的金属制品，如钉栓、螺母等。

3）喷砂除锈法是利用压缩空气将石英砂通过喷嘴喷射到预先经过干燥的金属材料表面，依靠一定粒度的砂粒对锈蚀对象表面的锈层进行冲击、摩擦，从而去掉锈层。这种除锈方法需要的主要设备是空气压缩机。它适用于大批量、形状比较复杂的大型钢材和大型配件的除锈，如螺纹钢、工字钢、车钩等。喷砂除锈的优点是效率高，成本低；缺点是会产生大量的沙尘，劳动条件差，但若用钢砂代替石英砂则能克服上述缺点，并能进一步提高效率。此外，还可以采用湿式喷射法，即将细砂与水混合成泥浆状，用高压空气进行喷射。

2. 化学方法

扫一扫：化学危险品养护

化学方法除锈是指利用酸或碱与金属表面锈蚀产物发生化学反应，从而将锈蚀产物溶解、除掉的方法。目前采用最广泛的化学除锈法是酸洗法，它主要依靠酸与金属锈蚀产物发生化学作用，使不溶性的锈蚀产物变成可溶性物质，脱离金属表面溶入溶液中，进而达到除锈的目的。

酸洗除锈液主要由无机酸和缓蚀剂（或钝化剂）配制而成。常用的无机酸有硫酸、盐酸、硝酸、磷酸、氯氟酸等。盐酸溶解锈蚀产物的能力最强；硫酸生成的氢气机械作用大，适用于钢铁的除锈；磷酸与盐酸、硫酸相比，除锈能力较差，但腐蚀性弱，能在钢铁表面生成磷酸铁盐的不溶性薄膜，有一定的防锈作用；硝酸和氯氟酸多用于铝制品等有色金属的除锈。

第四节　食 品 保 藏

食品是指各种供人食用或饮用的成品和原料，以及按照传统既是食品又是药品的物品，但不包括以治疗为目的的物品。该定义包括了食品和食物的所有内容，第一部分是指加工后的食物，即供人食用或饮用的成品；第二部分是指通过种植、饲养、捕捞、狩猎获得的食物，即食品原料；第三部分是指食药两用物品，即食品和药品的动植物原料，但不包括药品。食品保藏是为防止食物腐败变质，延长其食用期限，使食品能长期保存所采取的加工处理措施。

一、食品变质的原因

1. 微生物引起的变质

微生物的繁殖引起的食品腐败变质，其中微生物是引起食品腐败变质的主要因素。它的变质机理是：腐败微生物常以蛋白质作为构成其本体的可塑材料，又作为摄取能量的来源。鱼、肉、乳等食品，在腐败微生物（微生物分泌的酶）的作用下，复杂的高分子物质逐渐分解为低分子物质，并产生异常气味，改变原来的色泽及形态，同时产生有毒物质。

2. 酶引起的变质

由食品内部酶的作用引起的食品腐败变质。食品内部常含有脂肪酶、蛋白酶、淀粉酶、多酚氧化酶及过氧化物酶等，这些酶的作用会加速食品的代谢，促使食品逐渐变质，如肉的后熟过程，苹果、马铃薯削皮后放于空气中的褐变。酶促褐变的机理主要是：蘑菇、薯类、水果等在发生机械性损伤时（如削皮、切开、压伤、虫咬等）时，会发生霉促褐变。在完全健全的水果组织中，所含有的酚质氧化与还原。可说同步进行，保持平衡状态，当水果硌伤或去皮后，水果组织就失去了这种平衡，即氧化多而还原少，于是发生醌的聚合，生成一种黑色物质，也叫根皮鞣红。水果组织与空气接触的时间越长，变色越深。

3. 氧化反应引起的变质

由空气中氧的作用引起的食品腐败变质，如油脂的氧化酸败、维生素的氧化变质、色素的氧化变色等，天然油脂在空气中自发进行氧化作用，发生酸臭和口味变苦的现象，称为酸败（或称哈败），原因是脂肪中不饱和酸被空气中的氧徐徐氧化，生成过氧化物，过氧化物继续分解产生低级的醛和羧酸，这些物质使脂肪产生令人不快嗅觉和味觉。它的变质机理是，不饱和酸可被空气中的氧徐徐氧化，这种氧化通常称为自动氧化。油脂，尤其是含有大量不饱和酸的油脂易被氧化，而随着氧化的进行，营养价值下降，最后产生毒性。人体摄取酸败油脂会引起腹痛、腹泻、呕吐等急性中毒症状，若长期微量摄取，会引起肝硬化、动脉硬化等症。

扫一扫：食品保藏方法

二、食品保藏方法分类

食品保藏方法众多，不同的食品及不同的应用需求可以采用不同保藏方法。食品保藏方法分类如表 6.4 所示。

表 6.4　食品保藏方法分类

维持食品最低生命活动的保藏方法	特点：①有生命的生物体都具有天然的免疫性以抵御微生物入侵；②采收后的新鲜果蔬仍进行着生命活动 ；③因已脱离植株，不再有营养供应，因此化学反应是只分解不合成；④生命活动越旺盛，物质分解越迅速 方法：①低温冷藏（0～5℃）能抑制果蔬呼吸作用和酶的活力，延缓贮存物质的分解；②保持恒湿，能减少水分蒸发；③适当流通空气，及时排除呼吸产物（乙烯），可降低成熟速度 关键：靠保持自身免疫性。包括：①抵御微生物的入侵；②延缓腐败变质，延长保质期；③降低成熟速度
抑制生命活动的保藏方法	特点：①在某些物理和化学因素的影响下，食品中的酶和微生物活动受到抑制，延缓腐败变质；②条件一旦消失，酶和微生物的活动迅速恢复；③暂时性保藏方法 方法：冷冻保藏，高渗透压保藏（如干制、腌制、糖渍） 关键：抑制酶和微生物的活力
利用生物技术（发酵原理）的保藏方法	特点：培养有益微生物，建立能抑制腐败菌生长新条件 方法：乳酸发酵，醋酸和酒精发酵，抑制腐败菌生长。具体包括：①发酵的主要产物酸和酒精是抑制腐败菌生长的有效物质；②腌制果蔬时常用 3%～7%盐液浓度配合，目的是抑制腐败菌生长，进行乳酸发酵；③乳酸浓度达 0.6%～0.8%时，就足以抑制腐败菌和酶的活动 关键：设置条件培养有益菌抑制腐败菌
利用无菌原理保藏的方法	特点：将食品中腐败菌数减少到能长期贮藏所允许的最低程度，并保持，以免贮藏期内变质 方法：利用热处理、微波、照射、过滤等方法杀菌灭酶 关键：无菌、密封和防止再污染是保证食品长期贮藏的技术关键

知识拓展

HACCP 体系是 Hazard Analysis Critical Control Point 的英文缩写，表示危害分析的临界控制点。HACCP 体系是国际上共同认可和接受的食品安全保证体系，主要是对食品中微生物、化学和物理危害进行安全控制。联合国粮农组织和世界卫生组织在20世纪80年代后期开始大力推荐这一食品安全管理体系。开展HACCP体系的领域包括饮用牛乳、奶油、发酵乳、乳酸菌饮料、奶酪、生面条类、豆腐、鱼肉火腿、蛋制品、沙拉类、脱水菜、调味品、蛋黄酱、盒饭、冻虾、罐头、牛肉食品、糕点类、清凉饮料、机械分割肉、盐干肉、冻蔬菜、蜂蜜、水果汁、蔬菜汁、动物饲料等。我国食品和水产界较早引进HACCP体系。2002年我国正式启动对HACCP体系认证机构的认可试点工作。目前，在HACCP体系推广应用较好的国家，大部分是强制性推行采用HACCP体系。

本章小结

商品在库储存过程中发生质量变化的内外因素很多，所以要加强在库商品的养护管理。做好温、湿度管理，防虫防霉以及特种商品的养护。

本章主要介绍了商品在库质量变化的类型、影响因素；一般商品养护方法，包括温湿度控制与调节、虫害防治、霉变腐烂防治等；特殊商品的养护，包括金属锈蚀防治和食品保藏等。

商品养护是保证贮存商品质量完好和数量完整、有效延长商品安全贮存期限和流通时间的重要手段，是直接降低商品流通费用、充分实现商品价值、满足人们日益增长的物质文化需要的一项重要工作。

案例分析

德国的食品保鲜

在德国，食品、农产品的保鲜非常讲究科学性和合理性。无论是肉类、鱼类，还是蔬菜、水果，从产地或加工厂到销售点，只要进入流通领域，这些食品就始终在一个符合产品保质要求的冷藏链的通道中运行。而且这些保鲜通道都是由电脑控制的全自动设备，如冷藏保鲜库全部采用风冷式，风机在电脑的控制下调节库温，使叶菜类在这种冷藏环境中能存放2～5天。

对香蕉产品，则有一整套完全自动化的后熟系统，香蕉从非洲通过船舶和铁路运到批发市场时是半熟的，批发市场则要根据客户、零售商的订货需要进行后熟处理。在这套温控后熟设备中，除了温度控制外，还可使用气体催熟剂，使后熟控制在3～7天，具体时间完全掌握在批发商的手中。

在瓜果蔬菜方面，只要是块类不易压坏的均用小网袋包装，对易损坏产品则用透气性良好的硬纸箱包装。叶菜类一般平行堆放在箱内，少量的产品则采用盒装，而且包装盒都具有良好的透气性。对肉类则通过冷冻、真空和充气等包装形式保鲜。在肉类制品加工上，原料肉每500公斤装入一个大冷藏真空包装袋后再装入塑料周转箱内，到了超市或零售店后则改用切片真空包装或充气包装。

案例解析

食品的保鲜能保持其固有的色、香、味、形及营养成分，以保证其食用价值。德国食品的保鲜技术与方法非常科学、合理，其科学性与合理性主要体现在两个方面：一是运用现代科学技术控制外部环境因素，二是进行合理的包装。

练　习　题

一、选择题

1．下述商品质量变化属于物理变化的是（　　）。
A．挥发　　B．风化
C．熔化　　D．发芽　　E．溶化

2．下述食品保藏方法属于维持食品最低生命活动的保藏方法的是（　　）。
A．低温冷藏　　B．保温
C．冷冻　　D．干藏　　E．发酵

二、填空题

1．商品质量变化的类型有__________、__________、__________等。

2．影响商品质量变化的外界因素有__________，__________，__________和有害气体的影响，微生物及虫鼠害的侵害，卫生条件。

3．表示空气湿度大小的方法有__________，__________，__________和露点等。

4．影响金属锈蚀的因素有温度、湿度、__________和__________。

三、简答题

1．商品在物流过程中会发生哪些变化？
2．控制和调节仓库温、湿度的方法有哪些？
3．在库商品的质量变化受哪些环境条件的影响？
4．仓库如何防虫？
5．金属如何防锈？

练习题答案

第七章 库存管理

学习目标

- 了解库存与库存管理的内容。
- 了解库存管理的主要方法。
- 了解供应链下库存管理方法。
- 掌握定量与定期订货法、ABC分析法、MRP库存控制法和JIT库存控制法。

Spices改善库存控制

Spices是美国一家已有110年历史的中等规模的调味品、提取物、蛋糕材料、沙司材料及色拉调料生产商，其产品销售渠道有超市、杂货店、食品外卖店等。该公司在印第安纳波利斯市有一个工厂，专门从事制造，产品经过印第安纳波利斯市和丹佛市的两间库房中转销往10个州。

Spices的员工发现，无论何时，持有库存差不多都价值20万美元，理想的库存价值应该接近8万美元。同时，即使库存水平很高，各种细项也会产生经常性的缺货。陈列品库存量太多与有效库存不足的矛盾成为改善库存控制的重要原因。

针对以上问题，Spices在库存管理上采取了以下措施。

1）进行库房检查。所有的库房每年都进行两次检查，采用实地计数的方式。同时，工作人员每周五去印第安纳波利斯市的库房，检查耐用品的库存情况。然后，他为各种细项计算相应的再订货点。再订货点记录在卡片上，同时记录的还有产品与供应商信息。如果某细项达到了再订货点，订单就会发放出去。

2）确定耐用品的库存。耐用品库存包括75种不同型号的陈列品，有木制的、金属的、塑料的。产品与陈列品的迅速变化意味着库存中既有最近设计的新样品，也有出于替换目的的旧样品。供应商们的提前期一般是金属产品8周，木制或塑料产品4周。

（资料来源：张庆英. 2013. 物流案例分析与实践. 2版. 北京：电子工业出版社.）

第一节 库存与库存管理

一、库存

库存（lnventory）是指为了满足未来需要而暂时闲置的资源，如原材料、半成品、成品、机器、人才、技术等。资源的闲置就是库存，与这种资源是否存放在仓库中没有关系，与资源是否处于运动状态也没有关系。生产过程库存如图 7.1 所示。

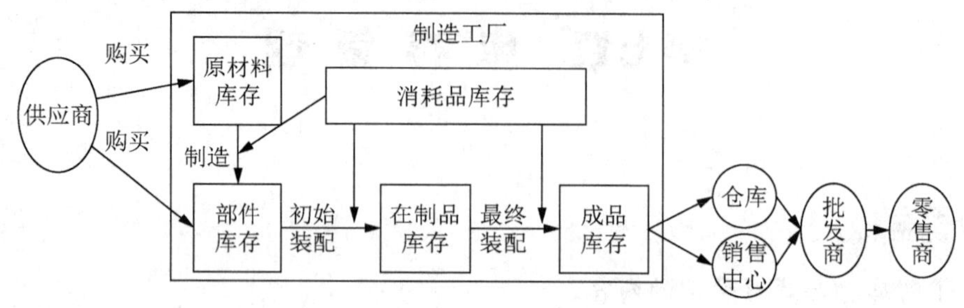

图 7.1　生产过程库存

1. *库存的分类*

按照不同的分类标准，库存可分为以下几种。

（1）按生产过程分类

1）原材料库存，是指企业已经购买，但尚未投入生产过程的存货。

2）在制品库存，是指经过部分加工，但尚未完成的半成品存货。

3）产成品库存，是指已经制造完成并等待装运发出的存货。

（2）按库存所处状态分类

1）在库库存，指存储在企业仓库中的库存，是存货的主要形式。

2）在途库存，指生产地和储存地之间的库存。这些物资或者正在运载工具上，处于运输状态；或者在中途临时储存地，暂时处于待运状态。如果运输距离长，运输速度慢，在途库存甚至可能超过在库库存。

（3）按存货目的分类

1）经常库存：也叫周转库存，是为了满足两次进货期间市场的平均需求或生产经营的需要而储存的货物。存货量受市场平均需求、生产批量、运输中的经济批量、资金和仓储空间、订货周期、货物特征等多种因素的影响。

2）安全库存：为防止需求波动或订货周期的不确定而储存的货物。安全库存与市场需求特性、订货周期的稳定性密切相关。市场需求波动越小或需求预测准确，订货周期确定，所需的安全库存越少。如果企业能对市场作出完全准确的预测，订货周期固定，就可以不必保有这部分库存。

3）促销库存：在企业促销活动期间，一般会出现销售量一定幅度的增长，为满足这类预期需求而建立的库存。

4）投机性库存：以投机为目的而储存的物资。对一些原材料，如铜、黄金等，企业购买并储存的目的常常不是为了经营，而是为了作价格投机。

5）季节性库存：为满足具有季节性特征的需要而建立的库存，如水果等农产品、空调、冬季取暖用煤、夏季防汛物资。

2. *库存的两面性*

从理论上讲，库存属于闲置的资源，不但不会创造价值，反而会因占用资源而增加企业的成本，本身是一种浪费。从现实看，库存不可避免，因为不具备彻底消除库存的条件，所以又要求保持合理水平的库存，以保证生产的正常进行。库存的作用和弊端如表 7.1 所示。

表 7.1　库存的作用和弊端

作用	弊端
① 缩短订货提前期：直接从库存中订货 ② 稳定作用：外部需求不稳定，内部生产又要求平衡，可以通过维持一部分库存 ③ 分摊订货费用：成批进货虽然占库存但便宜；批量加工可以分摊设备调整费用 ④ 防止短缺：防止原材料的短缺 ⑤ 防止中断：前工序发生故障，后工序可继续生产	① 库存提高了经营成本：库存是积压的资金，并以物的形式存在，无产出，影响资金周转；增加了仓库管理等诸多费用；产生不必要的搬运、堆积、防护、寻找等浪费动作；物品的价值衰减，变成呆料、废料 ② 库存掩盖了企业的问题：计划不周、采购不力、生产不均衡、产品质量不稳定及市场销售不力等

库存对市场的发展、企业的正常运作与发展起了非常重要的作用。传统的库存管理把提高库存作为解决生产过程中出现问题的首选，“治标不治本”，越来越大的库存不仅会带来更大的浪费，而且使生产过程的固有缺陷被掩盖得越来越深，生产系统变得越来越脆弱，埋下严重隐患。因为库存有这么多弊端，才有越来越多的企业去追求“零库存”。

**知识拓展**

零库存，是指物料（包括原材料、半成品和产成品等）在采购、生产、销售、配送等一个或几个经营环节中，不以仓库存储的形式存在，而均是处于周转的状态。零库存（zero inventory）可追溯到 20 世纪六七十年代，当时的日本丰田汽车公司实行准时制（JIT：just in time）生产，在管理手段上采用了看板管理，以单元化生产等技术实行拉式生产（pull Manufacturing），以实现在生产过程中基本没有积压的原材料和半成品。这种前者按后者需求生产的制造流程不但大大地降低了生产过程中库存和资金的积压，而且在实现 JIT 的这个过程中，也相应地提高了相当于生产活动的管理效率。零库存的关键不在于适当不适当，这和是否拥有库存没有关系，问题的关键在于产品是存储还是周转的状态。

二、库存管理

1. 库存管理的定义

库存管理也称为库存控制，是指对制造业或服务业生产、经营全过程的各种物品、产成品以及其他资源进行管理和控制，使其储备保持在经济合理的水平上，是企业根据外界对库存的要求与订购的特点，预测、计划和执行一种库存的行为，并对这种行为进行控制。它的重点在于确定如何订货、订购多少、何时订货等问题。如果库存多，占用资金就多，利息负担也会加重。但是，如果过分降低库存，则会加大短缺成本，造成货源短缺。

对库存控制不当会导致库存的不足或剩余。库存不足将会错过销货机会，失去销售额，甚至失去客户；反之，库存过剩则会加大库存的持有成本。库存管理应基于两个方面考虑：一是用户服务水平，即在正确的地点、正确的时间有足够数量的合适商品；另一个则是订货成本与库存持有成本的关系。

2. 库存管理的内容

从供应链整体来看，传统交易习惯导致的不必要库存给企业增加了持有成本，而这些成本最终将反映在销售给客户的产品价格上，从而降低顾客的满意度。因此，对整个物流范围进行库存管理不仅可以降低库存水平，从而减少资金积压和库存持有成本，而且还可以提高客户的满意度。

随着物流业的发展和供应链的形成，企业间的关系已从过去建立在客户交易基础上的关系向基于共同利益的协作伙伴型关系转变，先进的库存管理方法和技术的出现也使供应链各个经营者间交换信息、协调进行库存管理成为可能。

库存管理的目标是在现实的资源（资金、仓库面积、供应者政策等）约束下满足订货需要而又使库存成本达到最低。因此，库存管理就是将物品的库存维持在预期库存水平上的一套管理技术。它的核心是如何确定这个预期的库存水平，以及如何经济而有效地维护这个库存水平。物品的库存量是在不断变动着的，因此只能用平均库存水平来代表库存量的多少。

扫一扫：与库存管理有关的费用

平均库存水平，在需求率一定时，是由进货批量的大小，或进货次数的多少决定的。如图 7.2 所示，当进货批量大，因而进货次数少时，平均库存水平高，即库存量大；当进货批量小，因而进货次数多时，平均库存水平低，即库存量小。当然，在实际生产销售中，需求率不可能固定不变，不过，在一段较短的时间内，只要需求零星发生，即每日的耗用量与库存量相比不是很大时，就可以近似地看成需求均匀变化而用来计算平均库存水平的变化。根据以上分析，当需求速率一定时，可以通过对进货速率的控制来维持平均库存量。因此，库存管理主要应控制物品的进货批量和进货时间，具体来说，就是要做好以下决策。

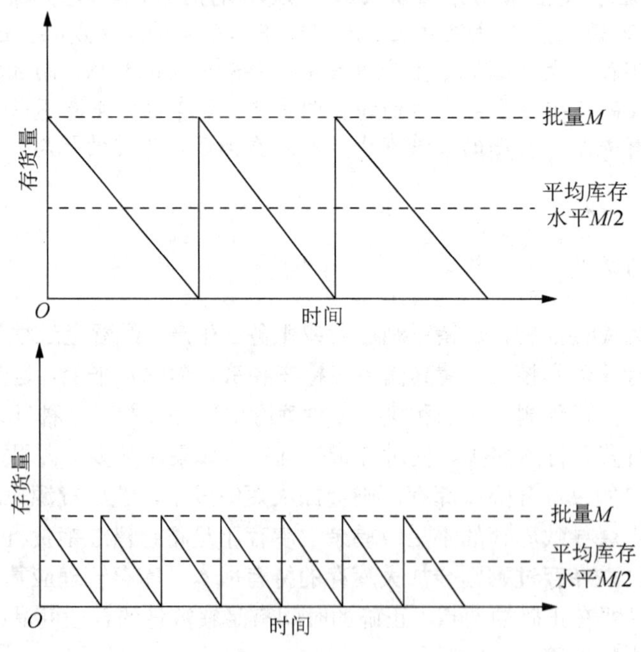

图 7.2 订货量变化对平均库存水平的影响

1）何时提出采购或生产？

2）每次应采购或生产多少？

3）应采用什么类型的库存控制系统来维护预期的库存决策？

3. 影响库存管理决策的因素

（1）需求的性质

需求性质的不同对库存管理有着决定性的影响。它们表现为以下几种情况。

1）需求确定或不确定：若需求是确定而已知的，则可只在需求发生时准备库存，库存的数量根据给定的计划确定；若需求是不确定的，则需要保持经常储备量，以供应随时发生的需求。

2）需求有规律变化或随机变动：需求虽有变动但其变动存在着规律性，如季节性变动，则有计划地根据变动规律，在旺季到来之前准备较多的库存储备以备销售增长的需要。若需求变动没有一定的规律，呈现为随机性变化，就需要设置经常性库存，甚至准备一定的保险储备量来预防突然发生的需求。

3）独立性需求或相关性需求：某种物品的需求与其他物品的需求互不相关或相互依赖。相关性需求一般根据某项相关需求计划直接推算该物品的供货数量和时间。独立性需求是企业所不能控制的，它们随机发生，只能用预测的方法而无法精确计算。在确定供货数量和时间上主要考虑成本上的经济性。本章讨论的库存物品主要是独立性需求的物品。

4）需求的可替代性：有些物品可由其他物品替代，它们的库存量就可以定得少些，万一发生缺货也能用替代品来满足需要。对于没有替代品的物品，则必须保持较多的库存才能保证预期的供应需求。

（2）提前期

提前期是指从订购或下达生产指令时间开始，到物品入库的时间周期。提前期是确定订购的时间或下达生产指令时间的主要考虑因素。在库存控制中，都是根据库存量将要消耗完的时间，提前一个提前期提出订货，以避免在订货到达之前发生缺货。显然这与订单处理时间、物品在途时间以及该物品的日常用量有关。

（3）自制或外购

需要的物品是自制还是外购，也影响对库存的决策。若从外部采购，应着重从经济性（即节约成本）的要求来确定它们的供货数量和供货次数。若属于本厂自制，则不但要考虑成本的经济，还需要考虑生产能力的约束、生产各阶段的节奏性等因素来确定供货的数量和时间

（4）服务水平

服务水平指的是由库存满足用户需求的百分比。如果库存能够满足全部用户的全部订货需要，则其服务水平为100%。若100次订货，只能满足90次，则服务水平为90%，相应地，这时的缺货概率为10%。服务水平一般是由企业领导部门根据经营的目标和战略而规定的。服务水平的高低影响到库存水平的选择。服务水平要求高，就需要较多的储备来保证。

第二节　库存管理方法

一、定量与定期订购法

（一）定量订货法

1. 定量订货法的原理

所谓定量订货方式，是指当库存量下降到预定的最低库存数量（订货点）时，按规定数量（一般以经济批量 EOQ 为标准）进行订货补充的一种库存管理方式。如图 7.3 所示，当库存量下降到订货点 Q_K（也称为再订货点）时，马上按预先确定的订货量 Q 发出货物订单，经过订货提前期（LT），收到订货，库存数量上升。采用定量订货法需要确定两个参数：一个是订货点，即订货点库存量；一个是订货数量，即经济批量 EOQ。

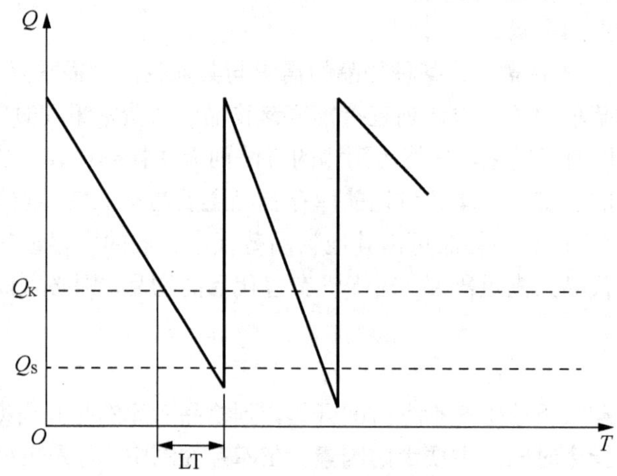

图 7.3　定量订货法

2. 定量订货法参数的确定

扫一扫：经济订货批量模型

（1）影响订货点的因素

影响订货点的因素有订货提前期、平均需求量和安全库存（Q_S）。根据这 3 个因素就可以简单地确定订货点。

在需求和订货提前期确定的情况下，不需设置安全库存，订货点由下式确定：

$$订货点=订货提前期（天）\times 全年需求量\div 360$$

即

$$R=\mathrm{LT}\times D\div 360$$

在需求和订货提前期都不确定的情况下需要设置安全库存，可采用下式确定，即

$$订货点=（平均需求量\times 最大订货提前期）+安全库存$$

$$安全库存=安全系数\times\sqrt{最大订货提前期\times需求变动值}$$

式中，安全系数可根据缺货概率查表 7.2 得到；最大订货提前期是指超过正常的订货提前时间；需求变动值可以用下列两种方法计算得到。

表 7.2　安全系数表

缺货概率/%	30.6	27.4	24.2	21.2	18.4	15.9	13.6	11.5	9.7	8.1
安全系数	0.5	0.6	0.7	0.8	0.9	1.0	1.1	1.2	1.3	1.4
缺货概率/%	6.7	5.5	5.0	4.5	3.6	2.9	2.3	1.8	1.4	0.8
安全系数	1.5	1.6	1.65	1.7	1.8	1.9	2.0	2.1	2.2	2.3

第一种方法，在统计资料期数较少时，计算公式为

$$需求变动值=\sqrt{\sum(Y_i-\overline{Y})^2/n}$$

式中，Y_i 为各期需求量的实际值；$\overline{Y}$ 为各期需求量实际均值。

第二种方法，在统计资料期数较多的情况下，计算公式为

$$需求变动值=\frac{R}{d_2}$$

式中，R 为全距，即资料中最大需求量与最小需求量的差；d_2 为随样本多少而变动的常数，可以查表 7.3 得到相应的值。

表 7.3　随资料期数而变动的 d_2 的值

n	2	3	4	5	6	7	8	9
d_2	1.128	1.693	2.059	2.326	2.534	2.704	2.847	2.970
$1/d_2$	0.8865	0.5907	0.4857	0.429 9	0.3946	0.3098	0.3512	0.3367
n	10	11	12	13	14	15	16	17
d_2	3.078	3.173	3.258	3.336	3.407	3.472	3.532	3.588
$1/d_2$	0.3249	0.3152	0.3069	0.299 8	0.2935	0.2880	0.2831	0.2787
n	18	19	20	21	22	23	24	
d_2	3.640	3.689	3.735	3.778	3.820	3.858	3.896	
$1/d_2$	0.2747	0.2711	0.2677	0.2647	0.2618	0.2592	0.2567	

（2）经济批量

在定量订货中，对每一个具体的商品而言，每次订货批量都是相同的，所以对每种商品都要制定一个订货批量，通常是以经济批量来确定订货批量。所谓经济批量，就是使库存总成本达到最低的订货数量，它可通过平衡订货成本和持有成本两方面得到。总费用公式为

$$\mathrm{TC}=\frac{Q}{2}\times C_{\mathrm{H}}+\frac{D}{Q}\times C_{\mathrm{S}}$$

经济订货批量要使得总成本最小，所以对上式中 Q 求导，令导数等于零。

$$Q^{*}=\sqrt{\frac{2DC_{\mathrm{S}}}{C_{\mathrm{H}}}}$$

式中，Q 为每次订货量；D 为年需求量；C_H 为单位存货成本；C_S 为订货成本；Q^* 为经济订货批量（EOQ）。

3. 定量订货法的优缺点

（1）定量订货法的优点

1）手续简单，管理方便。控制参数一经确定，则实际操作就变得非常简单。实际中经常采用“双堆法”来处理。所谓双堆法，就是将某商品库存分为两堆，一堆为经济库存，另一堆为订货点库存，当消耗完订货点库存就开始订货，并使用经济库存，不断重复操作。这样，可减少经济库存盘点的次数，方便可靠。

2）当订货量确定后，商品的验收、入库、保管和出库业务可以利用现有规格化器具和计算方式，有效地节约搬运、包装等方面的作业量。

3）能充分发挥经济批量的作用，可降低库存成本，节约费用，提高经济效益。

（2）定量订货法的缺点

1）物资储备量控制不够严格

2）要随时掌握库存动态，严格控制安全库存和订货点库存，占用了一定的人力和物力。

3）订货模式灵活性小。

4）订货时间难以预先确定，对于人员、奖金、工作业务的计划安排不利。

5）受单一订货的限制，不适应实行多品种联合订货的方式。

（二）定期订货法

1. 定期订货法的原理

定期订货法是按预先确定的订货时间间隔进行订货补充库存的一种管理方法。企业根据过去的经验或经营目标预先确定一个订货间隔期间，例如，每间隔三天订货一次，或每间隔一个月订货一次，而每次订货数量根据实际需要都有所不同。因此，定期订货法是一种基于时间的订货控制方法，它通过设定订货周期和最高库存量来达到库存量控制的目的。只要订货间隔期和最高库存量控制合理，就能实现既保障需求、合理存货，又可以节省库存费用的目标。

定期订货法的原理是：预先确定一个订货周期和最高库存量，周期性地检查库存，根据最高库存量、实际库存、在途订货量和待出库商品数量，计算出每次订货量，发出订货指令，组织订货。

图 7.4 表示的是定期订货法一般情况下的库存量变化：$R_1 \neq R_2 \neq R_3$，$T_{K1} \neq T_{K2} \neq T_{K3}$。在第一个周期，库存以 R_0 的速率下降，因预先确定了订货周期 T_{K1}，也就是规定了订货的时间，到了订货时间，不论库存还有多少，都要发出订货，所以当到了第一次订货的时间即库存下降到 A 点时，检查库存，求出实际库存量 Q_{K1}，结合在途货物和待出货物，发出一个订货批量 Q_1，使名义库存上升到 Q_m，然后进入第二周期；经过 T 时间再次检查库存得到此时的库存量 Q_{K2}，并发出一个订货批量 Q_2，使名义库存又回到 Q_m。

采用定期订货法来保证库存需求与定量订货法不同。定量订货法是以订货期提前来满足需求的，其控制参数 Q（订货量）是用于满足订货提前期内库存的需求。而定期订货法是以整个订货提前周期内的库存需求，即从本次发出订货指令到下次订货到达即 $T+T_K$ 这一期间的库存需求为目的。由于在 $T+T_K$ 期间的库存需求量是随机变化的，因此根据 $T+T_K$ 期间的库存需求量确定的 Q_m（最高库存量）也是随机变量，它包括 $T+T_K$ 期间的库存平均需求量和防止需求波动或不确定因素而设置的 Q_S（安全库存）。因此，定期订货法的实施需要解决订货周期、最高库存量和每次订货批量 3 个参数。

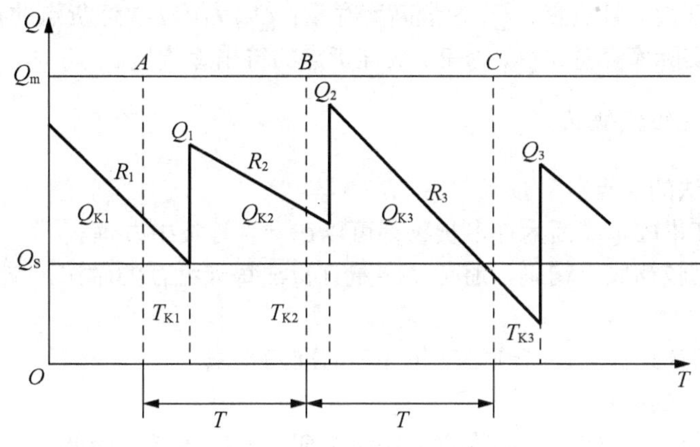

图 7.4　定期订货法

2. 定期订货法的控制参数

（1）订货周期的确定

订货周期实际上就是定期订货的订货点，其间隔时间总是相等的。订货间隔期的长短直接决定最高库存量的大小，即库存水平的高低，从而也决定了库存成本的多少。所以，订货周期不能太长，否则会使库存成本上升；也不能太短，太短会增加订货次数，使得订货费用增加，进而增加库存总成本。从费用角度出发，如果要使总费用达到最小，我们可以采用经济订货周期的方法来确定订货周期。其计算公式为

$$T=\sqrt{2S/C_iR}$$

式中，T 为经济订货周期；S 为单次订货成本；C_i 为单位商品年储存成本；R 为单位时间内库存商品需求量（销售量）。

在实际操作中，经常结合供应商的生产周期或供应周期来调整经济订货周期，从而确定一个合理可行的订货周期。当然也可以结合人们比较习惯的时间单位，如周、旬、月、季、年等来确定经济订货周期，从而与企业的生产计划、工作计划相吻合。

（2）最高库存量的确定

定期订货法的最高库存量是用以满足 $T+T_K$ 期间内的库存需求的，所以可以用 $T+T_K$ 期间的库存需求量为基础。考虑到随机发生的不确定的库存需求，再设置一定的安全库存，这样就可以简化地求出最高库存量了。其计算公式一般为

$$Q_m=\overline{Q}(T+T_K)+Q_S$$

式中，Q_m 为最高库存量；$\overline{Q}$ 为 $T+T_K$ 期间的库存需求量平均值；T 为订货周期；T_K 为平均订货提前期；Q_S 为安全库存量。

（3）订货量的确定

定期订货法每次的订货数量是不固定的，订货批量的多少都是由当时的实际库存量的大小决定的，考虑到订货点时的在途到货量和已发出出货指令但尚未出货的待出货数量，每次订货的订货量的计算公式为

$$Q_i=Q_m+Q_{Ni}-Q_{Ki}-Q_{Mi}$$

式中，Q_i为第 i 次订货的订货量；Q_m为最高库存量；Q_{Ni}为第 i 次订货点的在途到货量；Q_{Ki}为第 i 次订货点的实际库存量；Q_{Mi}为第 i 次订货点的待出库货量。

3. 定期订货法的优缺点

（1）定期订货法的优点

1）可以降低订货成本，因为许多货物都可以在一次订货中办理。

2）周期盘点比较彻底、精确，避免了定量订货法每天盘存的做法，减少了工作量，提高了工作效率。

3）库存管理的计划性强，有利于工作计划的准确实施。

（2）定期订货法的缺点

1）安全库存量设置的较大，因为它的保险周期 $T+T_K$ 较长，因此 $T+T_K$ 期间的需求量较大，需求标准偏差也较大，故需要较大的安全库存来保证库存需求。

2）每次订货的批量不固定，无法制定出经济订货批量，因而运营成本较高，经济性较差。只适合于 ABC 物资分类中 A 类，即重点物资的库存控制。

二、ABC 管理法

一般来说，企业的库存物资种类繁多，每个品种的价格与库存数量也不等，有的物资的品种不多，但价值很高；有的物资品种很多，但价值不高。由于企业的资源有限，对所有库存品种均给予相同程度的重视和管理是不可能的，也是不切实际的。所以，为了使有限的时间、资金、人力等企业资源能得到更有效的利用，应对库存物资进行分类，将管理的重点放在重要的库存物资上，进行分类管理，即依据库存物资重要程度的不同，分别进行管理，这就是 ABC 管理方法的基本思想。

所谓 ABC 管理法，也叫重点管理法，是以某类库存物资品种数占物资品种数的百分数和该类物资金额占库存物资总金额的百分数大小为标准，将库存物资分为 A、B、C 三类，进行分级管理。

1. ABC 管理法的基本原理

对企业库存（物料、在制品、产成品）按其重要程度、价值高低、资金占用或消耗数量等进行分类、排序，一般 A 类物资数目占全部库存物资的 10%左右，而其金额占总金额的 70%左右；B 类物资数目占全部库存物资的 20%左右，而其金额占总金额的 20%左右；C 类物资数目占全部库存物资的 70%左右，而其金额占总金额的 10%左右。这样就能分清主次，抓住重点，并分别采用不同的控制方法。ABC 管理法的要点是从中找出关键的少数（A 类）和次要的多数（B 类和 C 类），并对关键的少数进行重

扫一扫：ABC 管理法算例

点管理。

ABC 分类的标准是库存中各品种物资每年消耗的金额。该品种的年消耗量，乘以它的单价，即为每年消耗的金额。将年消耗金额高的划归 A 级，次高的划归 B 级，低的划归 C 级。具体划分标准及各级物资在总消耗金额中应占的比重并没有统一的规定，可以根据各企业、各仓库的库存品种的具体情况和企业经营者的意图来确定。

那么，如何确定 ABC 三种物资的区分标准呢？

第一，分析本仓库所存货物的特征，主要包括货物的价值、重要性以及保管要求上的差异等。

第二，搜集有关库存物资资料，确定每种库存物资在一定期间内的供应金额。

第三，按供应金额的大小顺序进行排序。供应金额最大的品种为第一位，以此类推。然后计算各品种的供应金额占总供应金额的百分比。

第四，按供应金额大小的品种序列计算供应额的累计百分比。把占总供应金额累计 70%左右的各种物资确定为 A 类；占总供应金额累计 20%左右的各种物资确定为 B 类；其余的各种物资确定为 C 类，如图 7.5 所示。

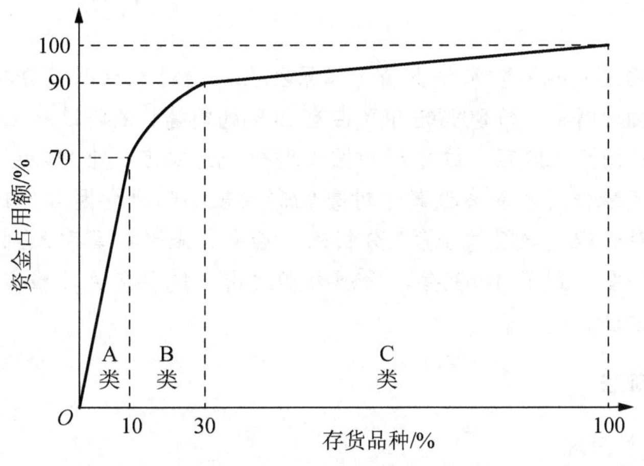

图 7.5 ABC 分类管理

2. ABC 分类库存管理

A 类库存物资是库存控制的重点，品种较少，价格较高，并且多为生产（经营）关键、常用物料。对 A 类的库存物资一般采用定期订货方式，随时检查库存情况，一旦库存量下降到一定水平（订货点），就要及时订货。一般可以从以下几个方面加强对 A 类库存物资的管理。

1）进货要勤。最好买了就用，用了再买。当然，能这样做的情况是很少的，绝大多数情况下，都是买进一批物资，保证一段时间的供给，然后再买。对 A 类物资来说，原则上应该尽可能降低一次进货的批量。

2）发料要勤。每次发料量应适当控制。减少发料批量，可以降低二级库的库存量，也可以避免以领代耗的情况出现。当然，每次发料的批量，应满足工作上的方便与需要。

3）与用户密切联系，及时了解用户需求的动向。企业要对自己的物资需求量进行分析，弄清楚哪些是日常需要，哪些是集中消耗。因为后者是大批量的冲击需求，应掌握其需求时间，需求时再进货，不要过早进货造成积压。要掌握生产或经营中的动态，了解需求量可能发生的变化，使库存量满足这种变化。同时，要与用户协同研究物资代用的可能，尽量降低物资的单价。

4）恰当选择安全系统，使安全库存量尽可能减少。对库存量变化要严密监视，当库存量降低到报警点时，要立即行动，采取预先考虑好的措施，将缺货成本控制为零。

5）与供应商密切联系。要提前了解合同执行情况、运输可能等。要协商各种紧急供货的互惠方法，包括经济上补贴的办法。

C 类库存物资由于库存品种多、价值低或年需用量较少，可按其库存总金额控制库存水平。对于 C 类物料，一般采用比较粗放的定量控制方式，可以采用较大的订货批量或经济订货批量进行订货。

B 类库存物资介于 A 类和 C 类物料之间，可采用定量订货方式为主、定期订货为辅的方式，并按经济订货批量进行订货。

阅读材料

在 18 世纪，意大利经济学家弗雷德·帕累托在一项对米兰财富分布的研究中，发现 20%的人控制了 80%的财富，而 80%的却只占有 20%的财富，他将这一关系用图表的方式表示出来，就是著名的帕累托定理。该分析的核心思想就是决定一个事物的众多因素中，少数因素对事物具有决定性作用，而多数属于对事物影响较小的次要因素。1951 年，管理学家戴克将其应用在库存管理，命名为 ABC 分析法。后来，朱兰将其引入到质量管理，用于质量分析，被称为排序图。到了 1963 年，管理大师波得·德鲁克将其推广到全社会，使其成为普遍使用的管理方法。

三、MRP 库存控制法

1. MRP 的基本原理

物料需求计划（material requirement planning，MRP）的基本原理是由主生产进度计划和主产品的层次结构逐层逐个地求出主产品所有零部件的出产时间、出产数量。其中，如果零部件是靠企业内部生产的，需要根据各自的生产时间长短来提前安排投产时间，形成零部件投产计划；如果零部件需要从企业外部采购，则要根据各自的订货前期来确定提前发出各自订货的时间、采购的数量，形成采购计划。切实按照这些投产计划进行生产和按照采购计划进行采购，就可以完成所有零部件的出产计划，从而不仅能够保证产品的交货期，而且能够降低原材料的库存，减少流动资金的占用。MRP 原理逻辑流程图如图 7.6 所示。

MRP 是根据主生产进度计划、主产品结构文件和产品库存文件而形成的，包含主生产计划、物料清单、库存文件 3 个输入文件，还有采购计划、生产计划两个输出文件。

主产品就是企业用以供应市场需求的产成品。例如，汽车制造厂生产的汽车，电视机厂生产的电视机，都是各自企业的主产品。

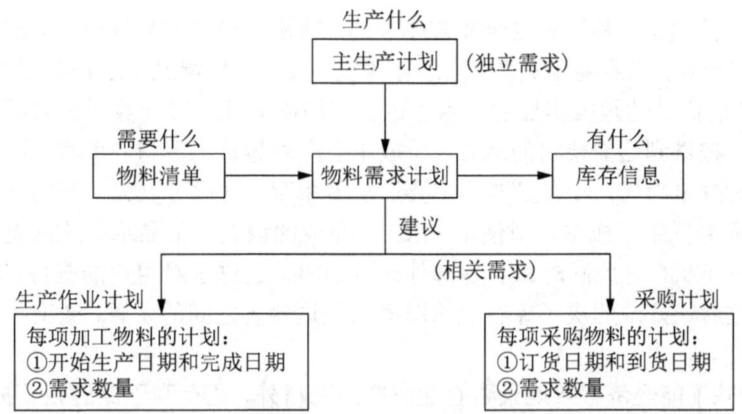

图 7.6 MRP 原理逻辑流程

主产品结构文件主要反映主产品的层次结构、所有零部件的结构关系和数量组成。根据这个文件，可以确定主产品及其各个零部件的需要数量、需要时间及其相互间的装配关系。

主生产进度计划，主要描述主产品及由其结构文件决定的零部件的出产进度。其数据有各时间段内的生产量、出产时间、出产数量或装配时间、装配数量等。

产品库存文件，包括主产品和其他所有的零部件的库存量、已订未到量和已分配但还没提走的数量。制订物料需求计划有一个指导思想，就是要尽可能地减少库存。产品优先从库存物资中供应，仓库中有的就不再安排生产和采购，仓库中有但数量不够的，只安排不够的那一部分数量投产或采购。

由物料需求计划确定再生产产品投产计划和产品采购计划，根据产品投产计划和采购计划组织物资的生产和采购，生产制造任务单和采购订货单交制造部门生产或交采购部门采购。

2. MRP 采购的特点

通过前面对 MRP 采购的介绍，我们不难发现 MRP 采购具有以下几个特点。

（1）需求的相关性

同订货点方法不同，MRP 采购是针对具有相关性需求物资的采购方法，其需求本身之间相关，需求和资源相关，需求的品种数量相关，需求时间也相关。

（2）需求的确定性

MRP 采购计划是根据主生产进度计划、主产品结构文件、库存文件和各个零部件的生产时间或订货进货时间精确计算出来的，其需要的时间、数量都是确切规定好的，而且不能够改变。

（3）计划的精细性

MRP 采购计划有充分的根据，从主产品到零部件，从需求数量到需求时间，从出产先后到装配关系都有明确的规定，无一遗漏或偏差。不折不扣地按照这个计划进行，能够保证主产品出产计划的如期实现。

扫一扫：MRP 计算步骤

（4）计算的复杂性

MRP 采购计划要根据主产品出产计划、主产品结构文件、库存文件、生产时间和采购时间把主产品的所有零部件的需要数量、需要时间、先后关系等准确计算出来，其计算量是非常庞大的。特别是当主产品复杂、零部件数量特别多时，如果用人工计算，简直望尘莫及。借助计算机，人们才使得这个工作有了进行的可能性。

MRP 采购的优越性是很明显的。由于进行了精确的计划和计算，使得所有需要采购的物资能够按时、按量到达需要它的地方，一般不会产生超量的原材料库存。事实上对于采购品，从经济订货批量考虑，没有必要一定要追求零库存，这样可以大大节约订货费用和各种手续费用，从而降低生产成本。对使用 MRP 的企业的调查结果显示，这些企业库存水平平均降低了 20%～40%，与此同时减少零部件缺货 80%；改进了对用户的服务，客户满意率可以达到 95%。这就很好地解决了库存量与服务水平这两者之间的矛盾，改变了以往那种两者不可兼得的局面。

MRP 采购除了能经济有效地采购企业所需的物料外，还有利于促进企业提高管理水平。因为实行 MRP 采购，必然是企业采用了 MRP 系统，而 MRP 系统输入的信息多、操作规范、时间观念强，这些都要求企业加强系统化、信息化、规范化管理，提高企业素质和管理水平。也正因为如此，加大了 MRP 采购管理工作的复杂程度的同时，不但加大了工作量，更重要的是工作要求也更为精确。

MRP、MRPⅡ、ERP 和 ERPⅡ之间的关系如图 7.7 所示。

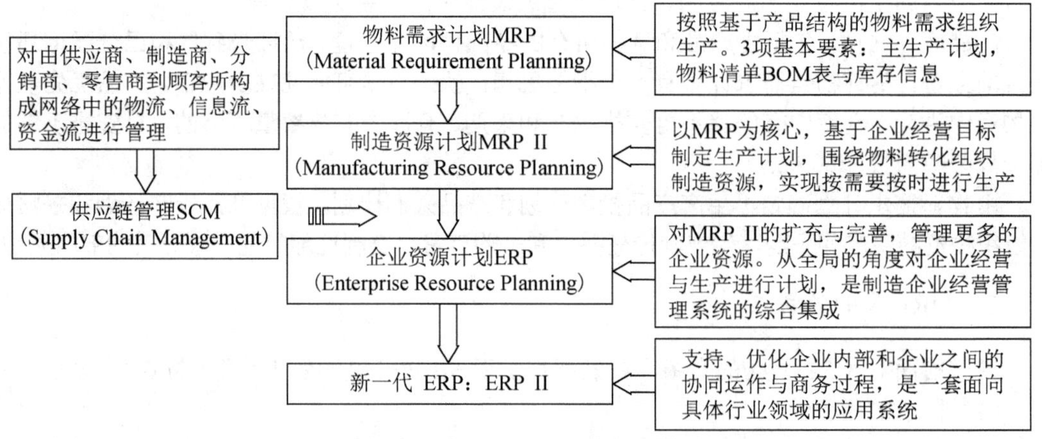

图 7.7　MRP、MRPⅡ、ERP 和 ERPⅡ之间的关系

知识拓展

制造资源计划（manufacturing resources planning，MRPⅡ）是指以物料需求计划 MRP 为核心的闭环生产计划与控制系统，它将 MRP 的信息共享程度扩大，使生产、销售、财务、采购、工程紧密结合在一起，共享有关数据，组成了一个全面生产管理的集成优化模式，即制造资源计划。

MRPⅡ系统实现了物流、信息流与资金流在企业管理方面的集成。

在 MRPⅡ中，一切制造资源，包括人工、物料、设备、能源、市场、资金、技术、空间、时间等，都被考虑进来。MRPⅡ的基本思想是基于企业经营目标制订生产计划，围绕物料转化组织制造资源，实现按需要按时进行生产。

MRPⅡ主要技术环节涉及经营规划、销售与运作计划、主生产计划、物料清单与物料需求计划、能力需求计划、车间作业管理、物料管理（库存管理与采购管理）、产品成本管理、财务管理等。

四、JIT 库存控制法

1. JIT 的原理

JIT（just in time）译为及时或准时，也有译为精练管理。它是 20 世纪 70 年代日本创造的一种库存管理和控制的现代管理思想，在日本丰田汽车公司得到广泛实施，并取得巨大的成效。

（1）JIT 平稳工作的条件

JIT 是一种倒拉式管理，即逆着生产工序，由顾客需求开始，订单—产成品—组件—配件—零件或原材料，最后到供应商。具体来说，就是企业根据顾客的订单组织生产，根据订单要求的产品数量，上道工序就应该提供相应数量的组件，更前一道工序就应该提供相应的配件，再前一道工序提供需要的零件或原材料，由供应商保证供应。整个生产是动态的，逐个向前逼近的。上道工序提供的正好是下道工序所需要的，且时间上正好，数量上正好。JIT 系统要求企业的供、产、销各环节紧密配合，因此大大降低了库存，从而降低了成本，提高了生产效率和效益。为保证 JIT 这种拉动过程的平稳工作，要求其全过程都要具有高水平的配合，要具备下列的条件。

1）完善的市场经济环境，信息技术发达。

2）可靠的供应商，按时、按质、按量地供应，通过电话、传真、网络即可完成采购。

3）生产区域的合理组织，制定符合逻辑、易于产品流动的生产线。

4）生产系统要有很强的灵活性，为改变产品品种而进行的生产设备调整时间接近于零。

5）要求平时注重设备维修、检修和保养，使设备失灵为零。

6）完善的质量保证体系，无返工，次品、不合格品为零。

7）人员生产高度集中，各类事故发生率为零。

（2）JIT 的特点

零库存和零缺陷是 JIT 生产追求的目标。JIT 认为，一家企业中所有的活动只有当需要进行的时候才进行，才不会造成浪费，它认为库存是万恶之源，库存将许多矛盾掩盖起来，使问题不被发现而得不到及时解决。杜绝浪费，只在需要的时候，按需要的量，生产所需要的产品，这是 JIT 的基本含义，也是它的基本思想。这种生产方式的核心是追求一种无库存的生产系统，或者库存达到最小的生产系统。总结一下，JIT 具有下列特点。

1）它把物流、商流、信息流合理组织到一起，成为一个高度统一、高度集中的整体。

2）体现了以市场为中心，以销定产，牢牢抓住市场的营销观念，而不是产品先生产出来再设法向外推销的销售观念。

3）生产活动组织严密，平滑顺畅，没有多余的库存，也没有多余的人员。

4）实现库存成本大幅度下降。

2. JIT 在库存管理中的应用

JIT 生产方式作为一种管理哲理和管理思想，在库存控制中主要应用在订货管理，即采购管理中形成一种先进的采购模式——准时化采购。它的基本思想是：在恰当的时间、恰当的地点，以恰当的数量、恰当的质量提供恰当的物品。JIT 采购不但可以减少库存，还可以加快库存周转，缩短提前期，提高进货质量，取得满意的交货效果等。

JIT 采购的特点主要有以下几点。

（1）采用少的供应商，甚至单源供应

从理论上看，采用单供应源比多供应源好，一方面，对供应商的管理方式既有利于供应商获得规模效益，也有利于降低采购成本；另一方面，有利于供需之间建立长期稳定的合作关系，供货质量上比较有保证。但是，单供应源也有风险，如供应商可能因意外原因中断交货以及供应商缺乏竞争意识等。同时，单源供应会使企业对供应商依赖过重，不能形成竞争性采购价格。

（2）对供应商的选择需要进行综合评价

传统采购模式中，供应商是通过价格竞争选择的，供应商与客户之间是短期的合作关系，当发现供应商不适合时可以通过市场竞标的方式重新选择供应商。但在 JIT 单源采购模式下，由于供应商和用户是长期合作关系，供应商的合作能力将影响企业的长期经济利益，因此对供应商的需求就比较高。在选择供应商时，需要对供应商进行综合的评估，在评价供应商时主要注重质量，而不是价格。当然，这种质量不但指产品质量，还包括工作质量、交货质量、技术质量等。

（3）密切进行信息交流，信息高度共享

JIT 采购要求供需双方的信息高度共享，保证供应与需求信息的准确性和实用性。由于双方的战略合作关系，企业生产计划、库存、质量等各方面的信息都可以及时进行交流，以便出现问题时能够及时处理。同时，现代信息技术的发展，为有效的信息交流提供了强有力的支持，信息交流变得方便、快捷、安全。

（4）交货时间要求严格

JIT 采购的一个重要特点是要求交货准时，这是实施精确生产的前提条件。交货准时取决于供应商的生产与运输条件。作为供应商来说，交货准时可以从几个方面着手：一方面，提高生产的可靠性和稳定性，减少延迟交货或误点现象。而作为准时化供应链的一部分，供应商同样可以采用 JIT 生产方式，以提高生产过程的准时性。另一方面，为提高交货准时性，运输问题不可忽视。在物流管理中，运输是一个重要的问题，它决定准时交货的可能性。特别是全球化的供应链系统，运输过程长，且要经过不同运输方式的衔接和中转，因而有效的运输计划和管理是准时运输的保证。

（5）采取小批量采购策略

小批量采购是 JIT 采购的一个基本特征。JIT 采购与传统采购模式的一个重要不同点在于 JIT 生产方式需要减少生产批量，因此采购的物资也应该是小批量的。从另一个角度来看，由于企业生产对原材料和外购件的需求是不确定的，而 JIT 采购又旨在消除原材料和外购件的库存，为保证准时、按质按量供应所需物资，小批量采购是必然的。当然，小批量采购会增加运输次数和成本，对供应商来说，这是有难度的事情，供应商在国外等远距离的情形下，实现准时化采购的难度就更大。解决的办法：可以采用混合运输、代理运输等方式，或尽可能使供应商靠近用户等。

3. JIT 采购的实施

扫一扫：实施 JIT 采购的八个步骤

实施 JIT 采购的关键在于以下几个方面。

1）看板管理是 JIT 采购最实用有效的手段。

2）选择最佳的供应商，并对供应商进行有效的管理是 JIT 采购成功的基石。

3）供应商与用户的紧密合作关系是 JIT 采购的金钥匙。

4）卓有成效的采购过程、严格的质量控制是 JIT 采购成功的保证。

第三节　供应链下库存管理

随着供应链的形成，企业间的关系由过去建立在客户交易基础上的关系向基于共同利益的合作伙伴关系转变，供应链各个经营者通过先进的库存管理方法和技术来交换信息，协调库存管理中可能出现的问题。

供应链环境下的库存控制不是简单的需求预测和补给，而是通过库存控制获得用户服务与利润的优化。供应链环境下的库存控制模式的最高境界是实现供应链的无缝连接，消除供应链企业之间的高库存现象。供应链管理模式赋予库存控制以下 4 个方面的新特点：

首先，供应链管理能够暴露出企业库存控制过程中的潜在问题和危机，加强库存控制程度。

其次，供应链管理可以有效地降低社会库存量，减少库存控制成本。供应链的形成，要求对组成供应链的各个环节作出优化，建立良好的协作关系，这种关系有利于促进产品快速流通，降低社会库存量，避免库存浪费和资金占用。

再次，供应链管理有利于企业从“库存实物控制”向“库存信息控制”的转变，实现信息化库存控制的目标。

最后，供应链管理确保了企业库存控制的柔性和快速反应能力。在供应链管理环境下，企业库存得到了优化，整个供应链中多余、呆滞的库存降到了最低点，面对市场需求的变化，企业可以迅速作出反应，调整产品或是改变策略，有效地规避了企业的经营风险。

阅读材料

牛鞭效应又称为“需求变异加速放大原理”，其基本思想是当供应链的各节点企业只根据来自其相邻的下级企业的需求信息进行生产或供应决策时，需求信息的不真实性会沿着供应链逆流而上，产生逐级放大的现象，达到最上游的供应商时，其获得的需求信息和实际消费市场中的顾客需求信息发生了很大的偏差，需求变异系数比分销商和零售商的需求变异系数大得多。由于这种需求放大效应的影响，上游供应商往往维持比下游供应商更高的库存水平。

针对供应链环境下库存控制特点，主要有以下几种库存控制策略。

一、供应商管理库存

供应商管理库存 （vendor managed inventory，VMI），是一种在用户和供应商之间的合作性策略，以对双方来说都是最低的成本优化产品的可获性，在一个相互同意的目标框架下由供应商管理库存，并且经常性监督和修正该目标框架以形成一种连续改进的环境。

1. VMI 的原则

1）合作精神（合作性原则）。在实施该策略中，相互信任与信息透明是很重要的，供应商和用户（零售商）都要有较好的合作精神，才能够相互保持较好的合作。

2）使双方成本最小（互惠原则）。VMI 不是关于成本如何分配或谁来支付的问题，而是关于减少成本的问题。通过该策略使双方的成本都获得减少。

3）框架协议（目标一致性原则）。双方都明白各自的责任，观念上达成一致的目标。如库存放在哪里、什么时候支付、是否要管理费、要花费多少等问题都要回答，并且体现在框架协议中。

4）连续改进原则。使供需双方能共享利益和消除浪费。

2. VMI 的主要特征

实施 VMI 策略，其主要特征如下：

1）管理责任和决策主体转移。用户的库存管理和费用由供应商承担。

2）销售活动延迟。由于用户（分销商、批发商）的库存由供应商管理，其所有权属于供应商，只有当存货被用户（分销商、批发商）使用时商品销售才真正实现。

扫一扫：VMI 案例

3）信息共享。供应商能够及时获取用户库存及需求信息，并负责对用户的产品需求进行预测分析。

3. VMI 的实施

实施 VMI 策略，首先要改变订单的处理方式，建立基于标准的托付订单处理模式。首先，供应商和批发商一起确定供应商的订单业务处理过程所需要的信息和库存控制参数，然后建立一种订单的标准处理模式，如 EDI 标准报文，最后把订货、交货和票据处理各个业务功能集成在供应商一边。对供应商来讲，库存状态是否透明是实施 VMI 的关键。供应商应能够随时跟踪和检查到销售商的库存状态，从而快速地响应市场的需求变化，对企业的生产（供应）状态作出相应的调整。为此，需要建立一种能够使供应商和用户（分销商或批发商）的库存信息系统透明连接的方法。供应商管理库存的策略可以分为以下几个步骤。

（1）建立顾客情报信息系统

要想有效地管理销售库存，供应商必须能够获得顾客的有关信息。通过建立顾客的信息库，供应商能够掌握需求变化的有关情况，把由批发商（分销商）进行的需求预测与分析功能集成到供应商的系统中来。

（2）建立销售网络管理系统

供应商要很好地管理库存，必须建立起完善的销售网络管理系统，保证自己的产品需求信息和物流畅通。为此，首先，必须保证自己产品条形码的可读性和唯一性；其次，要解决产品分类、编码的标准化问题；再次，要解决商品存储运输过程中的识别问题。目前已有许多企业开始采用 MRPⅡ系统或 ERP 系统，这些软件系统都集成了销售管理的功能。通过对这些功能的扩展，可以建立完善的销售网络管理系统。

（3）建立供应商与分销商（批发商）的合作框架协议

供应商和分销商（批发商）一起通过协商，确定处理订单的业务流程以及控制库存的有关参数（如再订货点、最低库存水平等）、库存信息的传递方式（如 EDI、Internet）等。

（4）组织机构的变革

对于 VMI 策略的实施，组织机构的变革很重要。因为 VMI 策略改变了供应商的组织模式，过去一般由会计、经理处理与用户有关的事情，引入 VMI 策略后，在订货部门产生了一个新的职能，即负责用户库存的控制、库存补给和提高服务水平。

一般来说，以下的情况适合实施 VMI 策略：零售商或批发商没有 IT 系统或基础设施来有效地管理他们的库存；制造商实力雄厚并且比零售商市场信息量大；有较高的直接存储交货水平，因而制造商能够有效地规划运输。

二、联合库存管理

联合库存管理（joint managed inventory，JMI）是一种在供应商管理库存的基础上发展起来，上游企业和下游企业权利责任平衡且风险共担的库存管理模式。JMI 体现了战略供应商联盟的新型企业合作关系，强调了供应链企业之间的互利合作关系。JMI 是解决供应链系统中由于各节点企业的相互独立库存运作模式导致的需求放大现象，是提高供应链同步化程度的一种有效方法。JMI 强调供应链中各个节点同时参与，共同制订库存计划，使供应链过程中的每个库存管理者都从相互之间的协调性角度进行考虑，使供应链各个节点之间的库存管理者对需求的预期保持一致，从而消除需求变异放大现象。

扫一扫：JMI 案例

任何相邻节点需求的确定都是供需双方协调的结果，库存管理不再是各自为政的独立运作过程，而是供需连接的纽带和协调中心。JMI 把供应链系统管理进一步集成为上游和下游两个协调管理中心，库存连接的供需双方从供应链整体的观念出发，同时参与、共同制订库存计划，实现供应链的同步化运作，进而部分地消除了由于供应链环节之间的不确定性和需求信息扭曲现象导致的供应链的库存波动。

1. JMI 的优势

（1）信息优势

信息是企业的一项重要资源，而缺乏信息沟通也是库存管理出现问题的主要原因。JMI 通过在上下游企业之间建立起一种战略性的合作伙伴关系，实现了企业间库存管理上的信息共享。这样，既保证供应链上游企业可以通过下游企业及时准确地获得市场需求信息，又可以使各个企业的一切活动都围绕着顾客需求的变化而开展。

（2）成本优势

JMI 实现了从分销商到制造商再到供应商之间在库存管理方面的一体化，可以让三方都能够实现准时采购（即在恰当的时间、恰当的地点，以恰当的数量和质量采购恰当的物品）。准时采购不仅可以减少库存，还可以加快库存周转，缩短订货和交货提前期，从而降低企业的采购成本。

（3）物流优势

在传统的库存管理中存在着各自为政的弊端，上下游企业之间都是各自管理自己的库存，这就不可避免地会出现需求预测扭曲现象，产生的“牛鞭效应”极大地降低了企业的运作效率并增加了企业的成本。JMI 则打破了传统的各自为政的库存管理局面，体现了供应链的一体化管理思想。JMI 强调各方的同时参与，共同制定库存计划，共同分担风险，能够有效地消除库存过高以及“牛鞭效应”。

（4）战略联盟的优势

JMI 的实施是以各方的充分信任与合作为基础展开的，JMI 要想顺利有效运行，对于分销商、制造商和供应商而言缺一不可，大家都是站在同一条船上。因此，JMI 的有效实施既加强了企业间的联系与合作，又保证了这种独特的由库存管理而带来的企业间的合作模式不会轻易地被竞争者模仿，为企业带来竞争优势。

2. JMI 的实施

（1）建立供应链协调管理机制

为了发挥联合库存管理的作用，供应链各方应建立供应链协调管理的机制，建立合作沟通的渠道，明确各自的责任，为联合库存管理提供有效的保证机制。只有管理机制协调，才能进行有效的库存管理。建立协调的管理机制，应从以下几个方面着手。

1）建立供应链共同目标。要建立联合库存管理模式，首先供应链各方必须本着互惠互利的原则，建立共同的合作目标。因此，要理解供需双方在市场目标中的共同之处和冲突点，通过协商形成共赢目标。

2）建立联合库存的协调控制方法。联合库存管理中心担负着协调供应链各方利益的角色，起到协调整个供应链的作用。联合库存管理中心需要确定库存优化的方法，包括库存如何在多个需求商之间调节与分配、库存的最大量和最低库存水平、安全库存的确定，需求的预测等。

3）建立利益的分配激励机制。要有效运行基于协调中心的库存管理，必须建立一种公平的利益分配制度，并对参与协调库存管理中心的各个作业、各级供应部门进行有效的激励，防止机会主义行为，增加协作性和协调性。

（2）建立信息沟通渠道

为了提高整个供应链需求信息的一致性和稳定性，减少由于多重预测导致的需求信息扭曲，应增加供应链各方对需求信息获得的及时性和透明性。整个供应链通过构建库存管理网络系统，使所有的供应链信息与供应处的管理信息同步，提高供应链各方的协作效率，降低成本，提高质量。为此，应建立一种信息沟通的渠道或系统，以保证需求信息在供应链中的畅通和准确。可以将条码技术、扫描技术、POS 系统和 EDI 集成起来，并且要充分利用 Internet 的优势，在供应链中建立畅通的信息沟通桥梁和联系纽带。

（3）发挥第三方物流系统的作用

为更好地实现联合库存，可借助第三方物流（third party logistics，TPL）。TPL 也称物流服务提供商，这是由供需双方以外的物流企业提供物流服务的业务模式，把库存管理部分功能代理给第三方物流公司，使企业更加集中于自己的核心业务，增加了供应链的敏捷性和协调性，提高了服务水平和运作效率。第三方物流系统起到了供应商和用户之间的桥梁作用，可以为企业提供很多好处。

（4）选择恰当的联合库存管理模式

1）集中库存模式，即各个供应商的零部件都直接存入核心企业的原材料库中，变各个供应商的分散库存为核心企业的集中库存。集中库存要求供应商要按核心企业的订单或订货看板组织生产，产品完成时，立即实行小批量、多批次的配送方式直接送到核心企业的仓库中补充库存。在这种模式下，库存管理的重点在于核心企业根据生产的需要，保持合理的库存量，既要满足需要，又要使库存总成本最低。

2）无库存模式，即供应商和核心企业都不设立库存，核心企业实行无库存的生产方式。供应商直接向核心企业的生产线上连续地、小批量地、多批次地补充货物，并与之实行同步生产和同步供货，从而实现在需要的时候把所需要的品种和数量的原材料送到需要的地点的操作模式。这种准时化供货模式，由于完全取消了库存，所以效率最高、成本最低。同时，这种模式对供应商和核心企业的运作标准化、配合程度、协作精神要求也高，对操作过程要求也高，而且两者的空间距离不能太远。

知识拓展

协同式供应链库存管理策略（collaborative planning forecasting & replenishment, CPER），是建立在 VMI 和 JMI 的最佳分级实践基础上，同时抛弃了二者缺乏供应链集成等主要缺点，能同时降低分销商的存货量，增加供应商的销售量。它应用一系列处理过程和技术模型，覆盖整个供应链合作过程，通过共同管理业务过程和共享信息来改善分销商和供应商的伙伴关系，提高预测的准确度，最终达到提高供应链效率、降低库存和提高客户满意度的目的。

本 章 小 结

库存管理是仓储管理中重要的内容，对物流企业进行库存管理，其实就是降低其成本。本章主要介绍了库存的定义、分类；库存管理的定义、内容及影响库存管理决策的因素。重点介绍了几种常用的库存管理方法，包括定量与定期订购法、ABC 库存管理法、MRP 库存控制法及 JIT 库存控制法。最后介绍了供应链下的库存管理，重点介绍了供应商管理库存和联合库存管理。

由于我国物流业发展还处于起步到成熟的阶段，整体的物流规划能力的经验尚不足，并且物流信息化程度不高，许多物流管理还是以人工管理，直接导致了仓储和库存成本居高不下。但从 20 世纪 60 年代以来企业信息化的趋势来看，物流企业的库存管理也需趋向于信息化、网络化和高度集成化，随着信息技术的高速发展和国外大型物流企业的纷纷涌入中国，作为现代企业的物流管理的核心部分——库存管理，也要适应时代的发展。

案例分析

“美特斯·邦威”的库存管理

“美特斯·邦威”（以下简称“美邦”）是美邦集团自主创立的本土休闲服品牌。美邦集团公司由周成建于1995年在中国浙江省温州市创建，公司主要负责研发、生产、销售美邦品牌休闲系列服饰。其主要的目标消费者是16～25岁活力时尚的年轻人群。该品牌致力于打造“一个年轻活力的领导品牌，流行时尚的产品，大众化的价格”的品牌形象，带给广大消费者富有活力且个性时尚的休闲服饰。

居高不下的库存量已经成为美邦前进过程中的一颗定时炸弹。2008年，美邦的业务开始井喷式爆发，全年的销售额达70亿元，位居中国本土市场之首。虽然美邦的销售额一直呈上升的态势，但其成衣的库存危机却愈加严重。美邦的成衣库存已经由2010年6月的9.03亿元增长到了2011年3月的31.6亿元。2012年23亿元的成衣库存中，仅有约12％是最新款式，其余的88%都是已经过季的产品。

案例解析

服装产品具有季节性、流行性、区域性等特点，面料、款式和颜色类型多，生命周期短，所以成品服装在仓库滞留的每一刻都会造成产品的贬值。针对上述问题及原因，美邦也积极采取了一系列改善库存积压的措施。

1）对加盟商销售业绩进行合理考核。美邦要想改善库存积压的局面，需要调整单纯对加盟商销售业绩进行考核的方式，应该通过对加盟商库存情况、销售情况和经营情况进行综合统计分析，及时了解不同商品在不同市场上的客户接受情况，实现主动地将商品调拨到适合的卖场，以求减少库存积压的同时取得更好的销售业绩。

2）加强与加盟商的友好合作及信息沟通。美邦首先要处理好加盟商与直营店的资源及价格偏向问题，其次要与加盟商建立友好的合作关系。通过与加盟商保持良好的信息沟通及信息共享，一方面可以掌握加盟商的销售状况从而进一步促进对产品的准确预测；另一方面使加盟商及时共享美邦关于时尚潮流的资讯，从而有效避免畅销产品缺货而滞销商品大量堆积的尴尬现象。

3）及时处理积压存货。由于服装类产品具有品种变化快的特点，因此要求服装企业的存货周转速度要不断地提高。存货不能积压，积压的产品会给企业造成很大的负担。过季的品种通过各种促销手段尽快清出柜台是大部分服装企业及时处理积压存货的必然手段，美邦也不例外。

4）严格控制需求预测精度。过高的库存积压使美邦意识到不能一味追求销售总量，控制总存货数量也是企业需考虑的关键问题。这就要求企业对市场需求的预测要精确，既不出现大量缺货也不生产大量存货。一方面，要保证销售部门有合适的品种放在卖场，满足顾客的需要；另一方面，要保证生产的大部分产品都可以销售出去，不要产生大量滞销存货。

（资料来源：吴群. 2014. 物流案例分析. 北京：北京大学出版社.）

练 习 题

一、选择题

1. 库存管理的基本内容包括（　　）。
   A. 何时提出采购或生产
   B. 每次应采购或生产多少
   C. 如何摆放货物
   D. 应采用什么类型的库存控制系统来维护预期的库存决策
2. 以下说法不符合 ABC 管理法的是（　　）。
   A. ABC 分类的标准是库存中各品种物资每年消耗的金额，年消耗金额高的划归 A 级，次高的划归 B 级，低的划归 C 级
   B. 一般 C 类物资数目占全部库存物资的 10%左右，而其金额占总金额的 70%左右
   C. 对于 C 类物料一般采用比较粗放的定量控制方式，可以采用较大的订货批量或经济订货批量进行订货
   D. A 类库存物资是库存控制的重点，具有品种较少，价格较高，并且多为生产（经营）关键、常用物料
3. 供应链下的库存控制方法主要有（　　）。
   A. 供应商管理库存　　B. 联合库存管理
   C. MRP 库存控制　　D. 多级库存控制
   E. 协同式供应链库存管理

二、填空题

1. 影响库存管理决策的因素包含：需求的性质、提前期、＿＿＿＿＿＿和服务水平。

2. MRP 是根据主生产进度计划、主产品结构文件和产品库存文件而形成的，包含＿＿＿＿、＿＿＿＿＿、＿＿＿＿＿三个输入文件，还有＿＿＿＿＿和＿＿＿＿＿两个输出文件。

3. VMI 管理的原则有＿＿＿＿、＿＿＿＿、＿＿＿＿和＿＿＿＿。

三、简答题

1. 如何理解库存的两面性？
2. 试对定期订货法与定量订货法进行对比？
3. 简述 MRP 采购的特点。
4. 简述 JIT 采购的特点。

练习题答案

四、计算题

某货品的需求率服从正态分布，其日均需求量为 200 件，标准差为 25 件，订购的提前期为 5 天，要求的服务水平为 95%，每次订购成本为 450 元，年保管费率为 20%，货品单价为 1 元，企业全年工作 250 天，本次盘存量为 500 件，经济订货周期为 24 天。试计算目标库存水平与本次订购批量。

第八章 装卸搬运管理

学习目标

- 了解装卸搬运的定义、作业及特点。
- 理解装卸搬运单元化。
- 了解装卸搬运系统分析与设计的主要内容。
- 掌握装卸搬运的作业形式。
- 熟悉装卸搬运路线的选择与设备的配备。

虎跃快运有限公司装卸搬运合理化的措施

辽宁虎跃快运有限公司是由辽宁省交通运输服务中心发起，由省内 13 家道路客运企业共同投资成立的国有股份制企业。阜新虎跃快运公司是虎跃快运公司的子公司，该公司凭借着高密度的发车班次、健全的网络资源和专业、强大的客户服务中心在快运市场中占有不可替代的地位。

由于阜新虎跃快运公司才刚刚成立，公司资金紧张，设备还不够完善，目前只有手推车一项运输工具。要想实现利润最大化，首先就得实现效率最大化，但仅仅靠人力手推车是远远不够的，公司应随着日后的发展，采用更多更先进的机械，逐渐实现装卸搬运机械化、自动化、连续化，这就要求有一套合理的方法。公司遵循搬运合理化的原则，采用一定的方法实现了快运公司装卸搬运合理化。装卸搬运是物流过程中重要的一环，而合理分解装卸搬运活动，对于改进装卸搬运各项作业、提高装卸搬运效率有着重要的意义。例如，采用直线搬运，减少货物搬运次数，使货物搬运距离最短；避免装卸搬运流程的“对流”、“迂回”现象；防止人力和装卸搬运设备的停滞现象，合理选用装卸机具、设备等。在改进作业方法上，尽量采用现代化管理方法和手段，如排队论的应用、网络技术的应用、人—机系统等，实现装卸搬运的连贯、顺畅、均衡。

（资料来源：http://www.chinachuyun.com）

第一节 装卸搬运概述

一、装卸搬运的定义

物资的装卸搬运是物流的主要功能之一。装卸搬运活动渗透到物流各领域、各环节，成为物流顺利进行的关键。物资装卸搬运伴随着物流的始终，连接着物流的其他功能，成为提高物流效率、改善物流条件、降低物流成本、保证物流质量最重要的物流环节之一。

装卸（loading and unloading）是指物品在指定地点以人力或机械装入运输设备或从运输设备上卸下的活动。搬运（handling/carrying）是指在同一场所内将物品进行以水平移动为主的物流作业。装卸是指以垂直位移为主的实物运动形式，而搬运是指以水平方向为主的位移。装卸搬运是指在同一地域范围内（通常指在一个物流节点，如仓库、车站或码头等）改变物资的存放状态和空间位置的活动，它是随物品运输和保管而附带发生的作业。具体来说，它是指在物流过程中对物品进行装运卸货、搬运移送、堆垛拆垛、旋转取出、分拣配货等作业。

物流过程中的装卸作业包括卸货和搬运，分拣、堆垛、拆垛、配货活动中的装卸作业，发货活动中的搬运、装货等装卸作业。

二、装卸搬运的作用

装卸搬运是物流系统的一个重要构成要素。运输能产生空间上的效用，保管能产生时间上的效用，而装卸搬运本身并不产生新的效用或价值，但是在供应物流、企业内物流、销售物流等整个供应链物流过程中，装卸搬运作业所占的比重较大。装卸搬运作业质量的好坏和效率的高低不仅影响物流成本，还与物品在装卸搬运过程中的损坏、污染等造成的损失成本及保护物品的包装成本相关，并与是否能及时满足顾客的服务要求相关。因而，装卸搬运作业的合理化是实现物流活动效率化、顾客服务高度化的重要手段之一。

三、装卸搬运的特点

为了能顺利完成装卸搬运任务，装卸搬运设备必须适应装卸搬运作业的要求。装卸搬运作业要求装卸搬运设备结构简单牢固，造价低廉，作业稳定，易于维修保养，生产率高，安全可靠，操作灵活方便，能最大限度地发挥其工作能力。装卸搬运设备的性能和作业效率对整个物流的作业效率影响很大，其工作特点主要有以下几点。

1. 适应性强

由于装卸搬运作业受货物品类、作业时间、作业环境等影响较大，装卸搬运活动又各具特点，因而，要求装卸搬运设备具有较强的适应性，能在各种环境下正常工作。

2. 工作能力强

装卸搬运设备起重能力大，起重量范围大，生产作业效率高，具有很强的装卸搬运作业能力。

3. 安全性要求高

安全性是指装卸搬运设备在预定使用条件下执行其预定功能时不产生损伤或危害健康的能力。安全性已成为选用装卸搬运设备时应重点考虑的因素，机械设备安全性越来越受到企业管理者的重视。装卸搬运机械在带来高效、快捷、方便的同时，也带来了不安全因素，如起重机常会发生事故。

4. 机动性较差

大部分装卸搬运设备都在设施内完成装卸搬运任务，只有个别设备可在设施外作业。

5. 工作忙闲不均

有的装卸搬运设备工作繁忙，而有些装卸搬运设备长期闲置。无论哪一种情况，都要求加强检查和维护，保证装卸搬运设备始终处于良好的技术状态。

四、装卸搬运的作业形式

（一）按作业场所分类

1. 车间装卸搬运

车间装卸搬运指在车间内部工序间进行的各种装卸搬运活动。例如，原材料、在制品、半成品、零部件、产成品等的取放、分拣、包装、堆码、输送等作业。

2. 站台装卸搬运

站台装卸搬运指在车站或仓库外的装卸站台上进行的各种装卸搬运活动。例如，装车、卸车、集装箱装卸、搬运等作业。

3. 仓库装卸搬运

仓库装卸搬运指在仓库、堆场、物流中心等处的装卸搬运活动。例如，堆码、分拣、配货作业、装车作业等。

（二）按操作特点分类

按操作特点可将装卸搬运分成连续装卸搬运与间歇装卸搬运两类。

1. 连续装卸搬运

连续装卸搬运主要是同种大批量散装或小件杂货通过连续输送机械，连续不断地进行作业，中间无停顿，货间无间隔。在装卸搬运量较大、装卸搬运对象固定、货物对象不易形成大包装的情况下适用采取这一方式。

2. 间歇装卸搬运

间歇装卸搬运有较强的机动性，装卸搬运地点可在较大范围内变动，主要适用于货流不固定的各种货物，尤其适于包装货物、大件货物，散粒货物也可采取此种方式。

（三）按作业方式分类

按作业方式可将装卸搬运分为垂直装卸搬运、水平装卸搬运两种形式。

（四）按作业对象分类

按作业对象（货物形态）可分为单件作业法和集装作业法。

1. 单件作业法

单件作业法即单件逐件货物作业。

2. 集装作业法

集装作业法指将货物集零为整（集装化）后再行装卸搬运的方法。这种方法又可按集装化方式不同，分为集装箱作业法、托盘作业法、货捆作业法、滑板作业法、挂车作业法（驮背式运输）。

3. 散装作业法

散装作业法是指对诸如煤炭、矿石、建材等大宗货物通常采用的散装、散卸方法，以及近来随着粮食、食糖、水泥、化肥、化工原料等的作业量增大，为提高装卸效率、降低成本而趋向采用散装、散卸的方法。散装、散卸方法主要分为重力法（利用货物的位能完成装卸）、倾翻法（利用运输工具的载货部分倾翻完成卸货）、机械法（利用各种抓、铲、舀等机器完成装卸）和气力输送法（利用风机在管道内形成气流，依靠气体的动能或压差输送货物）。

（五）按装卸设备的作业原理分类

按装卸设备的作业原理可分成使用吊车的“吊上吊下”方式，使用叉车的“叉上叉下”方式，使用半挂车或叉车的“滚上滚下”方式，“移上移下”方式及散装方式等。图 8.1 为叉车，图 8.2 为手动液压堆高车。

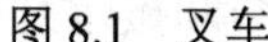

图 8.1　叉车

图 8.2　手动液压堆高车

（六）按作业手段和组织水平分类

按作业手段和组织水平可分为人工作业法、机械化作业法和综合机构化作业法。

第二节　装卸搬运方法的选择

一、装卸搬运路线的类型

装卸搬运路线通常分为直达型、渠道型和中心型，如图 8.3 所示。

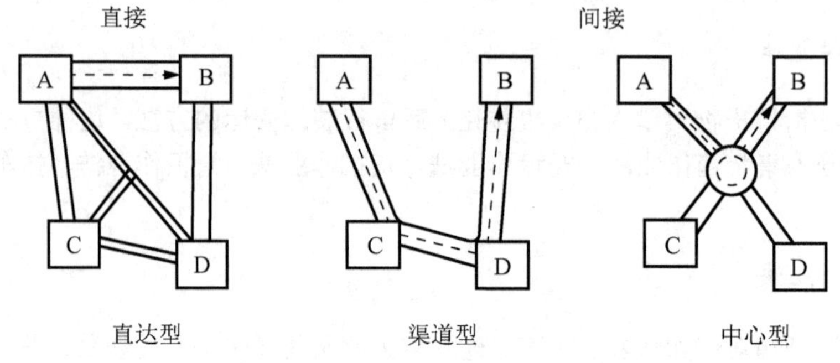

图 8.3　装卸搬运路线

1. 直达型

直达型是指物料经由最近路线到达目的地。在直达型路线上，各种物料从起点到终点经过路线最短。当物流量大、距离短或距离中等时，一般采用这种形式是最经济的，尤其当物料有一定的特殊性而时间又较紧迫时则更为有利。

2. 渠道型

渠道型是指一些物料在预定路线上移动，同来自不同地点的其他物料一起运到同一个终点。当物流量为中等或少量、距离为中等或较长时，采用这种形式时最经济，尤其当布局不规则时则更为有利。

3. 中心型

中心型是指各种物料从起点移动到一个中心分拣处或分发地区，然后再运往终点。当物流量小而距离中等或较远时，这种形式是非常经济的，尤其当厂区外形基本上是正方形的且管理水平较高时更为有利。

二、装卸搬运设备的选择与配置

（一）装卸搬运设备的选择与配置的原则

装卸搬运是人与物的结合，而物流发展到今天完全的人工装卸搬运几乎已经不复存在。现代装卸搬运表现为由劳动者、装卸搬运设备设施、货物以及信息、管理等多项因素组成的作业系统。只有按照装卸作业本身的要求，在进行装卸作业的场合，合理配备各种机械设备和合理安排劳动力，才能使装卸搬运各个环节互相协调、紧密配合。

1. 装卸搬运设备的作用

装卸搬运设备是装卸搬运作业的重要技术设备，装卸搬运设备的应用对于加快现代化物流发展有着十分重要的作用，具体作用如下所述。

1）提高装卸质量，保证货物的完整和运输安全。

2）降低装卸搬运作业成本。

3）提高装卸效率，节约劳动力，减轻装卸工人的劳动强度，改善劳动条件。

4）缩短作业时间，加速车辆周转，加快货物的送达和发出。

5）充分利用货位，加速货位周转，减少货物堆码的场地面积。

2. 装卸搬运设备的选择原则

为完成某项工作而选择恰当的设备或设备系统是件复杂的工作，通常可以从以下几个方面进行考虑。

1）明确是否确实需要进行这个搬运步骤。

2）要有长远发展的眼光。随意地布置一台运输机械或增添一排货架可能会解决目前问题，但也许会导致将来有更大的麻烦，因此制订设备选择计划时要考虑长远发展的需要。

微课：电器物流中心仿真

3）牢记系统化的观念。企业为装卸搬运所选用的设备不仅仅局限于工厂某一角落，它要在整个生产系统的总目标下发挥作用，即使是一辆单独的叉车或一台单独的输送机，也是整个物料搬运系统中的一个组成部分。

4）遵循简化原则，选用合适的规格型号。为完成某种轻量级工作而购买价格昂贵的重量级设备，或选用使用寿命不长的设备都是不恰当的，在可能的条件下应尽可能利用重力输送的长处。应尽可能采用标准设备，而不采用价格昂贵的非标准设备。同时在增加投资前一定要确信现有设备已得到了充分利用。

5）要进行多方案的比较，不要只依靠一家设备商去选择完成某项搬运工作的设备与搬运方法，而应该想到可能会有更好、更低廉的设备与搬运方法。

（二）装卸搬运设备数量的配置

装卸搬运设备的配置数量主要根据仓库作业量确定，并使仓库有较高的设备配置系数。配置系数可按下式计算，即

$$K=\frac{Q_c}{Q_k}$$

式中，K 为仓储设备配置系数，一般取 K=0.5～0.8；Q_c 为仓储机械设备能力，即设备能完成的物流量；Q_k 为仓储过程总物流量。

通常情况下，当 $K>0.7$ 时，表明机械化作业程度高；当 K 为 0.5～0.7 时，表明机械化作业程度中等；当 $K<0.5$ 时，表明机械化作业程度低。在为仓库配置机械设备时，可以根据仓库的要求预先规定一个 K 值（即要求达到的机械化作业程度）来计算设备所需完成的物流量，从而进行设备的配置计算。

机械设备数量配置，可用下列公式计算：

$$Z=\sum_{i=1}^{m} Z_i$$

式中，Z 为仓库内机械设备总台数；m 为机械设备类型数；Z_i —为第 i 类机械设备台数。Z_i 的值为

$$Z_i=\frac{Q_{ci}}{Q_e \beta \eta \delta \tau}$$

式中，Q_{ci} 为第 i 类计划完成的物流量；Q_e 为设备的额定起（载）重量；β 为起重系数，即平均一次吊装或搬运的重量与 Q_e 的比值；η 为单位工作小时平均吊装或搬运次数，由运行距离、运行速度及所需辅助时间确定；δ 为时间利用系数，即设备年平均工作小时与 τ 的比值；τ 为年日历工作小时，“一班制”工作取 7 小时乘以工作日数。

机械设备能力的评价参数值 β、η、δ 应根据作业场所的性质、物品种类及机械设备类型进行实测确定。

总物流量 Q_t 可由下式计算：

$$Q_c=KQ_t=\sum_{i=1}^{n} Q_{ti}=\sum_{i=1}^{n} (H_i \alpha)_i$$

$$Q_t=\sum_{i=1}^{n} Q_{ti}=\sum_{i=1}^{n} (H\alpha)_i$$

式中，n 为作业场所的数目；H_i 为第 i 个场所的年吞吐量；α 为第 i 个场所的倒搬系数，根据物品的重复搬运次数确定，无二次搬运时 $\alpha=1$。

机械设备计划完成的总物流量，可由总物流量 Q_t 乘以设备配置系数 K 求得，即

$$Q_c=KQ_t$$

计算某类机械设备数量时，Q_{ci} 可由 Q_c 分配决定。

（三）装卸搬运设备的配套

根据设备费用数据，一般把装卸搬运设备分成简单的搬运设备、简单的运输设备、复杂的搬运设备、复杂的运输设备 4 类。简单的搬运设备有二轮手推车，复杂的搬运设备有狭通道带夹具的叉车、AGV 自动制导车、LGV 激光制导车、AHV 智能搬运车，简单的运输设备有机动货车，复杂的运输设备有电子控制的无人驾驶车辆。

通过距离、物流量和搬运运输设备的关系，可以知道简单的搬运设备适合于距离短、物流量小的搬运需要；复杂的搬运设备适合于距离短、物流量大的搬运需要；简单的运输设备适合于距离长、物流量小的运输需要；复杂的运输设备适合于距离长、物流量大的运输需要。

根据设备的技术指标、物料特点及运行成本、使用方便等因素选择设备系列型号，甚至品牌。在设备选型时要注意以下几点。

1）设备的技术性能，即设备能否胜任工作及设备的灵活性要求等。

2）设备的可靠性，即在规定的时间内能够工作而不出现故障，或出现一般性故障能立即修复且安全可靠。

3）工作环境的相适应性，指工作场合是露天还是室内，是否有振动，是否有化学污染及其他特定环境要求等。

4）经济因素，包括投资水平、投资回收期及性能价格比等。

5）可操作性和使用性，指操作是否易于掌握、培训的复杂强度等。

6）能耗因素，指设备的能耗应符合燃烧与电力供应情况。

7）备件及维修因素，指设备条件和维修应方便、可行。

三、装卸搬运单元化

搬运单元是指物料搬运时的基本装载方式。物料的基本装载方式通常是由物料自身的理化性质决定的，如散装物料，其搬运单元一般可采用箱装、罐装、袋装等形式；单件物品可进行单件搬运，也可以利用托盘（见图 8.4）、托盘箱（见图 8.5）、集装箱、集装袋、集装货捆等方式形成单元货物后进行搬运。

图 8.4　托盘

图 8.5　托盘箱

单元装载方式（unit load system）是指把许多单件物品集中起来作为一个运送单位（集装单位），放置在集装设备上，进行一系列运送、保管、装卸的装载方式。这种方式可以提高装卸效率，减少装卸损失，已被广泛用于物流活动中。单元货物的外形尺寸要根据物料特点、作业现场的时间、空间、费用等因素来确定。

第三节　仓储装卸搬运系统的分析与设计

一、装卸搬运系统分析与设计的主要内容

装卸搬运系统分析（system handling analysis，SHA）是理查德·缪瑟（Richard Muther）提出的一种有条理的系统分析方法，适用于一切物料搬运项目。该方法包括：一种解决问题的方法，一系列依次进行的步骤，一整套相关记录、评定等级和图表化的图例符号（工业工程符号）。

（一）装卸搬运系统分析与设计的阶段

每个搬运设计从开始申请到安装结束，都要经过以下 4 个阶段。

1. 外部衔接

这个阶段要弄清整个分析区域的全部物料进出搬运活动。

2. 编制总体搬运方案

本阶段拟订出各主要区域之间搬运物料的方法，对于物料搬运的路线、搬运设备及容器类型作出初步决策。

3. 编制详细搬运方案

这个阶段要考虑每个主要区域内部各工作地之间的物料搬运，要确定详细的物料搬运方法。例如，拟采用的具体方式、设备及容器等均需作出决定。

4. 方案实施

这个阶段要进行必要的准备工作、订购设备、完成人员培训、安排进度并安装具体的搬运设施；然后对所规划的搬运方法完成实验工作，验证操作程序，以确保在全部设备安装之后能正常工作。

这 4 个阶段依次交叉进行，其中第 2 和第 3 阶段是工业工程师的主要任务。

（二）装卸搬运系统分析与设计的程序

企业物料的装卸搬运是以物料、移动和方法 3 项为基础的，因此，装卸搬运系统分析包括分析要搬运的物料、分析需要进行的移动和确定经济实用的装卸搬运方法。装卸搬运系统分析程序模式完全基于这 3 个基本元素，是一个分步骤进行的程序。问题越复杂，这个模式就越有用和越节约时间。

（三）装卸搬运系统分析与设计的数据来源

分析物料搬运问题所需要的主要输入数据，也就是原始资料，主要包括：*P*——产品或物料（部件、零件、商品）；*Q*——数量（销售量或合同订货量）；*R*——路线（操作顺序和加工过程）；*S*——后勤与服务（如库存管理、订货单管理、维修等）；*T*——时间因素（时间要求和操作次数）。

二、仓储物料分类

（一）物料分类的主要依据

1. 物料的可运性

影响可运性的主要因素是物料本身的物理、化学特性，而外界的因素，如工位器具、托盘、货架和搬运设备等，也是重要的影响因素。

2．物流条件

物流条件包括生产工艺方面的要求、质量保证体系方面的要求（如精密件的搬运就可能采用一些特殊方法）、生产管理方面的要求（如生产中的间歇性、周期性、配套性、不均匀性）、环保要求以及一些特殊要求（如贵重物品的控制）和法律管制品等。

（二）物料分类的程序

物料分类的程序有以下 5 点。

1）列表标明所有的物品或分组归并的物品名称。

2）记录其物理特性及其他特性。

3）分析每种或每类物料的各项特征，并确定哪些特征是主导的，在起决定作用的特征下面画出标记线。

4）确定物料类别，把那些具有相似的主导特征或特殊影响特性的物料归并为一类。

5）对每类物料写出分类说明（如用 a、b、c、d 表示），并填写物料分类一览表。

三、物料移动分析

（一）资料收集

设施布置决定了物料搬运起点和终点之间的距离，而这个移动距离是选择何种搬运方法的主要因素，因此选择的方案必须建立在物料搬运作业与具体布置相结合的基础之上。

在分析各项移动时，需要掌握一定的资料，具体包括以下内容。

1．物料（产品或物料类别）

在分析各项移动时，需要掌握物料的物理特征和其他特征。

2．路线（起点和终点或搬运路径）

在分析物料移动时，需掌握物料的移动距离和路线的具体情况（如水平程度和弯曲程度、拥挤程度和路面情况、气候与环境、起讫点的具体情况和组织情况等）。

3．物流或搬运活动

1）物流量（即单位时间内在一条路线上移动的物料数量），其计算公式为

$$I=n \cdot P$$

式中，I 为物流量（即当量物流量，有时也用玛格数表示）；n 为单位时间内流经某区域或路径上产品或物料的单元数；P 为产品或物料的计量单位。

2）运输工作量（transport work，TW），其计算公式为

$$TW=I \cdot D$$

式中，I 为物流量；D 为搬运距离。

（二）物料移动分析方法

物料移动分析法主要有流程分析法和起止点分析法两种。

1. 流程分析法

流程分析法是每次只观察一类产品或物料，并跟随着它沿着整个生产过程收集资料，必要时跟随从原料库到成品库的全过程，编制流程图表或流程图。当产品或物料品种很少或是单一品种时，采用该方法。

2. 起止点分析法

起止点分析法有以下两种不同的做法。

1）通过观察每次移动的起讫点搜集资料，每次分析一条路线绘制搬运路线表，可在路线数目不太多时使用。

2）若路线数目多，则对一个区域进行观察，搜集运进、运出这个区域的一切物料的有关资料，编写物料进出表。

（三）编制搬运活动一览表

编制该表是为了把搜集到的资料进行汇总，编制在一张表上，以达到全面了解情况及运用的目的。在表中要对每条路线、每类物料和每项移动的物流量及运输工作量进行计算，并按 A、E、I、O、U 进行等级评定。

（四）物料移动图表化

所谓物料移动图表化，是将各项移动的分析结果标注在区域布置图上，起到一目了然的作用，这是装卸搬运系统分析程序模式中的一个重要步骤。

物流图表化的方法有以下几种。

1）物流流程简图，可帮助了解流程，因图中无工作区域的正确位置及距离，所以不能用来选择搬运方案。

2）在企业平面布置上绘制的物流图。

3）坐标指示图，将各作业区域的位置关系和距离关系表示在坐标上。

第四节　装卸搬运合理化

一、装卸搬运合理化的标准

工业工程（industrial engineering，IE）是以提高作业系统效率、协调工作人员和工作环境的关系为目的，综合利用人员、物品、设备和信息等资源，设计、改善和管理生产物流作业系统的一种综合技术。工业工程学科的源头是弗雷德里克·W．泰勒（Frederick W．Taylor）提出的科学管理概念。工业工程作为提高生产作业效率的有效手段被广泛应用并不断发展。

日本物流界从工业工程的观点出发，总结出改善物流作业效率的“六不改善法”，具体内容如下。

1）不让等：闲置时间为零，即通过正确安排作业流程和作业量使作业人员和作业机械能够连续工作，不发生闲置现象。

2）不让碰：与物品接触为零，即通过利用机械化、自动化物流设备进行物流装卸、搬运、分拣等作业，使作业人员在从事物流装卸、搬运、分拣等作业时尽量不直接接触物品，以减轻劳动强度。

3）不让动：缩短移动距离和次数，即通过优化仓库内的物品放置位置和采用自动化搬运工具，减少物品和人员的移动距离和次数。

4）不让想：操作简便，即按照专业化（specialization）、简单化（simplification）和标准化（standardization）原则进行分解作业活动和作业流程，并应用计算机等现代化手段，使物流作业的操作简便化。

5）不让找：整理整顿，即通过作业现场管理，使作业现场的工具和物品放置在一目了然的地方。

6）不让写：无纸化，即通过应用条形码技术、信息技术等，使作业记录自动化。

目前，工业工程技术越来越重视研究人和作业环境的协调问题，设计一个工作人员工作舒适且作业效率高、经济性好的物流作业系统是工业工程研究的中心课题。

二、装卸搬运合理化的措施

（一）装卸作业高效化

要使装卸作业高效化，就必须消除无效作业。所谓无效作业，是指在装卸作业活动中超出必要的装卸搬运量的作业。显然，防止和消除无效作业对装卸作业的经济效益有着重要作用。为了有效地防止和消除无效作业，可从以下几个方面考虑。

1. 尽量减少装卸次数

物流过程中，货损发生的主要环节是装卸环节，而在整个物流过程中，装卸作业又是反复进行的，从发生的频数来讲，超过任何其他活动。所以，过多的装卸次数必然导致损失的增加。要使装卸次数降低到最小，尤其要避免没有物流效果的装卸作业。

2. 提高被装卸物料的纯度

物料的纯度，指物料中含有的水分、杂质等与物质本身使用无关的其他物质的含量。物料的纯度越高，则装卸作业的有效程度就越高；反之，则无效作业就会增多。

3. 包装要适宜

包装是物流中不可缺少的辅助作业手段，包装过大、过重，在装卸时实际上反复在包装上消耗较大的劳动，这一消耗不是必需的。所以，包装的轻型化、简单化、实用化会不同程度地减少作用于包装上的无效劳动。

4. 缩短搬运作业的距离

物料在装卸搬运过程中，要实现水平和垂直两个方向的位移，选择最短的路线完成这一活动，可以避免超越这一最短路线以上的无效劳动。

（二）提高物料装卸搬运的灵活性

所谓物料装卸搬运的灵活性，是指在装卸作业中的物料进行装卸作业的难易程度。所以，在堆放货物时，事先要考虑到物料装卸作业的方便性。

物料装卸搬运的灵活性，根据物料所处的状态，即物料装卸搬运的难易程度，可分为不同的级别，如表 8.1 和图 8.6 所示。

表 8.1　装卸搬运活性状态

等级	状态
0	物料杂乱地堆在地面上的状态
1	物料装箱或经捆扎后的状态
2	箱子或被捆扎后的物料，下面放有枕木或其他衬垫后，便于叉车或其他机械作业的状态
3	物料被放于台车上或用起重机吊钩钩住，即刻移动的状态
4	被装卸搬运的物料已经被起动，直接作业的状态

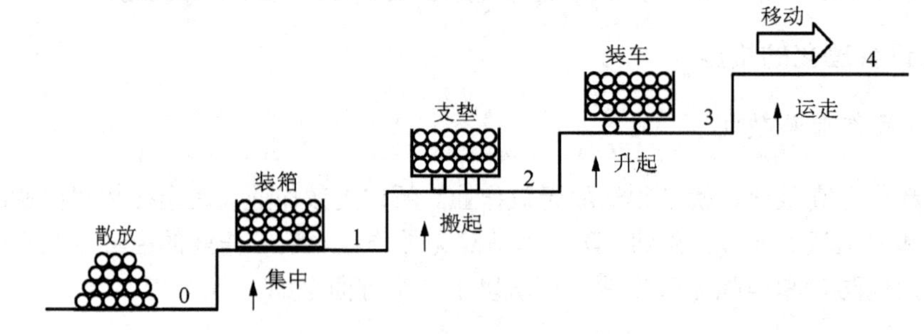

图 8.6　搬运活性指数

从理论上讲，活性指数越高越好，但也必须考虑实施的可能性。例如，物料在储存阶段中，活性指数为 4 的输送带和活性指数为 3 的车辆，在一般的仓库中很少被采用，因为大批量的物料不可能存放在输送带和车辆上。为了说明和分析物料搬运的灵活程度，通常采用平均活性指数的方法。这个方法是对某一物流过程物料所具备的灵活性情况，累加后计算其平均值，用 α 表示，α 值的大小是确定改变搬运方式的信号。例如，当 $\alpha<0.5$ 时，指分析的搬运系统半数以上处于活性指数为零的状态，即大部分处于散放情况，其改进方式是采取料箱、推车等存放物料；当 $0.5<\alpha<1.3$ 时，则是大部分物料处于集装状态，其改进方式是采用叉车和动力搬运车；当 $1.3<\alpha<2.3$ 时，装卸搬运系统大多数处于活性指数为 2 的状态，可进行单元化物料的连续装卸和运输；当 $\alpha>2.7$ 时，则说明大部分物料处于活性指数为 3 的状态，可选用拖车、机车车头拖挂的装卸搬运方式。

装卸搬运的活性分析，除了上述指数分析法外，还可采用活性分析图法。分析图法是将某一物流过程通过图示来表示装卸、搬运活性程度。分析图法具有明确的直观性能，且薄弱环节容易被发现和改进。运用活性分析图法通常分三步进行。

1）绘制装卸搬运图。

2）按搬运作业顺序作出物资活性指数变化图，并计算活性指数。

3）对装卸搬运作业的缺点进行分析改进，作出改进设计图，计算改进后的活性指数。

（三）实现装卸作业省力化

装卸搬运使物料发生垂直位移和水平位移，必须通过做功才能实现，因此要尽力实现装卸作业的省力化。

在装卸作业中应尽可能地消除重力的不利影响。在有条件的情况下利用重力进行装卸，可减轻劳动强度和能量的消耗。例如，将设有动力的小型运输带（板）斜放在货车、卡车或站台上进行装卸，使物料在倾斜的输送带（板）上移动；在搬运作业中，直接把物资放在台车上，由器具承担物体的重量，只需克服滚动阻力，就能使物料水平移动。

利用重力式移动货架也是一种利用重力进行省力化的装卸方式之一。重力式货架的每层格均有一定的倾斜度，货箱或托盘可沿着倾斜的货架层板滑到输送机械上。为了使滑动阻力变小，通常货架表面均会处理得十分光滑或者在货架层上装有滚轮，也有在承重物资的货箱或托盘下装上滚轮，这样将滑动摩擦变为滚动摩擦，物料移动时所受到的阻力会更小。

（四）装卸作业机械化

随着生产力的发展，装卸搬运的机械化程度将会不断提高。此外，由于装卸搬运的机械化能把工人从繁重的体力劳动中解放出来，尤其对于危险品的装卸作业，机械化能保证工人和货物的安全，这也是装卸搬运机械化程度得以不断提高的重要原因。

（五）装卸作业组合化

在装卸搬运作业过程中，根据物料的种类、性质、形状、重量的不同来确定不同的装卸作业方式。处理物料装卸搬运的方法有以下3种形式。

1）普通包装的物料逐个进行装卸，称为“分块处理”。

2）将颗粒状物资不加小包装而原样装卸，称为“散装处理”。

3）将物料以托盘、集装箱、集装袋为单位进行组合后进行装卸，称为“集装处理”。对于包装的物料，尽可能进行“集装处理”，实现单元化装卸搬运，从而可以充分利用机械进行操作。

组合化装卸具有以下优点：

①装卸单位大、作业效率高，可大量节约装卸作业时间；②能提高物料装卸搬运的灵活性；③操作单元大小一致，易于实现标准化；④不用手触及各种物料，可达到保护物料的效果。

本章小结

装卸搬运作业是产品由生产到消费的流通过程中不可缺少的重要环节。装卸搬运是物流系统的构成要素之一，是为采购、配送、运输和保管的需要而进行的作业，合理的装卸搬运作业是提高物流效率的重要手段之一。

案 例 分 析

钢铁厂散装物料装卸搬运系统的合理化

1. 概述

钢铁厂的物流主要由进厂的各种原材料、材料、备品、备件、加工处理后的冶金原燃料、钢铁冶炼的中间产品、工厂的最终产品等部分组成。

钢铁厂物流数量最大的部分是进厂货物，这部分物流量占钢铁厂进出场货物总量的75%～80%。而散装物料又是进厂货物中数量最大的部分，占进厂货物的90%以上。因此，散装物料装卸搬运系统设置得是否合理，将直接影响钢铁厂的生产成本、工厂总体布置、占地面积、钢铁产品产量和质量、工厂环境等。

目前，我国多数钢铁厂的散装物料装卸搬运系统存在着物流系统分散、流向迂回曲折、装卸搬运作业重复、设备效率低、储料场装备水平低、占地多，以及没有进行物料的加工处理、冶炼原料质量差等问题。表 8.2 显示了我国部分钢铁厂散装物料装卸搬运系统的主要指标。

表 8.2 部分钢铁厂散装物料装卸搬运系统的主要指标

序号	项目	中国						日本		法国		德国
		鞍钢	武钢	本钢	首钢	马钢	宝钢	大分厂	君津厂	敦刻尔克厂	福斯厂	施威尔根厂
1	粗钢产量/（10^4t/a）	670	230 铁 300	170 铁 310	120 铁 235	50 铁 150	671 铁 650	800	1000	800	700	铁 336
2	散装物料装卸搬运系统形式	分散	分散	分散	分散	分散	集中	集中	集中	集中	集中	集中
3	散装物料进厂量/（10^4t/a）	1620	660	620	480	350	2010	2200	2750	2000	2100	1200
4	缺料设备能力与原料小时平均用量之比	—	7.3	6.4	6.6	6.3	4.0	3.0	3.6	3.7	3.3	—
5	储矿厂单位面积堆料量/（吨/平方米）	1.8～2.61	2.51	1.39～2.59	1.86～2.78	2.16	7.0	10.2	9.6	9.4	11.5	—
6	每吨进厂料的占地指标	0.109	0.083	0.043	0.043	0.173	0.041	0.035	0.038	0.065	0.059	—
7	主要物料储存天数/天	70	75	20	30	70	50	45	45	70	65～75	60～90
8	按 70 天折算的每吨占地指标/（平方米/吨）	0.109	0.078	0.151	0.100	0.173	0.057	0.054	0.059	0.065	0.059	—
9	第三项不包括煤量											

2. 我国钢铁厂散装物料装卸搬运系统合理化的途径

1）各钢铁厂需建立统一计划管理散装物料装卸搬运系统的部门，统一管理全厂使用的散装物料的装卸、堆料、储存、取料、加工处理，改变目前我国多数钢铁厂由各部门和各车间分别管理散装物料的不合理现象。

2）设置集中的散装物料装卸搬运系统，该系统的布置应尽量靠近原料使用量大的生产车间，并使之靠近工厂的边缘，以便减少原料的运输距离，改善工厂环境和避免运送原料的车辆在场内穿行。集中设置散装物料装卸搬运系统的物流情况如图 8.7 所示。

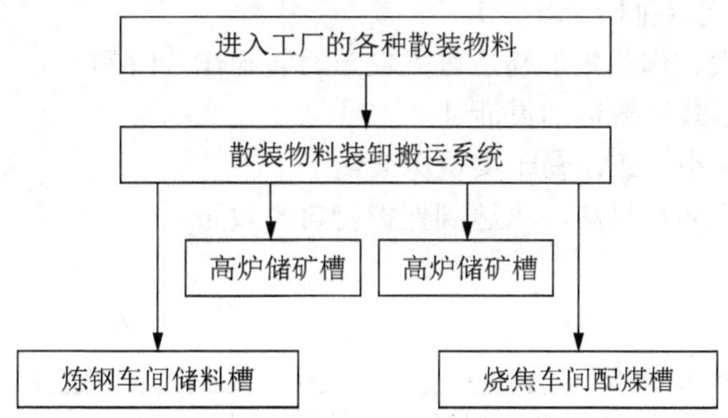

图 8.7　集中设置散装物料装卸搬运系统的物流

3）采用高效率的卸料设备和堆取设备，加快车船周转速度，提高储料厂的单位面积储料量。

4）采用带式输送机等连续输送设备输送散装物料，避免同地面运输设备的相互干扰，缩短输送距离，为散装物料装卸搬运系统的全面自动化创造条件。

5）在散装物料装卸搬运系统中设置高效能混匀和整粒等加工设施。

案例解析

若按上述建议进行钢铁厂的散装物料装卸搬运系统设计和改造，将至少会取得以下预期效果。

1）可使新建钢铁厂的散装物料流程合理，为工厂的合理布置和物流的合理化创造条件，从而改善现有工厂的生产条件和环境。

2）可避免重复装卸，减少 30%～65%的重复装卸量。

3）可减少进厂车、船的停留时间。

4）在功能相同的条件下，可比现有钢铁厂散装物料装卸搬运系统减少占地 50%以上，为现有钢铁厂的扩建和发展创造了有利条件。

5）改善了原料质量。在烧结、炼铁等车间使用清料后，可提高烧结矿、生铁的产量和质量，并可降低原料的消耗量。据有关资料测算，如果我国钢铁厂都使用清料，每年至少可增产以百万吨计的高质量生铁，节约数十万吨的焦炭和无烟煤等燃料。

练 习 题

一、选择题

1．装卸搬运的特点包含（　　）。

A．适应性强　　B．工作能力强

C．安全性要求高　　D．机动性较差

2．组合化装卸的优点包括（　　）。

A．装卸单位大、作业效率高，可大量节约装卸作业时间

B．能提高物料装卸搬运的灵活性

C．操作单元大小一致，易于实现标准化

D．不用手触及各种物料，可达到保护物料的效果

二、填空题

1．物料分类的主要依据是指____________和____________。

2．____________是指物料搬运时的基本装载方式。

3．物料移动分析方法包含____________和____________。

三、简答题

1．装卸搬运的特点是什么？

2．简述装卸搬运路线的类型。

3．在进行装卸搬运设备选型时要注意哪些问题？

4．简述装卸搬运在物流运作中的地位。

5．装卸搬运作业的合理化措施有哪些？

练习题答案

第九章　仓库安全管理

学习目标

- 了解仓库治安保卫工作的实施及治安保卫工作的组织机构。
- 了解仓库消防管理的基本知识。
- 熟悉仓库作业安全管理的主要内容。
- 掌握常见仓库灭火方法。
- 掌握危险品的保管与作业安全。

天津港危险品仓库爆炸事故

2015年8月12日23时20分左右，天津港国际物流中心区域内瑞海公司所属危险品仓库（系民营企业）发生爆炸。爆炸火光冲天，引发的烟尘高达数十米，伤亡惨重，在灭火过程中发生两次爆炸，第一次爆炸发生在2015年8月12日23时34分6秒，近震震级ML约2.3级，相当于3吨TNT；第二次爆炸发生在30秒钟后，近震震级ML约2.9级，相当于21吨TNT。

事故造成数百人伤亡，截至9月11日15时，共发现遇难者总人数165人，8人失联。其中公安消防人员24人，天津港消防人员75人，民警11人，其他人员55人。失联者人数为8人，其中天津港消防人员5人，其他人员3人。住院治疗人数233人，其中危重症3人，重症3人，累计出院565人。

数千辆进口汽车在事故中损毁。由于爆炸中心临近进口汽车仓储地，大众、雷诺、路虎等企业受损严重。据估算，数千辆进口新车因爆炸事故焚毁，预估受损新车价值超过20亿元。2015年8月18日，评级机构惠誉警告，震撼中国港口城市天津的爆炸事故的保险损失可能高达15亿美元，使其成为中国近年来代价最高的灾难事件。截至2015年8月18日，爆炸导致门窗受损的周边居民户数达到17 000多户，另外还有779家商户受损。

（资料来源：http://news.sina.com.cn）

扫一扫：国务院办公厅关于加强安全生产监管执法的通知

第一节　仓库安全管理概述

一、仓库治安管理

（一）仓库治安保卫管理

治安保卫管理是仓库管理的重要组成部分，不仅涉及财产安全、人身安全，执行国家的治安保卫管理法规和政策，同时也是仓库履行仓储合同义务的组成部分，降低和防止经营风险的手段。治安保卫工作开展良好，才能确保企业的生产经营顺利进行，它是仓库实现经营

扫一扫：国家物资储备仓库安全保卫办法

效益的保证。在生产效率和提高经营效益与安全保卫发生冲突时，要以治安保卫优先。仓库治安保卫管理的原则为：坚持预防为主、确保重点、严格管理、保障安全和谁主管谁负责。

（二）仓库治安保卫工作的实施

仓库的治安保卫工作主要有防火、防盗、防破坏、防抢、防骗、员工人身安全保护、保密等工作。治安保卫工作不仅有专职保安员承担的工作，如门卫管理、治安巡查、安全值班等，还有由相应岗位的员工承担的大量工作，如办公室防火防盗、财务防骗、商务保密、仓库员防火、锁门关窗等。

1. 守卫大门和要害部位

仓库需要通过围墙或其他物理设施隔离，设置一至两个大门。大门守卫负责开关大门，限制无关人员、车辆进入，接待入库办事人员并实施身份核查和登记；禁止入库人员携带火源、易燃易爆物品入库，检查入库车辆的防火条件，指挥车辆安全行驶、停放，登记入库车辆，检查出库车辆；核对出库货物和物品放行条和实物并收留放行条，查问和登记出库人员携带的物品，特殊情况下查扣物品、封闭大门、封锁通道。大门守卫是维护仓库治安的第一道防线。

对于危险品仓、贵重物品仓、特殊品储存仓等要害部位，需要安排专职守卫看守，限制人员接近、防止危害、防止破坏和失窃。

2. 巡逻检查

巡逻检查是由专职保安员不定时、不定线、经常地巡视整个仓库区的每一个位置的安全保卫工作。巡逻检查中发现不符合治安保卫制度要求的情况，采取相应的措施处理或者通知相应部门处理。

3. 防盗设施、设备的使用

仓库的防盗设施大至围墙、大门，小到门锁、防盗门窗，仓库根据法律规定和治安保管的需要设置和安装。仓库拥有的防盗设施如果不加以有效使用，就不能实现防盗的目的。承担安全设施操作的仓库员工应该按照制度要求，有效地使用配置的防盗设施。

仓库使用的防盗设备除了专职保安员的警械外，主要有视频监控设备、自动警报设备、报警设备，仓库应按照规定使用所配置的设备，专人负责操作和管理，确保设备的有效运作。

4. 治安检查

治安责任人应经常检查治安保卫工作，督促照章办事。治安检查实行定期检查与不定期检查相结合的制度，班组每日检查、部门每周检查、仓库每月检查，及时发现治安保卫漏洞及安全隐患，及时采取有效措施予以消除。

5. 治安应急

治安应急是仓库发生治安事件时，采取紧急措施，减少和防止事件所造成的损失的制度。治安应急需要通过制订应急方案，明确应急人员的职责，规定发生事件时的信息（信号）发布和传递，以及经常的演练来保证实施。

（三）健全仓库治安保卫组织机构

治安保卫的管理机构由仓库的整个管理机构组成，高层领导负责整个仓库的治安保卫管理工作；各部门、机构的领导是本部门的治安责任人，负责本部门的治安保卫管理工作，对本部门的治安保卫工作负责；治安保卫的职能机构协助领导进行治安保卫管理工作，指导部门的治安保卫管理，领导治安保卫执行机构。仓库治安保卫执行机构采取专职保卫机构和兼职安全员相结合的组织方式。

专职保卫机构既是仓库治安保卫的执行机构，也是仓库治安保卫管理的职能机构。专职保卫机构根据仓库规模的大小、人员的多少、任务的繁重程度、仓库所在地的社会环境确定机构设置、人员配备，一般设置保卫科、保卫队、门卫队等。

治安保卫的兼职制度是实行治安保卫群众管理制度的体现，选择部分责任心强、所从事的岗位对治安保卫敏感、具有较好的精力和体力的员工兼任安全员。兼职安全员主要承担所在部门和组织的治安保卫工作，协助部门领导的管理工作，督促部门执行仓库治安保卫管理的制度，组织治安保卫教育学习、检查预防工作。

（四）建立仓库治安保卫管理制度

治安保卫工作是仓库长期性的工作，需要采取制度性的管理措施。通过规章制度确定工作要求、工作行为规范、明确岗位责任，通过制度建立管理系统，及时顺畅地交流信息，随时堵塞保卫漏洞，确保及时、有效的保卫反应。

仓库需要依据国家法律、法规，结合仓库治安保卫的实际需要，以保证仓储生产高效率进行、实现安全仓储、防止治安事故的发生为目的，以人为本的思想，科学地制定治安保卫规章制度。仓库订立的规章制度不得违反法律规定，不能侵害人身权利或者其他合法权益，避免或者最大限度地减少妨碍社会秩序，有利于促进安全生产。

为了使得治安保卫规章制度得以有效执行，规章制度需要有相对的稳定性，使每一位员工熟记，以便按章执行、照章办事。但是，随着形势的发展、技术的革新、环境的变化，规章制度也要适应新的需要进行相应修改，使之更符合新形势下的仓库治安保卫工作的需要。规章制度的修改，意味着新一轮的制度学习和宣传的开始。

仓库治安保卫的规章制度既有独立的规章制度（如安全防火责任制度，安全设施、设备保管使用制度，门卫值班制度，车辆、人员进出仓库管理制度，保卫人员值班巡查制度等），也有合并在其他制度之中（如仓库管理员职责、办公室管理制度、车间管理制度、设备管理制度等）的治安保卫事项。

扫一扫：中华人民共和国消防法

二、仓库消防管理

（一）仓库火灾的基本知识

仓库火灾是仓库的灾难性事故，不仅会造成仓储货物的损害，还会损毁仓库设施，而燃烧和燃烧产生的有毒气体甚至会直接危及人身安全。仓库储存大量的物资，物资存放密集，机械、电气设备大量使用，管理人员偏少，这些都是发生火灾的系统性缺陷。仓库的消防工作，是仓库安全管理的重中之重，也是长期的、细致的、不能疏忽的工作。

知识拓展

火是燃烧的一种方式，一种剧烈的氧化反应。燃烧具有放热、发光和生成新物质3个特征。火的发生必须具备三要素：可燃物、助燃物及着火源。

1）可燃物是指在常温条件下能燃烧的物质，包括一般植物性物料、油脂、煤炭、蜡、硫黄、大多数的有机合成物等。

2）助燃物指支持燃烧的物质，包括空气中的氧气、释放氧离子的氧化剂。

3）着火源则是物质燃烧的热能源，无论是明火源还是其他火源实质上就是引起易燃物燃烧的热能，该热能引起易燃物汽化，形成易燃气体，易燃气体在火源的高温中燃烧。着火源是引起火灾的罪魁祸首，是仓库防火管理的核心。

1. 仓库火灾的着火源

1）明火与明火星。明火与明火星包括生产、生活活动使用的炉火、灯火，气焊气割的乙炔火，火柴、打火机火焰，未熄灭的烟头，火柴梗的火星，车辆、内燃机械的排烟管火星等。

2）电火。电火是指由于电线短路、用电超负荷、漏电引起的电路电火花，电气设备的电火花，电气设备升温等引起的燃烧。

3）化学火和爆炸性火灾。一些化学反应会释放大量热能，甚至直接发生火焰燃烧，从而会引发火灾。例如，活泼轻金属遇水的反应和燃烧，硫化亚铁氧化燃烧，高锰酸钾与甘油混合燃烧等。具有爆炸危险的货物在遇到冲击、撞击或热源时，会发生爆炸而引起火灾。一定浓度的易燃气体、易燃物的粉尘，遇到火源也会发生爆炸。

4）自燃。自燃是指物质自身的温度升高，达到自燃点时，无需外界火源，就发生燃烧的现象。容易发生自燃的物质有粮食谷物、煤炭、棉花、化纤、干草、鱼粉、部分化肥、油污的棉纱等。

扫一扫：商业仓库消防安全管理办法

5）雷电与静电。雷电是带有不同电荷的云团接近时瞬间放电而形成的电弧，电弧的高能量能引起可燃物燃烧。静电则是因为摩擦、感应使物体表面电子大量集结，向外以电弧的方式传导的现象，同样也能使易燃物燃烧。

6）聚光。太阳光的直接照射会使物体表面温度升高，如果将太阳光聚合，形成强烈的光束就会使易燃物升温而燃烧。玻璃的折射、镜面的反射光都可能出现聚光现象。

7）撞击和摩擦。金属或者其他坚硬的非金属，在撞击时会出现火花，引起附近的易燃物的燃烧；物体长时间摩擦也会升温导致燃烧。

8）人为纵火破坏。人为纵火破坏是人为恶意将火源引入仓库所造成的火灾。人为故意引火构成纵火罪，纵火人要受到刑事处罚。

2. 仓库火灾的种类

对火灾进行分类是为了有效地防止火灾的发生和有针对性地灭火。从防火工作的角度应重视按着火源进行的分类，其可分为直接着火源和间接着火源，如明火源、电火源、化学火源、自燃等。从灭火的方法角度又要重视针对不同的可燃物采用不同的灭火方法而对火灾进行的分类。

1）普通火：普通可燃固体燃烧所引发的火灾，如木料、棉花、化纤、煤炭等。普通火虽然说燃烧较慢，但燃烧较深入，货堆内部都在燃烧，灭火后重燃的可能性极高。普通火较适合用水扑灭。

2）油类火：各种油类、油脂发生燃烧所引起的火灾。油类属于易燃品，易燃烧且还具有流动性，着火的油的流动会迅速扩大着火范围。油类轻于水，会漂浮在水面，随水流动，因此不能用水灭火，只能采用泡沫、干粉等灭火。矿油类应储藏在专用的油库，普通仓库中不得存放矿油类物品，但普通仓库中可存放独立包装的食用油。

3）电气火：电器、供电系统漏电所引起的火灾以及具有供电的仓库发生的火灾。其特征是在火场中还有供电存在，有人员触电的危险；由于供电系统的传导，还会在电路的其他地方产生电火源。因此，发生火灾后，要迅速切断供电，采用其他安全方式照明。

4）爆炸性火灾：具有爆炸性的货物发生的火灾，或者火场内存在爆炸性物品，如易发生化学爆炸的危险品，会发生物理爆炸的密闭容器等。爆炸不仅会加剧火势，扩大燃烧范围，更危险的是直接对人生命的伤害。发生这类火灾首要的工作是保证人身安全，迅速撤离人员。

（二）常见的灭火剂及消防器材

1. 灭火器和灭火剂

（1）灭火器

灭火器是一些轻便的容器，内装灭火剂。发生火灾时，利用灭火器内的灭火剂扑灭火源。灭火器布置在仓库的各个出入口附近位置，是最重要的应急灭火器材。

灭火器根据容器内盛装的灭火剂命名，分为清水灭火器、泡沫灭火器、二氧化碳灭火器、干粉灭火器、1211 灭火器等。不同的灭火器有针对性地使用，才能起到安全灭火的目的。

（2）灭火剂

1）水是最常用的灭火剂，能起到降温冷却、隔绝空气、冲击火焰的作用。除了电气火灾、油和轻于水且不溶于水的液体火灾、碱金属火灾外，其他火灾都可以用水扑灭。

2）泡沫又分为化学泡沫和空气泡沫。由于泡沫较轻，可覆盖在可燃物表面，起着阻隔空气的作用，从而使燃烧终止。泡沫主要用于油类火灾，也可以用于普通火灾的灭火。

3）二氧化碳又称为干冰。利用液态的二氧化碳在汽化时大量吸热，造成降温冷却以及二氧化碳本身的窒息作用灭火。二氧化碳最适用于电气设备、气体以及办公地点、封闭仓室的灭火。二氧化碳及时汽化，不留痕迹，不会损坏未燃烧的物品。但二氧化碳对人体同样具有窒息作用，在使用时要注意防冻和防窒息。

4）干粉是（如碳酸氢钠粉等）干燥、易流动、不燃、不结块的粉末，主要起着覆盖窒息的作用，还能减少燃烧液体的流动。干粉在使用后也容易清洁，不污染燃烧物。

5）“1211”即二氟一氯一溴甲烷，是一种无色透明的不燃绝缘液体，通过氮气高压存储在高压钢瓶内。灭火时对着着火物释放，通过降温、隔绝空气形成不燃覆盖层灭火。其灭火效率极高，比二氧化碳高 3～4 倍，适合于油类火灾、电气火灾的扑灭。mT-1211 在高温中会产生有毒气体，已被逐步限制使用，在小型灭火器中还有一定的使用，将逐步被新的化合物替代，如“1301”等。

6）对于小面积火灾，使用沙土覆盖灭火是一种有效的手段。由于沙土本身的惰性、不燃，较为沉重，具有较好的覆盖镇压能力，适合于氧化剂、酸碱性物质、遇水燃烧物质的灭火，同时沙土能吸附液体，阻止液体流动，也是扑灭液体火灾的重要材料。

2. 常见灭火器的使用

（1）干粉灭火器

在距离燃烧处上风向 3 米处，放下灭火器，一手紧握喷枪，另一手拔开气瓶把手上的保险销，提起提环或者压下把手或者拧开手轮（气瓶结构不同），随即提起灭火器（见图 9.1）。当干粉喷出后，对准火焰的根部扫射，逐步前移。扫射移动速度不应太快，不能对着火焰中心喷射，以免火焰扩散。

（2）泡沫灭火器

现在主要使用的是机械泡沫灭火器，采取储压喷射的方式（见图 9.2）。在距离燃烧物 3 米外，拔除手把上的保险销，一手持泡沫喷嘴，另一手握紧开启把手打开密封或刺穿储气瓶密封片，泡沫即可从喷嘴喷出。传统使用的酸碱泡沫灭火器，则是在到达灭火位置时，双手将灭火器颠倒摇动，使泡沫从喷口喷出。喷射的泡沫是不能直接喷射在燃烧的液体表面的，应经一定缓冲后（容器内壁等），流动堆积在燃烧液体表面。

（3）二氧化碳灭火器

二氧化碳灭火器的操作方法与干粉灭火器相同（均为储压式气瓶）。灭火时的喷口（喇叭口）应顺风在火焰侧面从上朝下喷射，保持一定的角度（见图 9.3）使用干冰（液化二氧化碳）灭火器时，手只能持喇叭筒上的把手，不能直接持软管和喇叭筒，以免冻伤。

图 9.1 干粉灭火器

图 9.2 泡沫灭火器

图 9.3 二氧化碳灭火器

（三）仓库防火方法

1. 控制可燃物

通过减少或者不使用可燃物、将可燃物质进行难燃处理来防止火灾。例如，仓库建筑采用不燃材料建设，使用难燃电气材料等；易燃货物使用难燃包装，用难燃材料苫盖可燃物等。此外，通风可使可燃气体及时排出，洒水可减少可燃物扬尘。

2. 隔绝助燃物

对于易燃品，采取封闭、抽真空、充装惰性气体、不燃液体浸泡等方式，或表面涂刷不燃漆、不燃涂料的方式，使易燃物不与空气直接接触，以防止燃烧。

3. 消除着火源

通过使着火源不在仓库内出现来实现防火的目的。由于仓库不可避免地会储藏可燃物，而隔绝空气的操作需要较高的成本，所以仓库防火的核心就是防止着火源。消除着火源也是灭火的基本方法。

（四）仓库灭火方法

灭火是可燃物已发生燃烧时，为终止燃烧所采取的措施。

1. 冷却法

冷却法是指将燃烧物的温度降低到燃点以下，使之不能气化，从而阻止燃烧。常用的冷却法有用大量冷水、干冰等降温。

2. 窒息法

窒息法是指使火附近的氧气含量减少，使燃烧不能继续。窒息法有封闭窒息法，如将燃烧间密闭；充注不燃气体窒息法，如充注二氧化碳、水蒸气等；不燃物遮盖窒息法，如用黄沙、惰性泡沫、湿棉被等覆盖着火物灭火。

3. 隔绝法

隔绝法是将可燃物减少、隔离的方法。当发生燃烧时，将未着火的货物搬离，从而避免火势扩大。隔绝法是灭火的基本原则，一方面可减少货物受损，另一方面能控制火势。当发生火灾时，首要的工作就是将火场附近的可燃物搬离或者用难燃材料隔离。

4. 化学抑制法

化学抑制法是指通过多种化学物质在燃烧物上的化学反应，产生降温、绝氧等效果消除燃烧。

5. 综合灭火法

火灾的危害性极大，而且当火势凶猛时，基本无法控制。发生火灾时要及时采取各种能够采用的灭火方式共同进行，提高灭火的能力。例如，封闭库房和库外喷水降温同时进行，货场搬离附近货物的隔绝法和释放灭火剂同时进行。

在共同使用多种灭火方式时，要注意避免所采用的手段互相干扰，降低灭火效果。例如，采用泡沫灭火时，不能用水冲，除非用大量的水代替不足的泡沫；酸性灭火剂不能与碱性灭火剂共同使用。另外，还要防止造成人员伤害，如释放惰性气体时，必须先把现场人员撤离。

（五）特殊货物大火的扑救

有的特殊货物仓库的消防工作有其特殊的要求，其火灾的扑救工作也有其特殊的方法。例如，爆炸品引起的火灾主要用水扑救，氧化剂引起的大火多数可用雾状水扑救，也可以用二氧化碳灭火器、泡沫灭火器和沙土扑救。

易燃液体用泡沫灭火器最有效，也可用干粉灭火器、沙土、二氧化碳灭火器扑救。由于绝大多数易燃液体都比水轻，且不溶于水，故不能用水扑救。

易燃固体，一般用水、沙土、泡沫灭火器、二氧化碳灭火器扑救。但如果是氯化物着火，就不能使用酸碱灭火器和泡沫灭火器，因为酸与氯化物作用能产生极毒的氯化氢气体，危害性极大。

腐蚀性商品中，碱类或酸类的水溶液着火可用雾状水扑救，但遇水分解的多卤化合物、氯磺酸、发烟硫酸等，绝不能用水扑救，只能用二氧化碳灭火器扑救，有的也可用干沙灭火。

另外，遇水燃烧商品，只能使用干沙土和二氧化碳灭火器灭火。自燃性商品的起火，可使用大量水或其他灭火器材。压缩气体起火，可用沙土、二氧化碳灭火器、泡沫灭火器扑灭。放射性物品着火，可用大量水或其他灭火剂扑灭。

第二节　仓储作业安全管理

一、仓储人员安全

仓储人员安全表现在以下几个方面。

1）人力作业仅限制在轻负荷的作业，男工人力搬举货物每件不超过 80 千克，距离不大于 60 米；集体搬运时每个人负荷不超过 40 千克；女工负荷不超过 25 千克。

2）尽可能采用人力机械作业，人力机械承重也应在限定的范围，如人力绞车、滑车、拖车、手推车等不超过 500 千克。

3）只在适合作业的安全环境进行作业。作业前应使作业员工清楚明白作业要求，让员工了解作业环境，指明危险因素和危险位置。

4）作业人员按要求穿戴相应的安全防护用具，使用合适的作业工具进行作业。采用安全的作业方法，不采用自然滑动和滚动、推倒垛、挖角、挖井、超高等不安全作业，人员在滚动货物的侧面作业。注意人员与操作机械的配合，在机械移动作业时人员需避开。

5）合适安排工间休息。每作业 2 小时至少有 10 分钟休息时间，每 4 小时有 1 小时休息时间，并合理安排生理需要时间。

6）必须有专人在现场指挥和安全指导严格按照安全规范进行作业指挥。人员避开不稳定货垛的正面，塌陷、散落的位置，运行设备的下方等不安全位置作业；在作业设备调位时暂停作业；发现安全隐患时及时停止作业，消除安全隐患后方可恢复作业。

二、仓储机械作业安全

仓储机械作业安全表现在以下几个方面。

1）使用合适的机械、设备进行作业。尽可能采用专用设备作业，或者使用专用工具。使用通用设备，必须满足作业需要，并进行必要的防护，如货物绑扎、限位等。

2）所使用的设备具有良好的工况。设备不得带“病”作业，特别是设备的承重机件，更应无损坏，符合使用的要求。应在设备的许用负荷范围内进行作业，决不超负荷运行。危险品作业时还需减低 25%负荷。

3）设备作业要有专人进行指挥。采用规定的指挥信号，按作业规范进行作业指挥。

4）汽车装卸时，注意保持安全间距。汽车与堆物距离不小于 2 米，与滚动物品距离不得小于 3 米。多辆汽车同时进行装卸时，直线停放的前后车距不得小于 2 米，并排停放的两车侧板距离不得小于 1.5 米。汽车装载应固定妥当、绑扎牢固。

5）移动吊车必须在停放稳定后方可作业。叉车不得直接叉运压力容器和未包装货物。移动设备在载货时需控制行驶速度，不得高速行驶。货物不能超出车辆两侧 0.2 米，禁止两车共载一物。

6）载货移动设备上不得载人运行。除了连续运转设备（如自动输送线）外，其他设备需停止稳定后方可作业，不得在运行中作业。

三、危险品保管与作业安全

1. 危险品的装卸搬运安全

危险品的装卸搬运是仓库安全作业的重要环节，稍有疏忽或违反操作规程，就会发生严重事故，以致发生中毒、燃烧和爆炸等恶性事故。在危险品作业时必须严格遵守操作规程，以保证安全。

扫一扫：危险化学品经营许可证管理办法

装卸搬运危险品时，在操作前须预先做好准备工作，检查所用工具是否牢固。若有破损应予以修理或更换，如果所用工具上曾被易燃物、有机物、酸、碱等污染，须进行清洗方可使用。

操作人员应根据不同的危险特性，分别穿戴相应的防护服装，尤其对毒害、腐蚀、放射性物品，更要注意。这些防护服装包括工作服、橡胶制品的服装和手套、胶靴、防毒面具等。操作前应有专人对防护物品予以检查及对使用方法的有效性予以鉴定。作业后及时对用过的防护物品予以清洗、消毒，并放置于专用的箱柜保管。

危险品作业时，要轻吊稳放，防止撞击、摩擦、振动；桶装液体货物在卸车下垛时，不宜用跳板过速溜放，应在车、垛之下垫以轮胎或其他松软物，予以缓冲，严格按包装标志操作。包装破漏损坏时，须移至安全地带整修复原，当粉、粒、块装危险品撒落于地面、车底上时，应及时清除。

在操作危险品时，不得饮食、吸烟。工作完毕后根据危险品性质和工作情况，及时清洗手、脸、漱口或淋浴。操作毒害品时，必须保持现场空气流通，如果发现头晕等中毒现象，应立即到新鲜空气中休息，脱去防护用具，清洗皮肤沾染部分，重者送医院诊治。

装卸、搬运爆炸品、一级易燃品、一级氧化剂时，不得使用铁轮车、电瓶车（没有防爆装置的）；参加作业人员不得穿有钉子的鞋；禁止滚动铁桶，不得踩踏货物及其他包装；轻件包装也不可肩扛、手提，应用胶轮车运送；装车时不得堆装过高。如果夜间作业应有防爆式或封闭式安全照明灯；在炎热气候中作业要避免曝晒货物。

操作放射性物品不得肩扛、背负或揽抱，尽量减少人体与包装的接触，应轻拿轻放，防止摔破包装。工作完毕后要淋浴或清洗手脸后方能饮食；对防护用具和使用工具，须细致洗刷，除去射线感染；对沾染放射性的污水，不得随地流散，应引入专用水井中，以免污染环境。

装卸搬运强腐蚀性物资，操作前先检查包装箱底是否被腐蚀，以免脱底发生危险，并且只能用车子搬运。作业中不可倒置倾斜、震荡。作业现场应备有清水、苏打水或稀醋酸等以备急救时应用。

两种性能互相抵触的物资，不得同地装卸、同船（车）装运。对怕热、怕湿货物，应采取隔热、防潮措施。

2. 危险品的安全储存措施

由于危险品具有一般货物所没有的特性，因此，在储存危险品物资时也必须有相应的安全措施。

1）储存大量化工危险品的仓库，根据货物性质不同，进行分区、分类隔离储存；个别性质极为特殊的物资，应进行专仓专储。

2）对爆炸品和放射性物品，必须单独存放于专门的仓库中，起爆器材不得与炸药在同一库房内存放。

3）对相互抵触能引起燃烧、爆炸或灭火方法不同的物品，不得在同一库房内储存。例如，氧化剂与易燃物品以及强酸腐蚀性物品，氰化物与酸性腐蚀物品，苯类与醇类等不得存放在一起。

4）遇水燃烧和怕晒的危险品，不得在露天存放，怕冻的物品应在暖库存放；对于可以在露天存放的物资，根据不同性质，应具备苫垫设备以及确保安全的有效措施。

5）不得在库房内进行串倒换桶、焊修、整修、分装、打包和其他可能引起火灾的操作，此类操作应远离存货区。

6）容器包装应密闭完好无损，如果发现破损渗漏，必须进行安全处理，改装换桶必须在库房外安全地点进行。对易燃、易爆品应使用不发生火花的工具。

7）加强平时检查工作，对性质不稳定，容易分解、变质、引起燃烧、爆炸的物资除按规定时间检查外，应定期进行测温、化验，相应地采取安全措施，防止发生自燃爆炸。

8）换装危险品的容器，在使用前必须进行检查，彻底清洗，以防遗留物质与装入物质发生抵触引起燃烧爆炸和中毒；对遗留在地上或垫仓板上的危险品，必须及时清除处理，保持库房清洁。

9）装有气体的钢瓶在库内存放时不得超过允许的安全数目。钢瓶直立存放时，应将钢瓶放入特备的瓶座中并予以固定。空钢瓶平卧储存时，应在各个钢瓶之间放上木框或木架，此时钢瓶的阀门应朝着同一个方向。每堆的高度不得超过五排钢瓶的高度，或不得超过 1．5 米。氧气钢瓶不得与装存可燃气体的钢瓶存放在一起，装有毒气体的钢瓶应储存在专门的关闭的库房内，硫化氢钢瓶应储存在料棚内。

四、其他商品的安全管理

1. 化工危险品的处理与销毁

1）销毁或处理有燃烧、爆炸、中毒和其他危险的废弃化学危险品，应采取可靠的安全措施，并征得当地公安、环保部门同意后方可进行，严禁随便堆放或排入地面、地下等。

2）剧毒物品用后的包装箱、纸袋、瓶、桶等必须严加管理，统一处理，未彻底洗刷干净的容器，不得改作他用。

2. 金属废料中危险物品的安全管理

1）金属废料在装运前应检查，并剔除金属废料中易爆、易燃等危险物品。

2）金属废料中检出的危险物品要及时处理。

3）储存未经过检查的金属废料场所，要有明显的警告牌，严禁烟火，并配备相应的消防器具。

3. 电器安全管理

1）要经常检查电线是否有年久失修的现象以及线路是否有破损的现象。

2）不准将带电电线成捆、打结或悬挂在铁线、铁钉上。

3）不准将导线裸端直接插在插座上当插头用。

4）安装的电源开关位置离地应不小于 1.5 米，灯泡离地高度不应低于 2 米，与可燃物之间的距离不应小于 50 厘米。灯泡正下方，不准堆放可燃物。

5）仓库内的灯泡应安装在走廊上方，严禁用纸、布或其他可燃物遮挡灯具。仓库可采用 60 瓦以下灯泡，不准用日光灯或 60 瓦以上的灯泡，最好使用防爆灯。

6）库房内不准使用电炉等电热器具，不准私拉、乱接电线。

4. 库房建筑安全

库房特别是桥式起重机的大型库房和其他建筑物，应坚固耐久。储放可燃、易燃和易爆物品的危险品库房，如油、橡胶、轮胎的库房要有良好的防火性能，有足够的泄压面积。库房结构、库房与其他建筑物间的距离，要符合国家规定的安全防火标准。

本 章 小 结

现代仓储的安全管理是仓储管理中其他一切管理工作的前提，具有非常重要的意义。现代仓储的安全管理内容主要包括库场治安、库场消防、仓库生产安全事故处理、作业安全，应将仓库的安全管理贯穿于仓储管理的全过程。

案 例 分 析

深圳某塑胶仓库发生大火

2006年7月25日凌晨2时许，深圳市宝安区松岗街道东方社区一台资塑胶仓库发生火灾，浓烟数公里外可见。火势一直持续12小时，直到第二天下午才得到完全控制，并没有人员伤亡的报告。由于该着火仓库身处厂房密集之地，周边多间工厂均自发参与扑火以免殃及自身。在距离现场尚有数公里的高速公路上，便看到远处有浓烟直往上冒，在风力相助下，浓烟把远处的山都笼罩了起来，附近区域变得灰蒙蒙一片。火灾现场，火龙罴张，滚滚浓烟直冒，仓库几为平地，大量铁柱和铁板被烧得弯曲变形，大片被烧焦处青烟缕缕。消防部门出动了10余辆消防车参与救火，多台挖掘机也在现场辅助作业，七八支水枪正往火场喷水灭火。

据事发工厂的一名员工介绍，着火时，在仓库内还存有若干油桶，部分已经在大火中爆炸。事发工厂名为帝玮塑胶厂。该片区为厂房密集地区，火灾发生以后，除了该厂的员工参加救火外，隔壁的多家工厂也投入了大批人力参与扑火，所幸火势没有蔓延，避免了更大的损失。

盛昶鞋厂与帝玮塑胶厂仅一墙之隔，其宿舍紧挨着起火的帝玮塑胶厂仓库。据盛昶鞋厂的一位工人介绍："凌晨2点多，我们还在睡梦中，突然有保安上楼叫我们起床，要求我们马上撤离。很快，我们所有员工都被带到了楼下的草坪上。回头一看才知道，隔壁的工厂起大火了。火苗一度高达七八米，还伴有爆炸声。天亮了以后，烟雾更浓，周围的天空一片灰黑，方向都分不清了，我们都不知道该朝哪里跑。"由于大火尚未完全扑灭，工人们依然不能重返宿舍。"当时火势非常猛，火苗都直蹿到两层楼高，眼看就要烧过来了。我们厂的配电房距着火点仅十来米远。如果我们厂的消防车出动不及时，我们厂肯定也要被烧了。"盛昶鞋厂的刘小姐介绍说。除了盛昶鞋厂外，与帝玮塑胶厂毗邻的多家工厂也都纷纷派出员工协助消防部门扑火，有的工厂甚至暂时停工，全力参加扑救。

帝玮塑胶厂仓库发生火灾后，厂里的保安立即报了警，松岗消防中队迅速出动4辆消防车赶往现场，并陆续从宝安消防大队、沙井、公明等街道调集11辆消防车参加扑救。与此同时，宝安区、松岗街道的相关领导迅速赶至现场指挥，立即启动紧急预案，组织员工撤离，维持现场秩序，协助消防人员灭火。

案例解析

此次火灾虽然造成了较大的经济损失，但没有人员伤亡的报告。目前，初步推断分析，火灾可能是由于电线老化短路造成，但真正的失火原因则需要消防部门进一步调查后才能确认。当火灾发生后，需要及时查明着火原因。常见的着火源包括：①明火与明火星；②电火；③化学火和爆炸性火灾；④自燃；⑤雷电与静电；⑥聚光；⑦撞击和摩擦；⑧人为纵火破坏。

练　习　题

一、选择题

1．仓库火灾的着火源主要包括（　　）。

A．明火　　B．化学火

C．聚光　　D．电火

2．汽车装卸时，直线停放的前后车距不得小于（　　）米。

A．3　　B．2.5

C．2　　D．1.5

二、填空题

1．泡沫灭火剂分为____________和____________两类。

2．爆炸品引起的火灾主要用____________扑救。

3．火的发生必须具备三要素：____________、____________和____________。

三、简答题

1．库场防火应采取哪些措施？

2．常见的灭火剂及消防器材有哪些？

3．仓库防火有什么方法？

4．仓库灭火有什么方法？

5．如何确保仓储机械作业安全？

练习题答案

第十章　仓库绩效管理

学习目标

- 理解仓库绩效的原则和意义。
- 掌握仓储绩效考核的基本工具和突破点。
- 掌握仓库管理绩效考核指标体系的制定。
- 掌握仓库管理绩效考核指标体系考核的意义。

导入案例

上海通用的柔性生产

上海通用汽车公司（以下简称“上海通用”）的生产物流是中国乃至全世界柔性生产与精益物流的典范。在上海通用的车间，无数各式各样的零部件汇聚到部件装配车间或者总装车间，被准确无误地送入自动化生产线，又被丝毫不差地安装到不同类型的汽车上，组成一辆辆具有人类灵气和生命力的汽车，整个生产过程如此复杂，而又如此精益而美丽，这就是现代企业生产物流的无限魅力。

柔性化生产源自汽车业发达的欧美，是 20 世纪末国际上先进的生产理念，是“以顾客为中心”的理念在生产上的延伸，是多品种、小批量产品生产的最优方法，其所带来的时间与成本优势，能快速将具有价格竞争力的优质产品带到市场。国内许多生产厂家（如东风汽车公司）都在尝试进行柔性生产。上海通用项目设计规划之初，投资双方就决心改变国人对汽车厂家的看法，以现代国际化企业的要求来进行汽车厂的建设，从而为中国汽车消费者带来最具吸引力的产品，因此必须引进柔性生产系统。上海通用汽车生产线投产后，不同品种、不同规格的新型轿车实现了共线生产，并成为通用汽车公司全球范围内柔性最强的生产线之一，在世界汽车制造业中也屈指可数。

柔性生产的前提条件是对生产线物料及时准确地供给。如果把资金比喻成公司的血液，那么物料供应无疑就是生产线的血液，物料供应系统就是生产线的供血系统。与公司的营销体系相对应，上海通用实行的是拉动式的物料供应系统，这是目前国际上较为先进的拉动式经营策略，是保持生产过程中库存量最小的系统，也就是说，公司根据收到的客户订单安排生产，与此同时生成相应的物料计划发给各个供应商，这样既可保证生产时有充足供货，又不会有库存而占用资金和仓库。如何保证生产线前的物料供应及时准确呢？同样也是依靠高科技信息系统支持的简单实用的看板拉动式体系来完成。当生产线工人发出物料需求指令时，该指令由处于物料箱内带有条形码的看板来传递。当工人开始使用一箱零件时，就把看板放在工位旁固定地点，物料人员定时收取看板，使用条形码、扫描仪和光缆通信等工具，排出下一次供料时间；司机根据看板卡从临时仓库取出新的物料，并在每一箱中放入一张看板，然后将新的物料送至操作处。

（资料来源：http://jpkc.zjvtit.edu.cn）

第一节　仓库绩效管理概述

一、仓储绩效管理的定义

仓储绩效管理是指运用规划、执行及评估控制的管理方法在仓储作业的绩效分析上，由绩效分析结果判断绩效，绩效良好的仓储作业应持续执行，绩效不佳的仓储作业应加以改善。

仓储活动担负着生产经营所需各种货物的收发、储存、保管保养、控制、监督和保证生产需要等多项业务职能，而这些活动都与生产经营及其经济效益密切相关。

二、仓储绩效管理的目的

仓储绩效管理的目的在于达成仓储管理的目标及任务，并作为奖惩的依据等。

1. 仓储管理工作改善的基础

仓储管理绩效评核的结果可使相关部门或仓管人员了解本身工作的优点与缺点。对于仓储管理工作的缺点必须依赖评核者与被评核者之间的充分沟通，以利于仓储管理工作的改善。

2. 仓储管理部门主管或员工调迁的依据

仓储管理绩效评核的结果，可作为组织或人力资源管理部门需要的信息，以作为日后各级主管或者员工职务调迁的重要依据。

3. 仓储管理部门员工调薪的标准

仓储管理绩效评核的结果，通常可用来作为组织内各部门或员工薪资调整的标准，与绩效评核与奖惩是一体的，对于仓储管理绩效评核优良、中等、低劣的员工，宜分别给予不同的调薪幅度。

4. 仓储管理人员训练的参考

仓储管理绩效评核的结果，可以借员工训练来改进或者弥补仓储管理工作的缺点，人力资源管理部门可以根据仓储管理绩效，为相关部门的员工安排教育训练。

5. 达成仓储管理目标的手段

根据仓储绩效管理的结果可以进一步明确管理目标，有助于企业管理目标的实现。

知识拓展

在竞争日益加剧的今天，仓储管理不再是过去负载存储服务那么简单的功能，而是承担着更多的角色。仓储企业若要制定相应的仓储管理目标就绕不开关键绩效指标的确定，仓储绩效管理就是对仓储作业情况的考查，分析仓储作业成本及仓储关键绩效指标，使仓储作业能沿着效益、效率的方向发展，出现预期的结果。

三、仓库绩效管理的原则

仓库绩效评价体系的建立标准是能否完成企业阶段性仓储计划目标，与历史同期相比，管理水平、技术水平和服务水平是否有相应的提高。所评价的指标是否会受到客观条件的限制而无法完成，以及是否符合企业的实际生产需求和客户需求等标准。因此，建立仓库绩效评价体系必须遵循内容全面、科学实用、标准规范、客观公正、可操作性强的基本原则。

1. 指标全面

把影响仓库绩效的各种因素作为评价范围，并且设定评价指标。在详细研究、分析企业仓库绩效评价现状和发展的基础上，结合企业的实际情况，设计出反映仓库绩效的评价指标体系和评价内容。要多方搜集信息，这样才能综合、全面地评价仓库绩效。

2. 科学实用

企业仓库绩效评价体系要具有科学性和实用性。评价方法、评价内容及评价指标要相配合，这样才能够获得客观的和真实的评价结果。

仓库绩效评价结果必须与企业实际仓储绩效水平相符合，这样的绩效评价体系才是科学实用的。

3. 标准规范

只有具有标准的评价方法与指标、规范的操作程序，仓储绩效评价才具有可比性，才能够起到激励和约束的作用。与此同时，还要利用标准和规范约束评价中的人为因素和随意性，否则会对仓库绩效评价的真实性产生影响。

4. 客观公正

坚持定量与定性相结合，以客观的立场评价优劣、公平的态度对待得失、合理的方法评价业绩、严密的计算评价效益。

避免因评价结果的偏颇而导致评价结论的使用者作出错误判断，进而导致错误的决策。

5. 可操作性强

如果操作繁杂，既不能被广泛接受，也容易在实施过程中出现失误。因此，需要确保仓库绩效评价的操作简便，这样才有利于提高工作效率，也便于推广利用。

四、仓库绩效管理的意义

仓库绩效管理具有很重要的意义。

1. 便于仓库现代化管理水平的提高

仓储计划目标如果发生改变，仓库管理也要根据企业的要求进行变化。仓库管理也不可能一步到位，在开始阶段就设计出一套完善的管理制度实施于企业是不可能的。因此，仓库管理要从简单管理到复杂管理，从直观管理到系统管理，通过有效的仓库绩效评价，在管理实践中逐渐地补充、修正、完善，从而不断提高。

2．有利于落实仓库管理的经济责任制

仓库管理是围绕着仓库经营的目标，以实现仓库经营的最终目标为原则，依据管理幅度、因事设岗、责权利对等的原则，通过客观而科学的仓库绩效评价体系的实施，层层落实责任目标，利用经济杠杆的作用，建立高效的仓库管理机构和管理队伍。

3．有利于推进仓库设施装备的现代化改造

通过仓库绩效的量化指标评价，能够正确判断企业的仓储能力是否满足生产经营的需求，给企业决策者提供科学的依据，根据设施装备的利用率来决定设施装备的配置。

4．有利于提高仓库的经济效益

仓库生产的组织遵循高效、低耗的原则，通过仓库绩效经济指标的量化分析，充分利用机械设备、先进的保管技术、有效的管理手段，实现仓库快进、快出，提高仓库利用率，降低成本，不发生差、损、错事故，保持连续、稳定的生产，满足企业低成本、高效益的良性运营需求。

第二节　仓库绩效指标管理

一、仓库管理绩效考核的意义

在企业物流系统和社会物流系统中，仓库都担负着货主企业生产经营所需的各种物品的收发、储存、保管和保养、控制和监督的职能。另外，保证及时供应货主企业生产和销售经营需要也是非常重要的。

仓库生产绩效考核指标是仓库生产管理成果的集中体现，也是衡量仓库管理水平高低的尺度。对内加强管理，降低仓储成本，对外接受货主定期评价，这就是利用指标考核仓库经营的意义所在。

（一）对内加强管理、降低仓储成本

仓库可以利用生产绩效考核指标对内考核仓库各个环节的计划执行情况，纠正运作过程中出现的偏差。

1. 便于提高仓库管理水平

仓库生产绩效考核指标体系中的每一项指标都反映某部分工作或全部工作的一个侧面。通过对指标的分析，能发现工作中存在的问题，从而为计划的制订、修改以及仓库生产过程的控制提供依据。

2. 便于落实岗位责任制

指标是衡量每一个工作环节作业量、作业质量以及作业效率和效益的尺度，也是仓库掌握各岗位计划执行情况、实行按劳分配和进行各种奖励的依据。

3. 便于仓库设施、设备的现代化改造

保证仓储生产活动高效运行的必要条件是一定数量和水平的设施和设备，通过对比作业量系数、设备利用等指标及时发现仓库作业流程的薄弱环节，以便仓库有计划、有步骤地进行技术改造和设备更新。

4. 便于仓储经济效益的提高

衡量仓库工作的重要标志之一就是经济效益。通过指标考核与分析，可以对仓库的各项活动进行全面的检查、分析，从而提高仓库利用率、提高客户服务水平、降低仓储成本，以合理的劳动消耗获得理想的经济效益。

（二）对外接受货主定期评价

仓库可以充分利用生产绩效考核指标对外进行市场开发和客户关系维护，给货主企业提供相对应的质量评价指标和参考数据。

1. 便于说服客户并扩大市场占有率

货主企业在仓储市场中寻找供应商的时候，要考虑价格因素和服务水平的因素。如果仓库能提供令客户信服的服务指标体系和数据，则将在竞争中获得有利地位。

2. 便于稳定客户关系

我国目前的物流市场中，以供应链方式确定下来的供需关系还寥寥无几，供需双方的合作通常以一年为期，到期客户将对物流供应商进行评价，以决定今后是否继续合作。如果客户评价指标反映良好，则将使仓库继续拥有这一合作伙伴。

阅读材料

某物流公司与客户签订了仓储和配送合同，合同中规定了仓库有责任为市场推广提供策略支持。仓库向外埠配送，将货主计划近期只在B地区销售的品种发往异地，从而打乱了货主的整个营销策略，使得货主不得已临时改变营销计划，预期利润目标不能实现。根据合同中的有关规定，该公司应当赔付高达 10 万元的罚款，后经与货主进行交涉，货主作出较大的让步。该物流公司从仓储部门由此对曾经发生过的类似出库错误和产生的影响做进一步的分析，得出结果显示人员的素质低和进出库复核制度不健全是导致差错的主要原因，因此需要加强岗位培训，健全复核制度。

二、仓库管理绩效考核指标的制定与管理

（一）制定仓库生产绩效考核指标应遵循的原则

1. 科学性原则

科学性原则要求所设计的指标体系可以客观和真实地反映仓库生产的所有环节和活动要素。

2. 可行性原则

可行性原则要求所设计的指标有助于工作人员掌握和运用，数据容易获得，便于统计计算，有助于分析和比较。

3. 协调性原则

协调性原则要求各项指标之间相互联系、互相制约，但是不能相互重复和矛盾。

4. 可比性原则

对指标进行比较在指标的分析过程中是很重要的，如实际完成与计划相比、现在与过去相比、与同行相比等。所以，可比性原则要求指标在期间和内容等方面保持一致，使指标具有可比性。

5. 稳定性原则

稳定性原则要求指标一旦确定之后，就应在一定时期内保持稳定，不应当经常变动、频繁修改。但是在执行一段时间后，要经过总结再进行改进和完善。

（二）仓库生产绩效考核指标的管理

制定仓库生产绩效考核指标之后，为了使指标在管理中充分发挥作用，仓库各级管理者和作业人员应进行指标的归类、分级和考核。

1. 实行指标的归口管理

仓库每个员工的工作都与指标制定的目标能否完成有直接联系，其中管理者对指标的重视程度和管理方法更为关键。因此，将各项指标按仓储职能机构进行归类管理，使每项指标有人负责，这样可以充分发挥各职能机构的积极作用，形成一个完整的指标管理系统。

归口管理、分工负责方法如图 10.1 所示。

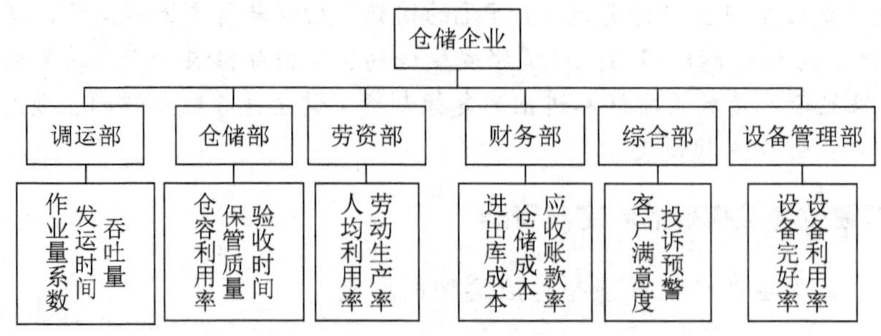

图 10.1 指标归口管理

2. 分解指标，落实到每个部门

生产绩效考核指标需要分解并分级落实到仓库各个部门、各个班组，直至每个员工，让每个员工明确自己的责任和目标。

3. 开展指标分析，实施奖惩

定期进行指标执行情况的分析，目的是为了改善仓库工作，是提高仓库经济效益的重要手段。

只有通过指标分析，找出差距，分析原因，才能对仓库的生产经营活动作出全面的评价，才能促进仓库绩效不断提高。

三、仓库管理绩效指标考核体系的建立

为了提高仓储企业或部门的经济效益和业务、技术、操作水平，要进行认真的管理考核工作。合理的指标考核体系有利于仓库管理的顺利进行。

（一）仓库资源利用程度相关指标

1. 仓库利用率

仓库利用率是衡量和考核仓库利用程度的指标，仓库利用率是进行仓库管理首先要考虑得一个问题，它可以用仓库面积利用率和仓库容积利用率来表示。相应的计算公式为

$$仓库面积利用率=\frac{仓库可利用面积}{地产面积}\times 100\%$$

$$仓库容积利用率=\frac{仓库可利用容积}{仓库总容积}\times 100\%$$

仓库的面积利用率越大，表明仓库面积的有效使用情况越好。库房的容积利用率越大，表明仓库的利用效率越高。

仓库利用率是反映仓库管理工作水平的重要经济指标。通过考核仓库利用率，可以反映货物储存面积与仓库实际面积的对比关系及仓库面积的利用是否合理，也可以为挖潜多储、提高仓库面积的有效利用率提供依据。

2. 设备利用率

设备利用率包括设备能力利用率和设备时间利用率两个方面，可以分别用计算公式表示为

$$\text{设备能力利用率}=\frac{\text{设备实际载荷量}}{\text{设备额定载荷量}}\times 100\%$$

$$\text{设备时间利用率}=\frac{\text{设备实际工作时间}}{\text{设备额定工作时间}}\times 100\%$$

设备额定载荷量和额定工作时间可以由设备的性能情况和设备工作时间长短计算得出。对于仓库来说，设备利用率主要是考核起重运输和搬运设备的利用效率。对于多台设备而言，设备利用率可以用加权平均数来计算。

3. 资金使用效率

资金使用效率主要用于考核仓库资金的使用情况，反映资金的利用水平、资金的周转以及资金使用的经济效果。资金使用效率指标包括资金使用的经济效果，这类指标包括单位货物固定资产平均占用量、单位货物流动资金占用量、流动资金周转次数和周转天数等。其计算公式分别为

$$\text{单位货物固定资产平均占用量（元/吨）}=\frac{\text{固定资产平均占用量（元）}}{\text{平均货物储存量（吨）}}$$

$$\text{单位货物流动资金平均占用量（元/吨）}=\frac{\text{流动资金平均占用量（元）}}{\text{平均货物储存量（吨）}}$$

式中，固定资产和流动资金平均占用量可以用某一报告期初数和期末数的平均数计得出：

$$\text{流动资金周转次数（次/年）}=\frac{\text{年仓储业务收入总额}}{\text{全年流动资金平均占用额流动资金周转天数}}=\frac{\text{全年流动资金平均占用}\times 360}{\text{年仓储业务总收入}}$$

流动资金周转天数和周转次数指标主要是针对进行独立核算的仓储企业或要求进行独立核算收入和支出的企业仓储部门。若不能核算仓库的业务收入，则无法计算这两项指标。

4. 人力资源利用情况

人力资源这类指标主要用于考核仓库的人力使用情况，可以反映仓库在某一时段人员的流动性和波动性，同时也可以帮助确定仓库适合的临时的搬运工、维修工等非正式员工的数量。该指标一般计算年或月的平均职工人数。其计算公式为

$$\text{月平均人数}=\frac{\text{月内每日实际人数之和}}{\text{该月天数}}$$

$$\text{月平均人数}=\frac{\text{月初人数}+\text{月末人数}}{2}$$

$$年平均人数=\frac{年内各月平均人数之和}{12}$$

（二）反映仓库作业与管理能力的指标

仓库作业与管理能力指标是反映货物储存工作质量的指标。通过这类指标的核算，可以全面反映储存工作质量，体现对储存工作多快好省的要求，减少损耗，降低费用，提高经济效益。这类指标包括以下几项。

1. 仓储吞吐能力实现率

仓储吞吐能力实现率是指仓储实际吞吐能力与预测吞吐能力的比率。其计算公式为

$$仓库吞吐能力实现率=\frac{期内实际吞吐量}{仓库设计吞吐量}\times 100\%$$

2. 货物周转速度指标

库存货物的周转速度是反映仓储工作水平的重要效率指标。在货物的总需求量一定的情况下，如果能降低仓库的货物储备量，则其周转的速度就会加快。从降低流动资金占用和提高仓储利用效率的要求出发，就应当减少仓库的货物储备量。但是，如果将减少库存作为目的，就有可能影响到货物的供应。

因此，仓库的货物储备量应建立在合理的基础上，即要在保证供应需求的前提下，尽量地降低库存量，从而加快货物的周转速度，提高资金和仓储效率。

货物的周转速度可以用周转次数和周转天数两个指标来反映。其计算公式为

$$
\begin{aligned}
货物的周转次数（次/年）&=\frac{全年消耗货物总量}{全年货物平均储存量货物周转天数}\\
&=\frac{全年货物平均存储量\times 360}{全年消耗货物总量}\\
&=\frac{全年货物平均存储量}{货物平均日消耗量}
\end{aligned}
$$

全年货物消耗总量是指报告年度仓库中发出货物的总量，全年货物平均量常采用每月月初货物储存量的平均数。货物周转次数越少，周转天数越多，货物的周转越慢，周转的效率就越低；反之，则越好。

3. 商品缺损率

商品缺损率的计算公式为

$$商品缺损率=\frac{期内商品缺损量}{期内商品总数}\times 100\%$$

4. 劳动生产率

仓库的劳动生产率可以用平均每人每天完成的出入库货物量来表示，其中出入库量等吞

吐量减去直拨量。全员劳动生产率的计算公式可表示为

$$全员劳动生产率=\frac{全年货物出入库总量（吨）}{仓库全员年工日总数（工日数）}\times100\%$$

仓库劳动生产率也可以用仓库员工平均每日收发货物的笔数、员工平均保管货物的吨数等指标来评价。

5. 货物的损耗率

货物的损耗率是指在保管期内，自然减量的数量占原来入库数量的比率。该指标可用于反映货物保管与养护的实际状况。损耗率的计算公式为

$$货物损耗率=\frac{货物损耗额}{货物保管总额}\times100\%$$

货物损耗率指标主要可用于对那些易挥发、失重或破碎的货物，制定一个相应的损耗限度，通过损耗率与货物损耗限度相比较，凡是超过限度的，意味着无谓损失；反之，反映仓库管理更有成效，从而力争使货物的自然损耗率降到最低点。

6. 设备完好率

设备完好率是指设备处于良好状态，随时能投入使用的设备占全部设备的百分比。其计算公式为

$$设备完好率=\frac{完好设备台数}{设备总台数}\times100\%$$

完好设备台数是指设备处于良好状态的累计台数，其中不包括正在修理或待修理设备的台数。良好设备的标准是指以下两方面：①设备的各项性能良好；②设备运转正常，零部件齐全，磨损腐蚀程度不超过技术规定的标准，计量仪器、仪表和润滑系统正常。

7. 平均保管损失

平均保管损失是按货物储存量中平均每吨货物的保管损失金额来计算的。其计算公式为

$$平均保管损失（元/吨）=\frac{保管损失金额（元）}{平均存储量（吨）}$$

货物保管损失是仓库的一项直接损失。保管损失的计算范围包括因保管养护不善造成的霉变残损，丢失短少，超定额损耗及不按规定验收、错收、错付而发生的损失等。有保管期的货物，经仓库预先催办调拨，但存货部门未及时调拨出库而导致的损失，不算作仓库的保管损失。

8. 账货相符率

账货相符率是指在货物盘点时，仓库货物保管账面上的货物储存数量与相应库存实有数量的相互符合程度。一般在对仓储货物进行盘点时，要求逐笔与保管账面数字相核对。账货相符率的计算公式为

$$账货相符率=\frac{账货相符金额}{储存货物的总件数}\times100\%$$

通过此项指标的核算，可以衡量仓库账面货物的真实程度，反映保管工作的管理水平，是避免货物遭受损失的重要手段。

9. 库存周转率

库存周转率代表了企业利益的测定值，也被称为“仓储周转率”。其基本计算公式为

$$库存周转率=\frac{使用数量}{仓储数量}\times 100\%$$

使用数量并不等于出库数量，因为出库数量包括一部分备用数量。除此之外也有以金额计算库存周转率的，即

$$库存周转率=\frac{使用金额}{仓储金额}\times 100\%$$

使用金额也好，库存金额也好，都需要确定是哪个时间段的金额，因此规定某个期限来研究金额时，使用的计算公式为

$$库存周转率=\frac{该期间的出库总金额}{该期间的平均库存金额}\times 100\%$$

1）库存周转率高，经济效益好。销售增加并且远远超过存货资产，使企业获得较好的利润，同时也因决策合理缩短了周转时间。

2）库存周转率虽高，企业经济效益却不佳。销售额超过标准库存拥有量，缺货率远远超过了允许范围，使企业失去销售机会，带来经济损失。库存调整过分彻底，超过预测的销售额最低值而发生缺货，减少企业收益。

3）库存周转率低，经济效益较好。准确预测能够大幅度涨价的商品，库存充足；对于有缺货危险的商品，有计划地拥有适当的库存量；正确预测销售额的增加，在周密计划下，持有适量的存货。

4）库存周转率低，经济效益较差。销售额降低，却不做库存调整；库存中的伪劣品、滞销品、积压品、过时商品等不良商品不但不减少，反而增加，或长期储存在仓库不做处理，占压资金。

（三）反映仓库服务水平的指标

1. 平均收发货时间

平均收发货时间是指仓库收发每笔货物平均所用的时间。平均收发货时间既是一项反映仓储服务质量的指标，也能反映仓库的劳动效率。其计算公式为

$$平均每批货物的收发时间（小时/批）=\frac{收发时间总和}{收发货的总批数}$$

收发货时间的一般界定为，收货时间指自单证和货物到齐后开始计算，经验收入库后，把入库单送交保管会计登账为止。发货时间自仓库接到发货单（调拨单）开始，经备货、包装、填单等，到办妥出库手续为止。一般不把在库待运时间列为发货时间计算。

2. 准时交货率

准时交货率的计算公式为

$$准时交货率=\frac{准时交货次数}{总交货次数}\times 100\%$$

3. 收发货差错率

收发货差错率是指收发货所发生差错的累计笔数占收发货总笔数的百分比，此项指标反映收发货的准确程度。其计算公式为

$$收发货差错率=\frac{收发货差错累计笔数}{收发货累计总笔数}\times 100\%$$

收发货差错率是仓储管理的重要质量指标，可用于衡量收发货的准确性，以保证仓储量。

4. 顾客满意度

顾客满意度的计算公式为

$$顾客满意度=\frac{满足顾客要求数量}{顾客要求数量}\times 100\%$$

5. 缺货率

缺货率的计算公式为

$$缺货率=\frac{缺货次数}{顾客的订货次数}\times 100\%$$

（四）反映仓库经济状况的指标

储存的经济性指标主要是指有关储存的成本和效益指标，它可以综合反映仓库经济效益水平。

1. 平均储存费用

平均储存费用是指保管每吨货物一个月平均所需的费用开支。

货物保管过程中消耗的一定数量的活劳动和物化劳动的货币形式为各项仓储费用，包括在货物出入库、验收、存储和搬运过程中消耗的燃料、材料、人工工资和福利费、固定资产折旧、照明费、修理费、租赁费以及应分摊的管理费等。这些费用的总和构成仓库总的费用。其计算公式为

$$平均储存费用（元/吨）=\frac{每月储存费用总额（元）}{月平均储存量（吨）}$$

平均储存费用是仓库经济核算的主要经济指标之一，它可以综合地反映仓库的经济成果、劳动生产率、技术设备利用率、材料和燃料节约情况和管理水平等。

2. 资金利润率

资金利润率是指仓库所得利润与全部资金占用之比，它可以用来反映仓库的资金利用效果。其计算公式为

$$资金利润率=\frac{利润总额}{固定资产平均占用+流动资金平均占用}\times 100\%$$

3. 利润总额

利润是企业追求的目标，仓储型企业也不例外。利润总额是利润核算的主要指标，它表明利润的实现情况，是企业经济效益的综合指标。其计算公式为

利润总额＝仓库总收入额－仓库总支出额

＝仓库营业收入－储存成本和费用－税金＋其他业务利润±营业外收支净额

4. 收入利润率

收入利润率指标是指仓库实现利润与实现的收入之比。其计算公式为

$$收入利润率=\frac{利润}{收入}\times 100\%$$

5. 人均实现利润

人均实现利润指标是指报告年度实现的利润总额与仓库中的全员人数之比。其计算公式为

$$人均实现利润（元/人）=\frac{利润总额（元）}{全员人数（人）}$$

6. 每吨保管货物利润

每吨保管货物利润的计算公式为

$$每吨保管货物利润（元/吨）=\frac{利润总额（元）}{货物储存总量（吨）}$$

这里的报告期货物储存总量一般可以用报告期间出库的货物总量来衡量。

（五）储存的安全指标

仓库的安全指标用来反映仓库作业的安全程度，它可以用发生的各种事故的大小和次数来表示，如人身伤亡事故，仓库失火、爆炸和被盗事故，机械损坏事故等。这类指标一般不需计算，只是根据损失的大小来划分不同等级，以便于考核。

以上五大类指标构成了仓储管理的比较完整的指标体系，从多个方面反映了仓储部门经营管理、工作质量以及经济效益的水平。

知识拓展

仓库生产绩效指标体系是反映仓库生产成果和经营状况等各项指标的总和（见表10.1）。指标的种类因仓库在供应链中所处的位置或者仓库的经营性质不同而有所区别。除了上述介

绍的之外还包括仓库的吞吐量、库存量、存货周转率等指标。

表 10.1 仓库绩效指标体系

	一级指标	二级指标
仓库绩效指标体系	仓库资源利用程度	仓库利用率
		设备利用率
		资金使用效率
		人力资源利用情况
	仓库作业与管理能力	仓储吞吐能力实现率
		货物周转速度指标
		商品缺损率
		劳动生产率
		货物的损耗率
		设备完好率
		平均保管损失
		账货相符率
		库存周转率
	仓库服务水平	平均收发货时间
		准时交货率
		收发货差错率
		顾客满意度
		缺货率
	仓库经济状况	平均储存费用
		资金利润率
		利润总额
		收入利润率
		人均实现利润
		每吨保管货物利润
	仓库的安全性	仓库安全等级

第三节 仓库绩效管理过程

一、绩效管理的基本工具

（一）指标分析

指标分析是指利用绩效考核指标体系的统计数据对指标因素的变动趋势、原因等进行分析。指标分析是一种比较传统的分析方法，仓库在使用指标分析方法时，必须注意以下几点：①指标本身必须是正确的，统计数据必须准确、可靠，指标计算法正确；②进行指标比较时，必须注意指标的可比性；③不能以偏概全，要对指标进行全面的分析；④在分析差距，查找原因的过程中，将影响指标变动的因素分类，并在生产技术因素、组织因素和经营管理因素中找出主要因素；⑤运用每项指标的计算公式时要选择正确。

1. 对比分析法

所谓对比分析法，是将两个或两个以上存在内在联系的、可比的指标进行对比，找到其中的差距并查找原因。

对比分析法是指标分析法中使用最普遍、最简单和最有效的方法。根据分析问题的需要，主要有以下几种对比方法。

（1）计划完成情况的对比分析

计划完成情况的对比分析是将同类指标的实际完成数或预计完成数与计划数进行对比分析，反映计划完成的绝对数和程度，然后可以运用帕累托图法、工序图法等方法进一步分析计划完成或未完成的具体原因。

（2）纵向动态对比分析

纵向动态对比分析是将同类有关指标在不同时间上的对比，如本期与基期比、与历史平均水平比、与历史最高水平比等。

通过对比反映事物的发展方向和速度，表明是增长或是降低，然后再进一步分析产生这样的结果的原因并提出改进措施。

（3）横向类比分析

横向类比分析是将有关指标在同一时期相同类型的不同空间条件下的对比分析。横向类比分析单位的选择一般是同类企业中的先进企业，可以是国内的，也可以是国外的。通过横向类比分析，能够找出差距，采取改进措施。

（4）结构对比分析

结构对比分析是将总体分成不同性质的各个部分，通过各个部分数值和总体数值之比来反映事物内部构成的情况。

应用对比分析法进行对比分析时，需要注意以下几点。

1）注意所对比的指标或现象之间的可比性。进行纵向对比时，要考虑指标所包括的范围、计算方法、内容、计量单位、所属时间等因素的相互适应，彼此协调；在进行横向对比时，要考虑对比的单位之间必须在经济职能或经济活动性质、经营规模上基本相同，否则缺乏可比性。

2）要结合使用各种对比分析方法。每个对比指标只能从一个侧面来反映情况，只作单项指标的对比，会出现片面的分析结果。将有联系的对比指标结合运用，有利于全面和深入地研究分析问题。

3）正确选择对比的基数。应根据不同的分析和目的对对比的基数进行选择，一般应选择具有代表性的作为基数。否则与过高或过低的年份所做的比较，都达不到预期的目的和效果。

2. 因素分析法

因素分析法是用来分析影响指标变化的各个因素及其对指标各自的影响程度。

因素分析法的基本做法是假设在影响指标变化的诸因素之中分析某一因素变动对总指标变动的影响时，假设只有这一个因素在变动，而其余因素都必须是固定因素，然后进行逐个替代，使某一项因素单独变化，进而得到每项因素对该指标的影响程度。

采用因素分析法时，应力求将各因素按合理的顺序排列，并将前后因素按合乎逻辑的衔接原则处理。假设顺序改变，各因素变动影响程度之积或者之和虽仍等于总指标的变动数，但会得出不同的答案。

3. 平衡分析法

平衡分析法是利用各项具有平衡关系的经济指标之间的依存情况来测定各项指标对经

济指标变动的影响程度的一种分析方法。

在此平衡分析表的基础上，进一步分析各项差额产生的原因和在该年度内产生的正反两方面的影响。

4. 帕累托图法

扫一扫：帕累托图

帕累托图法比较简单，但是却能找到问题及发现解决的途径。生产企业可以通过帕累托图法找到产品缺陷，仓库也可以通过这种方法寻找影响仓库服务质量或作业效率等方面的主要原因。

（二）程序分析

程序分析的功能是使人们懂得流程如何开展工作以便找出改进的方法。

仓库生产就是一个典型的流程控制过程，所以，程序分析的方法非常适合于在仓库绩效管理中使用。

1. 工序图法

扫一扫：工序图

工序图法是一种以产品或服务的形成过程来帮助理解工序的分析方法，用工序流程图标示出各步骤以及各步骤之间的关系。

仓库可以运用这种方法对整个仓储流程或某个作业环节进行分析，将其中主要问题分离出来，并进行进一步分析。

2. 因果分析图法

因果分析图法也叫石川图或鱼刺图，每根鱼刺代表一个可能的差错原因，一张鱼刺图可以反映企业或仓储部质量管理中的所有问题。

因果分析图可以从物料（material）、人员（manpower）、机器设备（machinery）和方法（methods）4 个方面进行，这 4 个“M”即为原因。4M 为开始分析提供了一个良好的框架。

当系统地将分析深入进行下去时，很容易找出可能的质量问题并设立相应的检验点进行重点管理。

（三）成本分析

1. 传统的成本分析

在传统的仓库成本分析中，把成本总金额分摊到客户或渠道的重量数上是常用的方法。但是，实际上客户或渠道上库存的物品通常并不按金额或重量数的比例消耗仓储资源。因此，传统的仓库成本计算系统会扭曲真实的成本。

2. 以活动为基准的成本分析

以活动为基准的成本计算法是一种比较新的方法，这种方法是将正常成本之外的成本直接分摊在产品或服务上，资源被分摊到活动中，活动又被分摊到成本对象上。

以活动为基准的成本计算法的分摊分两步进行：首先，确定仓库等组织内的成本活动；

其次，将活动成本追溯到对服务所做的工作上。图 10.2 表示的这种方法能够提高对间接费用的管理和控制。

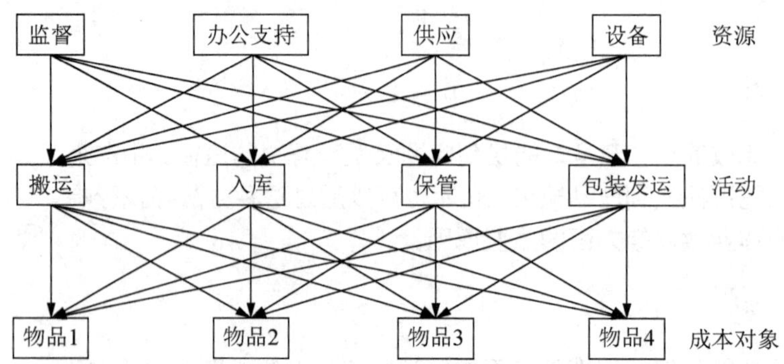

图 10.2 基于仓库生产活动的成本分摊

然而，成本分摊仍然存在许多问题。由于客户需求和市场竞争会使物流资源的供求矛盾不断发生变化，所以使用任何成本分析法都要注意成本分摊中的潜在问题。

二、绩效管理的突破点

从物流服务质量、生产效率和程序效率等方面进行测定考核，可以有效地促进仓库绩效的提高。

（一）服务质量

可以通过识别、消除、追踪仓库作业流程中不稳定和不合理的问题和环节来实现服务质量的测定考核。

要测定考核仓库服务质量，提高服务水平，可以采用下列方式进行。

1）通过结果观察仓库现有的服务质量。

2）通过诊断进一步观察服务低于或高于目标的原因。

3）通过产生的影响追溯服务质量的直接成本和间接成本。

（二）仓库生产率

仓库生产率是仓库实际产出与实际投入的比率，可以通过测定仓库生产率来测定仓库生产过程满足需求的效率。

仓库运作中可以运用的生产率计算方法主要有

$$仓库生产率=\frac{同时期装运的订单数}{某时期接受的订单数}\times 100\%$$

$$仓库生产率=\frac{某时期装运的订单数}{每时期装运的平均订单数}\times 100\%$$

$$仓库生产率=\frac{同时期装运的订单数}{某时期的直接工时数}\times 100\%$$

可以通过重新设计程序、更好地利用现有资源和改进问题突出的工作环节 3 种途径提高生产率。

1. 重新设计程序

生产率水平很大程度取决于程序的选择，仓库可以在现有设计内进行某些调整。但重新设计会导致用于改装设备和重新分配或培训人员的支出增大。

2. 更好地利用现有资源

许多仓库的设计都远远大于需求，多余空间的成本必须分摊到仓储物品上去，从而使每一个通过仓库的物品的成本增加。因此，要使仓库容量更好地得到利用，计划是非常关键的，满库存是仓库空间管理追求的目标。

3. 改进问题突出的工作环节

在一些仓库中，某些工作环节的绩效常常与目标相去甚远。仓库管理者就需要分析这些情况出现的原因，以提高执行者的生产率。

（三）程序效率

程序效率在仓库绩效管理中运用广泛，是一种测定考核内部顾客服务的方法。

只要有形产品或信息从一个人或部门传到另一个人或部门，接受者就是内部顾客。这种供应商与内部顾客之间的关系是很重要的，它会直接影响公司对最终顾客的服务。如果内部服务失败发生得越多，外部或最终顾客看到这种绩效为劣质服务的可能性就越大。因此，运用程序分析工具既能巩固物流程序满足顾客需求的效力，也能提高关于物流的生产率方面的程序效率，最终结果是顾客将得到更超值的服务。

知识拓展

测定仓库订单处理的准确性和完整性如下：

1）结果：已完成订单比例。包括：①准确的库存；②容许限度内的正确数量。

2）诊断：计算订单装运前没有完成的比例，给出原因。包括：①订单输入错误；②产品尚未生产；③库存数量不足；④标签或者记录错误；⑤发运错误。

3）影响：不准确或者不完整订单的成本。包括：①被拒绝或者取消订单的成本；②多余的分销成本；③多余库存资金占用。

本章小结

本章主要介绍了仓库绩效管理的相关知识，共分为三部分。

第一部分主要介绍了仓库管理的原则和意义，在仓库管理中要执行指标全面、科学实用、标准规范、客观公正和可操作性强的原则。

第二部分主要介绍了仓库绩效管理指标，其中包含指标体系的建立、指标体系的制定和管理以及仓库绩效管理考核的意义。仓库生产绩效考核指标是仓库生产管理成果的集中体现，也是衡量仓库管理水平高低的尺度。对内加强管理、降低仓储成本，对外接受货主定期评价，这就是利用指标考核仓库经营的意义所在。

第三部分主要介绍了仓库绩效管理过程，其中包含管理的基本工具和管理的突破点两方面的内容。仓库绩效管理可以从物流服务质量、生产效率和程序效率等方面进行测定考核，可以有效地促进仓库绩效的提高。

案 例 分 析

D 公司成本分摊的潜在隐患

绝大多数的物流成本核算系统还处于初级阶段，并且严重依赖于成本分摊来决定每部分的绩效。D 公司所使用的方法导致了错误的决定，并最终使得公司遭受损失，影响了利润。

D 公司是一个多部门的企业，主要生产和销售药物产品以及包装物。这个公司在许多地方拥有现场仓库，由公司员工处理。这些带有温控的仓库是为药品设计的，要求的安全和管理技能远远超过包装物产品的储存要求。为了充分利用这些仓库设备，公司鼓励非药品部门将它们的产品储存在这些仓库中，运营这些仓库的费用大部分是固定的，但是如果产量增加就需要增加额外的工作人员或者加班。这个公司的政策是把成本按照在仓库中的占地面积来分摊，药品仓储的要求使得这个费用相对很高。此外，公司各个部门是在分散的利润中心的基础上进行管理的。

一个经营相对笨重、价值较低的部门副总裁认识到，类似的服务能够以更便宜的价格在公共仓储服务中获得。因此，他将本地区的产品从公司中撤出，开始采用公共仓库来储存产品。结果，整个公司的仓储成本不是减少了而是增加了。

案例解析

公司的仓储成本是固定的，所以无论仓库是空的还是满的，都不能大幅度改变成本。实际上，这个成本系统促使部门物流经理的行为以本部门的利润最大化为原则，而不是以整个公司利润最大化为原则。因此，整个公司的成本增加了，利润减少了。

练 习 题

一、选择题

1．仓库绩效评价体系必须遵循（　　）的原则。

A．指标全面　　B．科学实用

C．标准规范　　D．客观公正

2．仓库绩效管理有很重要的意义，包括（　　）。

A．便于仓库现代化管理水平的提高

B．有利于落实仓库管理的经济责任制

C．有利于推进仓库设施装备的现代化改造

D．有利于提高仓库的经济效益

3．属于仓库资源利用程度相关指标有（　　）。

A．仓储吞吐能力实现率　　B．仓库利用率

C．商品缺损率　　D．人均实现利润

二、填空题

1．程序分析包含__________和__________两种方法。

2．仓库运作中提高生产率的途径包含__________、__________和__________。

3．制定仓库生产绩效考核指标应遵循的原则包含__________、__________、__________、__________和__________。

三、简答题

1．简述仓库绩效管理的意义。

2．仓库管理绩效考核指标包含哪些内容？

3．为什么要进行仓库的绩效考核？

4．仓库绩效管理的基本工具有哪些？

5．从哪些方面可以开展合理的仓库管理工作？

练习题答案

第十一章　仓储管理现代化

学习目标

- 了解仓储管理现代化的基本手段和方法。
- 了解仓储管理系统功能和构成。
- 熟悉仓储信息化技术的应用。
- 了解仓储客户化管理的内容。
- 了解物联网、大数据技术在仓储管理中的应用。

百世“云仓”助力物流仓储升级

在“双 11”购物狂欢中，一天就形成上亿个邮包。怎样快速将如此海量的商品找出、打包、运输，准确送到消费者手中，没有高科技植入物流业，是难以想象的。

对于普通消费者，最关心的是快递速度，但快递的前端是物流。现代化的物流，是怎样在电商助推下变得高大上的呢?

过去，物流是企业将商品入库再由仓库分运的过程。传统企业一般自己建仓库，有多少商品就建多大的仓库。随着电子商务的发展，第三方仓储应运而生。供应链企业基于大数据、云计算等信息技术，实现物流数据分析、智能化分单、优选派送组合等功能，使众多企业在这样的“云仓”里实现线上线下一体化订单履行服务。例如，“百世云仓”是百世汇通建设的“云仓”。供应链企业依托在全国 30 个中心城市建设的众多云仓，从商品的订单接收开始，到订单分拣、验货包装、发运出库，商品与消费者之间距离最短，避免货物的无效反复旅行。

快件要精准地送到消费者手中，在仓库中就要实现快件细分。过去快件细分这一岗位必须是经过培训的技术工种，现在科技人员借助于大数据、机器学习技术等，通过对数亿条历史数据分析后研发而成的末端风暴分拣技术，建设全自动的分拣流水线，可以让货物自动精准地流入其所对应的站点集包。据测试，“双 11”期间，仅百世汇通苏州分拨中心自动分拣系统的小件处理能力就达到每小时 7200 件。这种效率，在手工操作阶段是完全不可能的。

采用信息技术，全国 100 个分拨中心、10 000 余个站点延伸至乡镇各级服务网点，通过近 1500 条省际、省内班车，超过 5 万余人的速递团队全流程管理，百世汇通就这样构建了一个快速安全的信息化物流供应链，已为国内外的上百家企业提供服务，而在这一过程中，传统物流产业升级也就实现了。

（资料来源：http://news.gmw.cn）

第一节　仓储信息化管理

仓储管理系统（warehouse management system，WMS）是一套应用型的操作软件，其所包含的方法和技术为流通中心的仓库完成流通功能提供了强大的支持和保证。

一、仓储管理系统

（一）仓储管理系统的定义

仓储管理系统是一个实时的计算机软件系统，能够按照仓储运作的业务规则和运算法则，对仓库内部的人员、库存、工作时间、订单和设备进行更加完美的管理，使其最大化地满足有效产出和精确的管理。

（二）仓储管理系统的功能和作用

计划功能和执行功能是仓储管理系统的两个功能。其中，计划功能包括订货管理、运送计划、员工管理和仓库面积管理等；执行功能包括进货接收、分拣配货、发货运送等。

仓储管理系统技术的功能表现在减少库存水平方面的作用和与供应链互动所产生的作用。

1. 仓储管理系统的功能

（1）仓储管理系统的计划功能

使用仓储管理系统技术可以访问和维护顾客订货信息。当收到订货或询问时，订货管理就存取所需要的信息，编辑适当的计算结果，然后对保留的可接受的订货进行处理。订货管理还能提供有关存货可行性的信息和交付日期，以获悉和确认顾客的期望。

运送作业结合仓储管理系统来指导配送中心的实际活动，其中包括物料搬运以及储存和订货选择等。

通过仓储管理系统在批量作业环境下开出一份指示清单或任务清单，这份清单指导仓库内的每一位物料搬运人员。在实现诸如条形码、无线电射频通信的环境下，以缩短决策和行动之间的时间。

随着信息网络的出现，正式分组已变得越来越不重要。当综合物流变成现实时，单一作业组织结构中集中功能的压力就减小了。人员组织被信息技术逐步分化成一种扁平结构，信息技术也达到了指导组织结构调整的目的。

相同的，仓储管理系统在规划仓库库容管理方面和搬运装卸的组织计划等，都有十分重要的指导意义。

（2）仓储管理系统的执行功能

对于厂商而言，以前物流中心都是分散建立在经营场所附近。随着近年来制造业和流通业物流活动的广泛开展，物流中心越来越具有集约化、综合化的倾向。条形码的广泛普及以及便携式终端性能的不断提高，使得物流作业效率得到大幅提高。

在客户订货信息的基础上，在进货物资上要求贴附条形码，物资进入仓储中心时用扫描仪读取条形码检验物资，这样企业的仓库保管以及发货业务都在条形码管理的基础上进行。

2. 仓储管理系统的作用

（1）仓储管理系统在库存管理中的作用

仓储管理系统能十分精确地反映当前状况和定期活动，衡定存货水平。当实际存货和信息系统存货之间一致性较差时，就有必要采取缓冲存货或安全存货的方式来适应这种不确定性。仓储管理系统能及时提供快速的管理反馈，这种及时是指活动发生后，其数据能立即在信息系统上体现出来。及时的管理控制指在还有时间采取正确的行动或使损失减少到最低程度的时候提供信息。

扫一扫：某仓库管理系统综述

仓储管理系统必须以异常情况为基础，突出问题和机会。物流作业通常要与大量的顾客、产品、供应商和服务公司打交道。仓储管理系统一般有一个配送中心存货状态显示屏。每个显示屏显示一个产品配送中心的信息，比较与检查不同配送中心的情况，可以识别产品最佳来源。显示屏将过去信息和未来信息结合起来，这种结合了存货流量和存货水平的图形界面显示，当计划的现有库存有可能下跌到最低库存水平时，有助于计划人员解决问题。

（2）仓储管理系统与供应链互动的作用

仓储管理系统与供应链互动能进行跨企业的库存管理、商品管理和运输管理等活动。

（三）仓储管理系统的构成

仓储管理系统由入库管理子系统、出库管理子系统、数据库管理子系统和系统管理子系统等构成。

1. 入库管理子系统

（1）入库单数据处理

入库单可以包含很多份入库分单，每份分单中可以包含多份托盘数据。

（2）条码打印及管理

条码打印管理的目的是为了避免条码的重复，保证每一个托盘的条码都是唯一的。

（3）货物装盘和托盘数据登录标注

入库单的库存管理系统可以支持大批量的货物到货。所谓托盘数据登录标注，是对每个托盘货物分别给予条码标示，登记货物的种类、入库单位号、供应商、使用部门等信息与该唯一的条码标识联系起来。标注完成后，条码标识即成为在库管理的关键，可以通过扫描条码得到该货物的相关信息。

（4）货位分配及入库指令发出

托盘资料注记完成后，该托盘进入待入库状态，系统将自动根据存储规则为每一个托盘分配一个适合的空货位，并向手持终端发出入库操作的要求。

（5）占用的货位重新分配

当分配的货位实际已有货时，系统会指出新的可用货位，通过手持终端指挥操作的完成。

（6）入库成功确认

托盘的货物从注记完成至手持终端返回入库成功的确认信息前始终处于入库状态，直至收到确认信息，系统才会把该盘货物状态改为正常库存，并相应更改数据库的相关记录。

（7）入库单据打印

货物入库后，打印实际收货入库单。

2. 出库管理子系统

（1）出库单数据处理

出库单数据处理是指制作出库单的操作过程。每份出库单可包括多种、多数量货物。出库单分为出库单和出库分单，均由手工输入完成。

（2）出库品项内容生成及出库指令发出

系统可根据出库内容以一定规律，具体到托盘货位，生成出库内容，并发出出库指令。

（3）错误货物或倒空的货位重新分配

操作者通过取货位置扫描图确认货物时，假设发现货物错误或实际上无货，只要将信息反馈给系统，系统就会自动生成下一个取货位置，指挥完成操作。

（4）出库成功确认

确认货物无误后，发出确认信息，该托盘货物即进入出库运行中的状态。

在出库区现场终端确认出库成功完成后，即可读取数据库的托盘条码，并修改相应数据库的记录。

（5）出库单据打印

出库单据打印是指打印与托盘相对应的出库单据。

3. 数据库管理子系统

（1）存库管理系统

存库管理系统包括很多功能，首先是货位管理查询；其次是货物编码查询；再次是入库时间查询；最后是盘点作业，即进入盘点状态，实现全库盘点。

（2）数据管理系统

数据管理系统有以下功能。

1）货物编码管理，即提供与货物编码相关信息的输入界面，包括编码、名称、所属部门、单位等的输入。

2）安全库存量管理，即提供具体到某种货物的最大库存、最小库存参数设置，以便实现库存量的监控预警。

3）供应商数据管理，即录入供应商编号、名称、联系方法，供生成入库单使用。

4）使用部门数据管理，即录入使用部门、编号、名称等，供生成出入库单使用。

5）未被确认操作的查询和处理，即提供未被确认操作的查询和逐条核对处理功能。

6）数据库与实际不符记录的查询和处理，即逐条提供选择决定是否更改为实际记录或手工输入记录。

4. 系统管理子系统

系统管理子系统有以下几项功能。

1）使用者及其权限设置。权限设置包含使用者名称、代码、密码、可使用程序模块的选择。

2）数据库备份操作。提供存储过程，每日定时备份数据库或日志。

3）系统通信开始和结束。因为系统有无线通信部分，因此系统提供了对通信的开始和关闭进行控制的功能。

4）系统的登入和退出。提供系统登入和退出界面的相关信息。

阅读材料

ERP仓储管理模块是ERP功能中针对仓库管理的一个模块，一般和财务系统连接使用，用于核算企业的物料成本及库存情况，主要作用集中在采购信息的辅助以及事后成本的归集计算。

目前，很多企业一般采用仓储管理系统软件与ERP对接，由仓储管理系统软件来进行仓库事务的操作，而将数据库与ERP进行对接，ERP只需要最终的结果就行了，这样就可以进行规划及其他数据处理。通过仓储管理系统与ERP对接，实现仓库管理效益最大化。

二、仓储信息化技术

（一）条形码技术

条形码的研究始于20世纪中期，美国和加拿大地区采用UPC（universal product code）码并被普遍用于标识食品、出版物、金属制品以及其他一些物品，广泛应用于包装、销售、记账和数据处理等领域。

欧洲的条形码技术也促进了贸易的发展，开发出了与UPC码兼容的、应用范围更为广泛的欧洲物品编码系统，即EAN（European article number）码。

我国条形码技术的研究始于20世纪70年代末，条形码技术在我国的邮电、仓储、图书管理、血库、商业及生产过程的自动控制等领域得到初步运用。

1. 条形码的定义

条形码简称条码，是一种可以用专用光电扫描阅读设备识读并实现数据输入计算机的特殊代号，是由一组粗细不同、黑白（彩色）相间的条与空及对应字符，按一定的编码规则组合排列起来，用以表示一定信息的图形，如图11.1所示。

一维条形码

二维条形码

图11.1 条形码

2. 条形码的特点

在信息输入技术中，采用的自动识别技术种类有许多。条形码作为一种图形识别技术，与其他识别技术相比有许多优点。

（1）条形码标签易于制作

条形码既可以印在商品的外包装上，也可以使用专用条形码打印机或普通计算机的打印机与其他文字、图案同时打印。条形码是唯一可以直接打印的机器语言。

（2）扫描操作简单易行

条形码识别设备结构简单，操作容易，无须专门训练，易于国际化。

（3）准确可靠

将条形码输入与普通键盘输入比较，条形码输入平均每 15 000 个字符到 36 亿个字符才出现一个错误，误码率低于百万分之一。

（4）信息采集速度快

利用条形码扫描录入信息的速度是键盘输入的 20 倍，并且能实现“即时数据输入”。

（5）经济性好

与其他自动识别技术相比，其成本较低。

（6）灵活、实用、自由度大

条形码符号不仅可以作为一种识别手段单独使用，还可以和其他控制设备联系起来实现整个系统的自动化管理。如果没有自动识别设备时，也可以手工键盘输入，灵活性很高。

3. 条形码的结构

条形码的字符结构包括左侧空白区、起始字符、数据字符、校验字符、右侧空白区，如图 11.2 所示。

图 11.2　条形码的结构

由于光的传输速度很快，因此可以准确无误地对运动中的条形码给予识别。

知识拓展

扫一扫：不同类别条形码简介

根据条形码的码制，目前世界上流行几十种条形码，如 UPC 条码、EAN 条码、三九条码、库德巴条码、二五条码、四九条码、11 条码、128 条码等。专门用于表示物流编码的条形码码制，现在通用的主要有 EAN 消费单元商品条码、储运单元条码以及贸易单元 128 条码等。

4. 条形码技术在仓储管理中的应用

（1）仓库库位管理

仓库管理系统是按仓库的库位记录管理仓库货物，在产品入库时将库位条形码号与产品条形码号一一对应，在出库时按照库位货物的库存时间实现先进先出或批次管理。

（2）仓库业务管理

仓库业务管理包括出库、入库、盘库、移库等作业。各个物流中心都需要对物品的入库、出库和盘点进行计算机管理。

采用条形码，仓库管理不仅能采集货物单件信息，处理采集数据，建立仓库的入库、出库、移库、盘库数据，还能够根据货物单件库存为仓库货物出库提供库位信息，使仓库货物库存更加准确，从而更加准确地完成仓库出入库操作。一般而言，仓库管理只能完成仓库运输差错处理，而采用条形码仓库管理就可以根据采集信息，建立仓库运输信息。

条形码在现代仓储管理中的应用如图 11.3 所示。

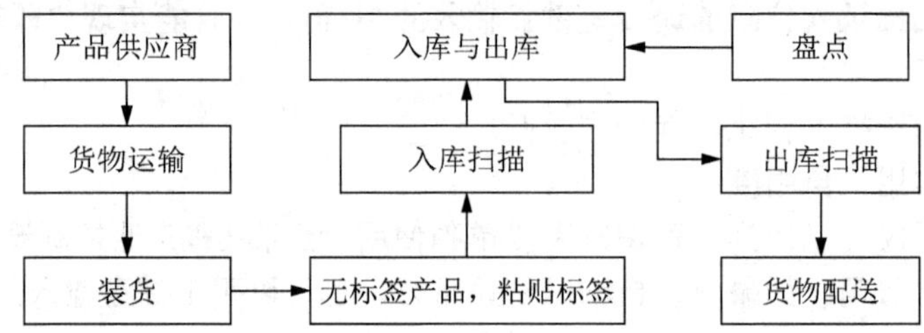

图 11.3 条形码在现代仓储管理中的应用

（3）库存系统管理

仓库管理系统根据货物的品名、型号等对货物品种进行划分，并且分配唯一的编码。在库存物资上应用条形码技术，入库时自动扫描并输入计算机；出库程序则和 POS 系统条形码应用一样。

采用条形码，库存管理不但可以实现包括货物单件的管理，还可以实现对单件产品的跟踪管理。

（二）电子数据交换技术

1. 电子数据交换的定义

电子数据交换（electronic data interchange，EDI）是指按照同一规定的一套通用标准格式，将标准的经济信息，通过通信网络传输，在贸易伙伴的电子计算机系统之间进行数据交换和自动处理，俗称“无纸贸易”。

构成 EDI 系统的三个要素是 EDI 软件、硬件、通信网络以及数据标准化。一个部门或企业若要实现 EDI，首先要有一套计算机数据处理系统；其次须采用 EDI 标准，目的是为使本企业内部数据比较容易地转换为 EDI 标准格式。

EDI 不是一种自动识别技术，它是指在不同公司的贸易系统之间以一种共同承认的标准模式进行信息的交换。

2. EDI在仓储管理中的应用

EDI最早的使用者之一是运输公司，此后EDI被广泛地运用在汽车生产、零售、药物、公用设施和食品等领域，而且正在被更多的行业所接受。尤其是在即时送货和迅速反应系统中使用EDI，可缩短交货时间、改善库存量、改善管理成本、提高准确性和提高产品及服务的质量。

EDI 是一种信息管理或处理的有效手段，它是对供应链上的信息流进行运作的有效方法。EDI的目的是充分利用现有计算机及通信网络资源，提高贸易伙伴之间的通信效益，降低成本。

物流EDI的框架如图11.4所示。

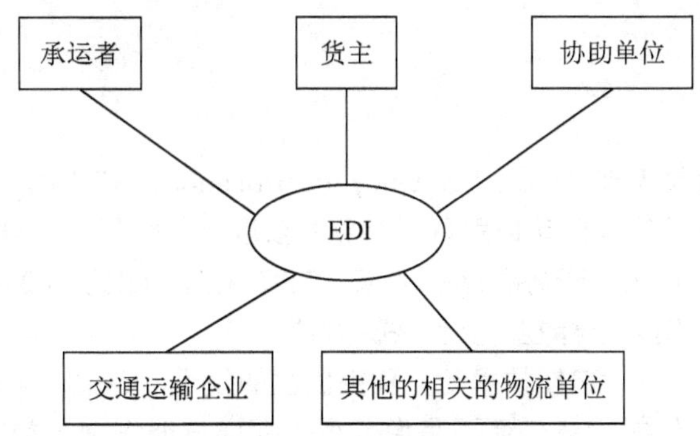

图11.4　物流EDI的应用结构

使用EDI的主要优点包括：①企业实现快速响应；②企业保持物流系统信息联系畅通；③企业物流信息体现完整性。

下面是一个应用物流EDI系统的实例。这个系统由发货方、物流企业和收货方组成，运作过程如下所述。

第一步，发货方在接到订货后制订货物运送计划，并把运送货物清单和运送时间等信息通过EDI发送给收货方，以便收货方预先制订车辆调配计划和货物接收计划。

第二步，发货方依据顾客订货的要求和货物运送计划下达发货指令、进行分拣配货、打印物流条形码的货物标签并贴在货物包装箱上，同时把运送货物品种、数量、包装等信息通过EDI发送给收货方。

第三步，物流企业在向发货方取运货物时，利用车载扫描阅读器读取货物标签的物流条形码，并与先前收到的货物运输数据进行核对，确认运送货物。

第四步，物流企业在物流中心内对货物进行整理并制成送货清单，通过EDI向收货方发送发货信息，在货物运送的同时进行货物跟踪管理。

第五步，收货方在货物到达时，利用扫描阅读器读取货物标签的物流条形码，并与先前收到的货物运输数据进行核对确认，开出收货发票，货物入库，同时通过EDI向物流企业和发货方发送收货确认信息。

使用EDI的优点在于供应链组成各方基于标准化的信息格式和处理方法，通过EDI共同分享信息，提高了流通效率，降低了物流成本。

EDI既准确又迅速，可免去不必要的人工处理，节省人力和时间。由于EDI出口手续简便，可减少单据费用的开支，并缩短国际贸易文件的处理周期，因此给企业带来了巨大的经济利益。

知识拓展

EOS（electronic ordering system）即电子订货系统，是指企业间利用通信网络（VAN 或者 Internet）和终端设备，以在线连接方式进行订货作业与订货信息交换的系统。电子订货系统将厂商、批发商和零售商间所发生的订货数据输入计算机，通过计算机通信网络连接的方式即时将资料传送至总公司、批发商、商品供货商或制造商处。因此，EOS 能处理从新商品资料的说明直到会计结算等所有商品交易过程中的作业，可以说 EOS 涵盖了整个商流。

（三）电子标签技术

1. 电子标签的定义

电子标签术语为射频识别（radio frequency identification，RFID），是一种非接触式的自动识别技术，它通过射频信号自动识别目标对象并获取相关数据，识别工作无须人工干预，可工作于各种恶劣环境。RFID 技术可识别高速运动物体并可同时识别多个标签，操作快捷方便。

扫一扫：RFID 与条形码对比

RFID 技术是一种突破性的技术，首先，可以识别单个的非常具体的物体，而不是像条形码那样只能识别一类物体；其次，采用无线电射频，可以透过外部材料读取数据，而条形码必须靠激光来读取信息；最后，可以同时对多个物体进行识读，而条形码只能一个一个地读。

电子标签即使看不见也可以方便地读写；可以在多种复杂环境中工作；可以容易地以不同形式嵌入或者附着在不同的产品上；更远的读写距离，三维的读写方式；更大的存储容量；有密钥保护，更安全，不易伪造。

2. RFID 系统组成及原理

典型的 RFID 系统由电子标签、读写器及天线组成，如图 11.5 所示。

1）标签（tag）。由耦合元件及芯片组成，每个标签具有唯一的电子编码，高容量电子标签有用户可写入的存储空间，附着在物体上标识目标对象。

扫一扫：典型 RFID 标签

2）读写器（read/write device）。手持或固定式读取（有时还可以写入）标签信息的设备。

3）天线（antenna）。在标签和阅读器间传递射频信号。

RFID 系统工作时，标签进入磁场后，接收读写器发出的射频信号，凭借感应电流所获得的能量发送存储在芯片中的产品信息（passive tag，无源标签或被动标签），或者主动发送某一频率的信号（active tag，有源标签或主动标签）；读写器读取信息并解码后，送至中央信息系统进行有关数据处理。

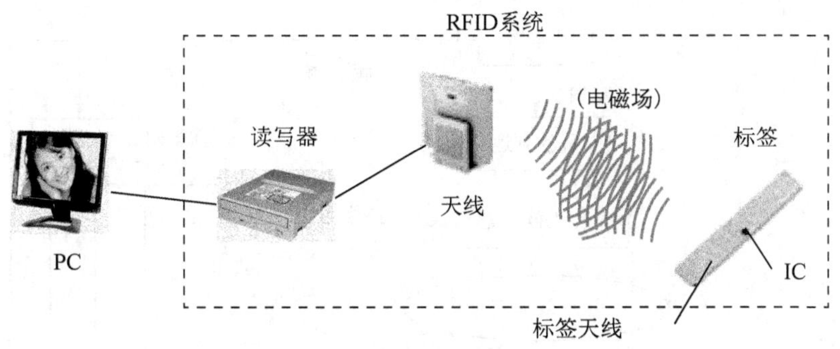

图 11.5　RFID 系统组成

3. RFID 在仓储中应用

基于 RFID 技术的仓储管理系统已越来越多地应用于各企业的仓储管理中，为企业的效益增长带来巨大的影响。RFID 技术在整个仓储管理中承担着仓储管理载体的作用，作为新一代的仓储管理技术，它取代了传统的物流管理领域中被长期使用的条形码技术。由于条形码本身缺乏存储空间，单纯依赖一系列简单的号码来表示货物的全部信息，以至于需要将大量的数据信息存储到后台计算机中，这无疑给后台计算机的信息处理容量和内存提出了极高的要求。然而通过 RFID 阅读器即可立即了解货物的相关信息，而不必访问后台数据库，从而简化了整个的工作流程。

通过在仓储作业中引入 RFID 技术，可以对仓储作业流程进行优化。入库业务流程中，在入库口及时、快速、准确地采集货物信息，并将该系统与后台信息系统完美结合，实现货物信息的实时录入与更新；在库业务流程中，利用 RFID 阅读器实现对货物信息的核对与盘查；出库业务流程中通过出库口的 RFID 阅读器核对拣选货物的信息，及时反馈给信息系统。

（1）入库业务流程

货物到达仓储后，由工作人员组织卸货，卸货完毕以后，手持 RFID 阅读器采集并核对货物信息是否与入库通知单的一致，若一致则确认收货，根据入库计划组织货物入库，若不一致则进行相关的异常处理；货物入库时需要经过入库口，入库口的 RFID 阅读器再次采集核对货物信息，并将入库信息传达到基于 RFID 的仓储管理信息系统上，仓储管理信息系统根据 RFID 系统传来的信息自动生成入库单，确认货物入库，若核对不一致则进行相关异常处理；叉车根据入库计划，对货物进行上架处理，更新并上传货位信息，仓储管理信息系统自动更新库存。入库业务流程如图 11.6 所示。

（2）在库业务流程

基于 RFID 的仓储业务流程信息系统选择要盘点的库区、库位、货物等，制定盘点计划；移动式 RFID 阅读器根据盘点计划进行实地盘点，并通过无线网络将盘点数据（仓库存储货物的实际数量）传送到信息系统中；随后信息系统自动进行盘点处理，计算出盘点仓库的溢损数量，自动生成盘点表。因为货位 RFID 标签记录了货位信息，便于查找货物货位的同时提高了货位的利用率；同时，由于出入库的货物库存信息及时更新，信息系统会自动产生库存报警报告，可采取库存 MAX/MIN 原则，当某一货物的保质期将过或库存量降至阈值时，提醒出库管理员采取相应的措施，提高在库管理的质量。在库业务流程如图 11.7 所示。

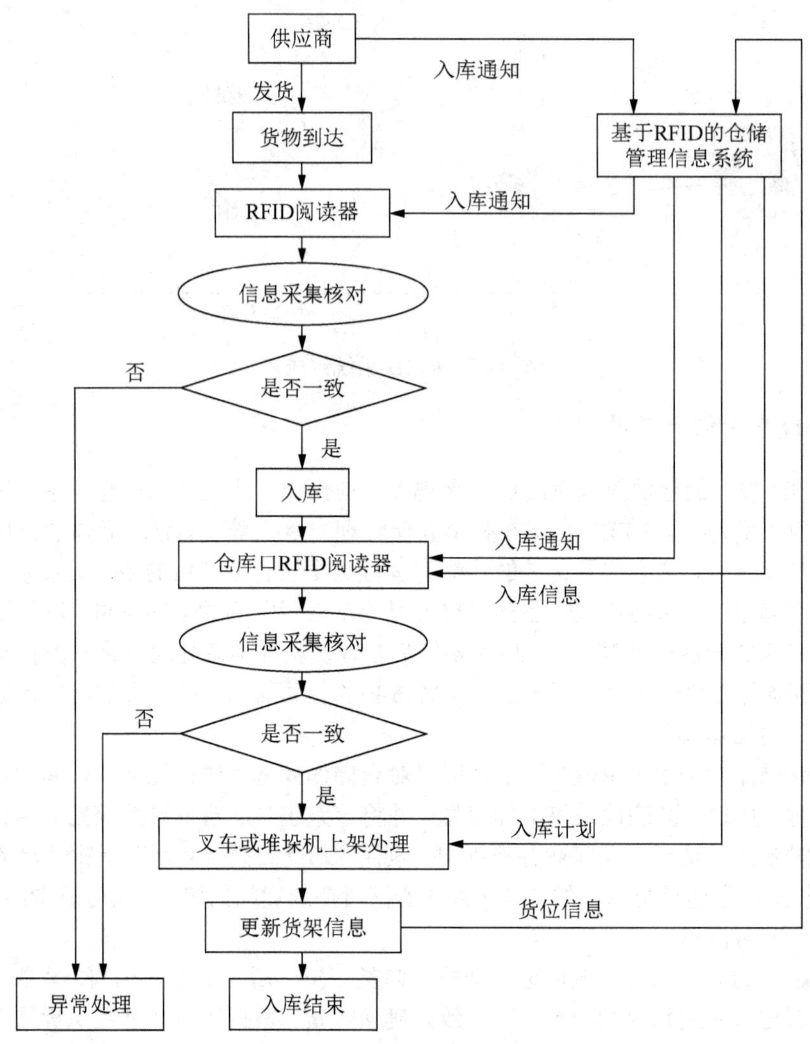

图 11.6　基于 RFID 的收货入库流程

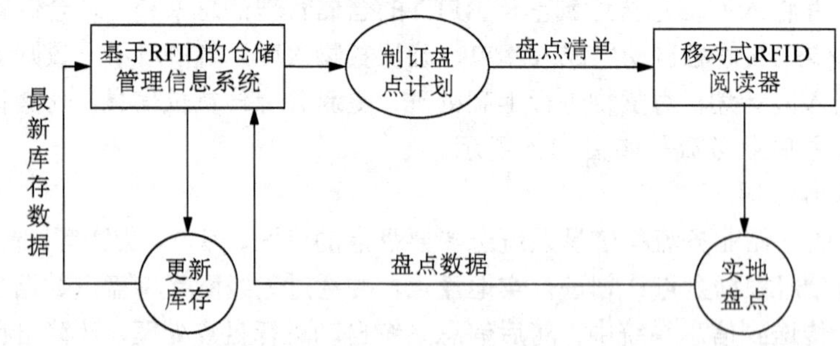

图 11.7　基于 RFID 的在库业务流程

（3）出库业务流程

客户通过网络向供应商下订单，供应商对订单进行处理后，通过网络向仓储发送出库通知；仓储接收到出库通知后，处理生成出库计划，并把出库计划发给仓储的相应的出库部门；

出库部门接到出库计划后，按照出库计划进行拣货，拣取货时更新货位标签信息；货物拣取完毕之后开始出库，出库口 RFID 阅读器对出库货物进行信息采集，核对货物信息，并将出库信息传送至信息系统，信息系统根据 RFID 系统传来的信息自动生成出库单，并确认出库，同时更新库存信息，若核对不一致则进行相关的异常处理。出库业务流程如图 11.8 所示。

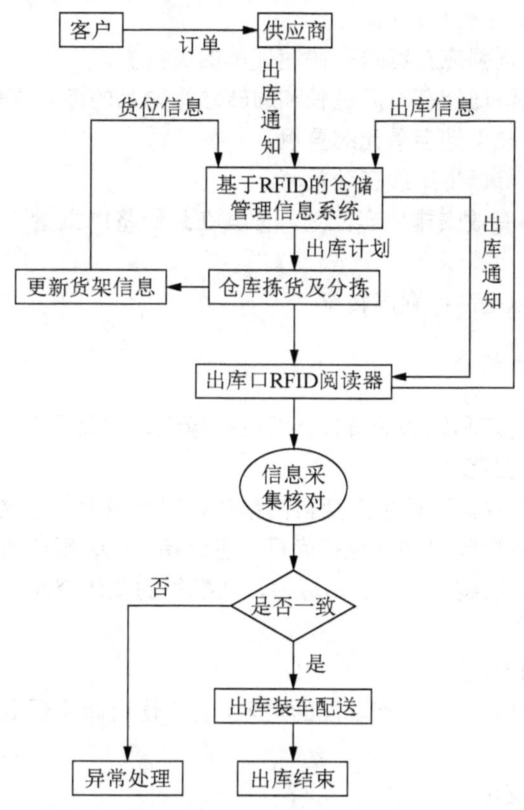

图 11.8　基于 RFID 的出库业务流程

第二节　客户化仓储管理

一个适当的客户化仓储的范围是增强仓储作用的关键。仓储所面临的挑战来自于变动的仓储环境、增长的顾客需求以及对更佳仓储表现的要求。因此，客户化仓储是解决生产与销售之间冲突的很好的方案。

一、客户化仓储管理的优点与影响

1. 客户化仓储管理的优点

仓储费用被认为是一项必需的日常开支，大多数的管理者还将仓储当作是“第三利润源”，所以开展客户化仓储具有很多优点。

1）客户化仓储可以减少所需的库存空间。

2）客户化仓储可以减少库存增加对仓库的压力。

3）客户化仓储可以减少顾客退货及退货费用。

4）客户化仓储可以提高顾客服务水平，如减少退回订单、增强反应能力、增强客户化能力。

5）客户化仓储可以增强应对特殊和快速订单的灵活性。

6）客户化仓储可以降低储存时间过长和周转缓慢物品的库存水平。

7）客户化仓储可以减少储存单元的重组。

8）客户化仓储可以降低生产线变动效率。

9）客户化仓储可以有效安排生产计划，使其在最经济的批量下生产，而不是以库存为基础。

10）客户化仓储可以提高库存周转率。

2. 客户化仓储管理的影响

开展客户化仓储使生产和销售的责任界线变得模糊，并将导致4个区域的重大转变。

（1）设施发生重大的转变

由于生产的是基本产品，因此生产变得简单化，同时减少了存储成品的空间。然而，客户化仓储需要更多的储存空间来储存包括商标、包装箱、包装纸在内的物品，以及适合生产供应、摆放货架、托盘、组装、包装、贴标签、装配等的工作空间，以便进行进一步客户化仓储的可变空间。

（2）设备发生重大转变

由于储存需求的改变及一些生产功能的进入，客户化仓储需要更多新的和具有更大灵活性的合适的设备。

（3）技术发生重大变化

仓库必须拥有一个实时的、以条形码为基础及应用RFID技术的先进的仓储管理系统来处理客户化需求。

（4）劳动力发生重大改变

在特定的客户化仓储设计中，需要更多的劳动力，或者说仓库中不允许存在剩余劳动力，但是，很明显它将要求劳动力有更高的技术水平和可变性，可能一些生产工人将从生产线上转移到仓库中去完成由生产转至仓储的任务。

客户化仓储管理既要具有仓储管理系统的功能，还需要有管理客户化所需物料、按照加工单安排生产任务、追踪工作过程等功能。

二、客户化仓储的功能

在实际的生产过程中，各种活动都应该被尽可能推迟，以提升产品满足实际需求的可能性，这被称为延迟理论。客户化仓储正是延迟理论在需求链上满足顾客需求的应用。客户化仓储延迟了生产的最后环节，以使产品能按顾客的需求生产。

客户化仓储的本质是储存一般的通用商品，直到收到顾客订单再开始进行最后的生产步骤。

仓库完成了按顾客需求将普通商品客户化的增值服务。客户化仓储可以包括很多的内容，取决于这种“通用商品”是否真的很基本、顾客定制其需求的可变性以及仓库完成的增值服务。仓储的增值服务包括很多种类，如托盘化、包装、贴标签、产品配套、组配甚至是生产，客户化仓储的范围变得越来越重要。

客户化仓储的范围与增值服务的成本、库存的成本、客户化产品所需前置时间和满足顾客需求前置时间都有很大的关系。

随着批量生产经济性的重要性的提高，客户化仓储的范围将变小；随着仓储成本的降低，客户化仓储的范围将变小；随着客户化前置时间的延长，客户化仓储的范围也将缩小。随着客户化功效越来越大，客户化仓储的范围将变大；反之，亦然。

知识拓展

“需求链”和“供应链”是不同的，一个“供应链”体现了一个“推”的配送流，就是产品按生产商希望满足顾客需求的预测来生产的；但是一个“需求链”表明了一个“拉”的配送流，就是产品是按照满足顾客实际的需求来生产的。客户化仓储的本质，就在于储存一般的通用商品，直到收到顾客订单再开始进行最后的生产步骤。在这点上，仓库完成了按顾客需求将普通商品客户化的增值服务。

三、客户化仓储的战略计划

制订客户化仓储战略计划可以遵循一定的步骤，同时也需要以客户化仓储战略计划为基础。

1. 理解客户化仓储目前的地位

作为战略计划过程的底线，应该完全弄懂以下问题：诸如，目前所提供的库存的范围有多大？顾客所要求的库存应该有多大范围？市场所需求或认为的库存应有多大范围？应如何看待未来的库存？目前仓库中的客户化情况如何？

2. 建立合理的目标

制订客户化仓储战略计划应与公司领导层协商以建立短期、中期和长期的客户化仓储的目标，理解诸如顾客服务、竞争威胁、弱点、力量与机遇、库存减少、容量限制以及会影响到客户化仓储战略方向的其他因素的优势，同时确认价值评价标准和客户化仓储的方法。

3. 建立数据库

建立数据库的目的是为了获得以下信息。

1）对所有商业的市场预测和库存增长情况。

2）12 个月的生产计划。

3）12 个月的订单，用以确定订单的大致情况及成本分析。

4）确认产品特征。

5）目前的运作成本。

6）目前的设备和平面布置，场所计划及限制条件。

7）经济的价值评估标准和因素。

8）对上一年产品库存水平的月度回顾。

9）目前的储存、拣选和包装过程。

10）仓库中计算机的应用水平。

4. 分析数据，制订可选方案

确认可选择的客户化仓储战略，并分析收集的数据以决定大多数产品的共同点，然后分析生产过程，以便保证建立的客户化仓储将会是最不易引起混乱的。然后，考察可选的客户化方法，在每种可选方案中，审视客户化过程以决定循环时间，并将其与订单前置时间相比较，在此基础上确定基本产品与成品库存的正确组合。

5. 评估可选方案，选定最佳战略

对能满足客户化仓储的所有功能的可选仓储管理系统战略进行评估，确保仓储管理系统能实现预定目标。确定每个计划的投资、安装和操作成本，完成税后经济分析和质量分析，在全部经济和质量分析的情况下选择最佳的客户化仓储战略计划。

6. 制订行动计划

对于已经选定的客户化仓储战略计划应该将其转变成一个公司的行动计划。行动计划必须是分阶段的，并且要清楚描述物料搬运系统、储存系统、包装系统及物料控制系统等。

总而言之，客户化仓储为企业提供了一个很大的机会以增强它们的竞争地位，客户化仓储应该得到充分的重视和使用。

第三节 物联网技术与仓储管理

物联网被称为继计算机、Internet 之后，世界信息产业的第三次浪潮，目前多个国家在花巨资进行深入研究。物联网是由多项信息技术融合而成的新型技术体系。随着物联网的提出与发展，“物联网促进物流智能化”已被广泛关注。仓储管理是现代物流的重要组成部分，将物联网技术应用于仓储管理中，目的是实现仓储的智能化。

一、物联网技术概述

（一）物联网定义

物联网这个概念，在美国早在 1999 年就提出来了。当时叫传感网。其定义是：通过 RFID、红外感应器、全球定位系统、激光扫描器等信息传感设备，按约定的协议，把任何物品与 Internet 相连接，进行信息交换和通信，以实现智能化识别、定位、跟踪、监控和管理的一种网络概念。

“物联网概念”是在“Internet 概念”的基础上，将其用户端延伸和扩展到任何物品与物品之间，进行信息交换和通信的一种网络概念。

物联网（Internet of Things），国内外普遍公认的是 MIT Auto-ID 中心凯文·阿什顿（Kevin Ashton）教授 1999 年在研究 RFID 时最早提出来的。在 2005 年突尼斯举行的信息社会世界峰会上，国际电信联盟（International Telecommunication Union，ITU）发布了《互联网报告 2005：物联网》一文，正式提出了物联网的概念。物联网的定义和范围已经发生了变化，覆盖范围有了较大的拓展，不再只是指基于 RFID 技术的物联网。2009 年年初，在美国总统奥巴马与美国工商业领袖举行的会议上，IBM 首席执行官提出“智慧地球”的概念，并建议美国政府投资新一代的智慧型基础设施，从此物联网的概念进入了国家的战略层，发达国家也纷纷效仿，提出相应的战略对策。随即物联网概念也在中国升温，2009 年 8 月温家宝指出，在国家重大科技专项中加快推进传感网发展，尽快建立“感知中国中心”，2010 年“物联网”进入了政府工作报告。

关于物联网的概念有很多解释，最简洁明了的定义：物联网是一个基于互联网、传统电信网等信息承载体，让所有能够被独立寻址的普通物理对象实现互联互通的网络。它具有普通对象设备化、自治终端互联化和普适服务智能化 3 个重要特征。

物联网还有其他的定义：物联网指的是将无处不在（ubiquitous）的终端设备（devices）和设施（facilities），包括具备“内在智能”的传感器、移动终端、工业系统、楼宇控制系统、家庭智能设施、视频监控系统等，以及“外在使能”（enabled）的，如贴上 RFID 的各种资产（assets）、携带无线终端的个人与车辆等“智能化物件或动物”或“智能尘埃”（mote），通过各种无线和/或有线的长距离和/或短距离通信网络实现互联互通（M2M）、应用大集成（grand integration）、基于云计算的 SaaS（software-as-a-service ，软件即服务）营运等模式，在 Intranet、Extranet、和/或 Internet 环境下，采用适当的信息安全保障机制，提供安全可控乃至个性化的实时在线监测、定位追溯、报警联动、调度指挥、预案管理、远程控制、安全防范、远程维保、在线升级、统计报表、决策支持、领导桌面（集中展示的 Cockpit Dashboard）等管理和服务功能，实现对“万物”的“高效、节能、安全、环保”的“管、控、营”一体化。

扫一扫：感知中国

（二）物联网的关键技术

1. 感知技术

感知技术也可以称为信息采集技术，它是实现物联网的基础。目前，信息采集主要采用电子标签和传感器等方式完成。在感知技术中，电子标签用于对采集的信息进行标准化标识，数据采集和设备控制通过射频识别读写器、二维码识读器等实现。

传感器是机器感知物质世界的“感觉器官”，用来感知信息采集点的环境参数；它可以感知热、力、光、电、声、位移等信号，为物联网系统的处理、传输、分析和反馈提供最原始的信息。随着电子技术的不断进步，传统的传感器正逐步实现微型化、智能化、信息化、网络化；同时，我们也正经历着一个从传统传感器到智能传感器再到嵌入式 Web 传感器不断发展的过程。

微课：koch 音像制品配送中心（全流程）

2. 网络通信技术

在物联网的机器到机器、人到机器和机器到人的信息传输中，有多种通信技术可供选择，它们主要分为有线（如 DSL、PON 等）和无线（如 CDMA、GPRS、IEEE 802.11a/b/g WLAN 等）两大类技术，这些技术均已相对成熟。在物联网的实践中，格外重要的是无线传感网技术。

（1）M2M

M2M（Machine to Machine）即机器对机器通信．其重点在于机器对机器的无线通信，存在以下 3 种方式：机器对机器、机器对移动电话（如用户远程监视）、移动电话对机器（如用户远程控制）。在 M2M 中，GSM/GPRS/UMTS 是主要的远距离连接技术，其近距离连接技术主要有 802.11b/g、BlueTooth、Zigbee、RFID 和 UWB。此外，还有一些其他技术，如 XML 和 Corba，以及基于全球定位系统、无线终端和网络的位置服务技术。

（2）无线传感网

传感网的定义为随机分布的集成有传感器、数据处理单元和通信单元的微小节点，通过自组织的方式构成的无线网络。借助于节点中内置的传感器测量周边环境中的热、红外、声呐、雷达和地震波信号，从而探测包括温度、湿度、噪声、光强度、压力、土壤成分、移动物体的速度和方向等物质现象。集分布式信息采集、传输和处理技术于一体的网络信息系统，以其低成本、微型化、低功耗和灵活的组网方式、铺设方式以及适合移动目标等特点受到广泛重视。

目前，面向物联网的传感网，主要涉及以下几项技术：测试及网络化测控技术、智能化传感网节点技术、传感网组织结构及底层协议、对传感网自身的检测与自组织、传感网安全。

3. 嵌入式智能

嵌入式系统技术是综合计算机软硬件、传感器技术、集成电路技术、电子应用技术于一体的复杂技术。经过几十年的演变，以嵌入式系统为特征的智能终端产品随处可见，小到人们身边的 MP3，大到航天航空的卫星系统。嵌入式系统正在改变着人们的生活，推动着工业生产以及国防工业的发展。如果把物联网用人体做一个简单比喻，传感器相当于人的眼睛、鼻子、皮肤等感官，网络就是神经系统用来传递信息，嵌入式系统则是人的大脑，在接收到信息后要进行分类处理。这个例子很形象地描述了传感器、嵌入式系统在物联网中的位置与作用。

4. 纳米技术

纳米技术是研究尺寸在 0.1～100nm 的物质组成体系的运动规律和相互作用以及可能实际应用中的技术。目前，纳米技术在物联网技术中的应用主要体现在 RFID 设备、感应器设备的微小化设计及加工材料和微纳米加工技术上。

知识拓展

云计算技术

1. 狭义云计算

扫一扫：物联网和云计算

狭义云计算是指 IT 基础设施的交付和使用模式，指通过网络以按需、易扩展的方式获得所需的资源（硬件、平台、软件）。提供资源的网络被称为“云”。“云”中的资源在使用者看来是可以无限扩展的，并且可以随时获取，按需使用，随时扩展，按使用付费。这种特性经常被称为像水电一样使用 IT 基础设施。

2. 广义云计算

广义云计算是指服务的交付和使用模式，指通过网络以按需、易扩展的方式获得所需的服务。这种服务可以是 IT 和软件、Internet 相关的，也可以是任意其他的服务。

3. 云计算的特点

1）超大规模。“云计算管理系统”具有相当的规模，Google 云计算已经拥有 100 多万台服务器，Amazon、IBM、微软、Yahoo 等的“云”均拥有几十万台服务器。企业私有云一般拥有数百上千台服务器。“云”能赋予用户前所未有的计算能力。

2）虚拟化。云计算支持用户在任意位置、使用各种终端获取应用服务。所请求的资源来自“云”，而不是固定的有形的实体。应用在“云”中某处运行，但实际上用户无需了解、也不用担心应用运行的具体位置。只需要一台笔记本或者一部手机，就可以通过网络服务来实现用户需要的一切，甚至包括超级计算这样的任务。

3）高可靠性。“云”使用了数据多副本容错、计算节点同构可互换等措施来保障服务的高可靠性，使用云计算比使用本地计算机可靠。

4）通用性。云计算不针对特定的应用，在“云”的支撑下可以构造出千变万化的应用，同一个“云”可以同时支撑不同的应用运行。

5）高可扩展性。“云”的规模可以动态伸缩，满足应用和用户规模增长的需要。

6）按需服务。“云”是一个庞大的资源池，用户按需购买；云可以像自来水、电、煤气那样计费。

7）极其廉价。由于“云”的特殊容错措施可以采用极其廉价的节点来构成云，“云”的自动化集中式管理使大量企业无须负担日益高昂的数据中心管理成本，“云”的通用性使资源的利用率较之传统系统大幅提升，因此用户可以充分享受“云”的低成本优势，经常只要花费几百美元、几天时间就能完成以前需要数万美元、数月时间才能完成的任务。

（三）物联网结构与原理

一般而言，可以将物联网从技术架构上来分为 3 层：感知层、网络层和应用层。感知层由各种传感器及传感器网关构成，包括温度传感器、湿度传感器、二维码标签、RFID 标签和读写器、摄像头、GPS 等感知终端。感知层的作用相当于人的眼、耳、鼻、喉和皮肤及神经末梢，它是物联网识别物体、采集信息的来源，其主要功能是识别物体、采集信息。网络层由各种私有网络、互联网、有线和无线通信网、网络管理系统和云计算平台等组成，相当于人的神经中枢和大脑，负责传递和处理感知层获取的信息。应用层是物联网和用户（包括人、组织和其他系统）的接口，它与行业需求结合，实现物联网的智能应用，如图 11.9 所示。

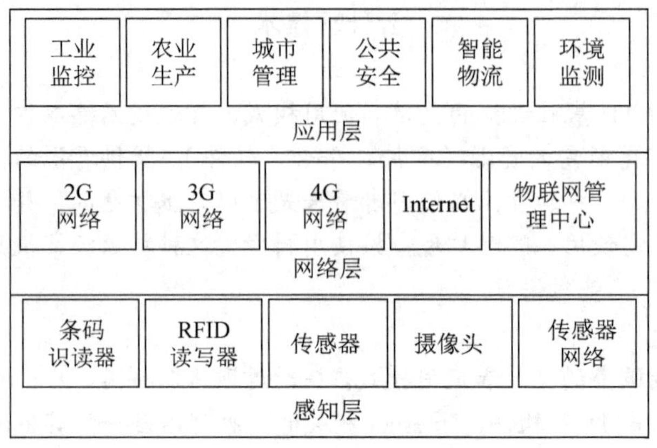

图 11.9　物联网结构

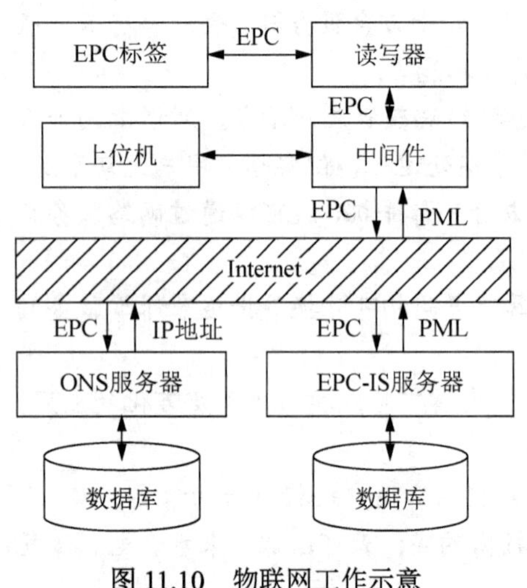

图 11.10　物联网工作示意

一个简单物联网的工作过程如图 11.10 所示。物品在生产完成时，贴上存储有电子产品代码（electronic product code，EPC）的电子标签，对物品属性进行标识，同时将这个 EPC 的详细信息存储在 EPC 信息服务系统的服务器中。在运输、销售、使用、回收等任何环节，当某个读写器在其读取范围内监测到标签的存在，就会将标签所含 EPC 数据传往与其相连的中间件，中间件以该 EPC 数据为键值，在 ONS 服务器获取包含该物品信息的 EPC 信息服务器的网络地址，然后中间件根据该地址查询 EPC 信息服务器，获得物品的特定信息，并将信息转换为适合网络传输处理的数据格式。再将物品的信息通过网络传输到信息处理中心，由信息处理中心利用应用程序完成更深层次的计算处理。

二、物联网技术在仓储管理中的应用

物联网在仓库管理的应用主要是利用了 RFID，解决了传统仓储管理过程中物流信息处理效率低以及出入库盘点不准确等问题，系统在出入库、监控、盘点、拣货等方面具有快速、便捷、准确、高效及高度自动化等优点。

1. 入库

基于物联网的自动入库管理系统的基本原理就是以电子标签作为产品识别和信息采集的技术纽带，通过在仓库出入口设置读写器对产品进行自动识别，同时通过物联网获取产品的详细信息从而自动生成入库清单，以达到自动化入库管理的目的。

基于物联网的自动入库管理系统主要由产品识别、入库管理、PML 服务器和本地数据中心四大功能模块组成，如图 11.11 所示。

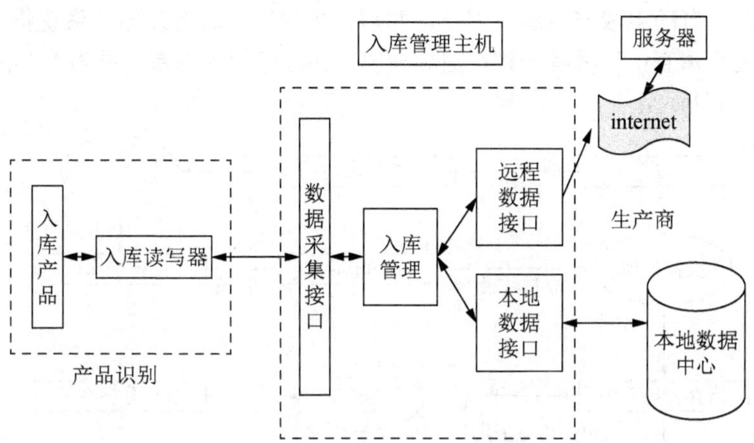

图 11.11　基于物联网的自动入库管理系统结构图

2. 盘点

盘点利用了 RFID 技术，使用手持数据采集终端进行数据采集。利用 RFID 技术给商品贴上标签以便于管理商品，如物品标签、提放货架、物品数量等。

系统可根据事先设定的产品分类，自动产生或人工选择产生盘点任务表，进行盘点作业，盘点作业主要扫描产品标签和相应库存信息。数据上传后系统会自动列出盘点产品与相关产品，并根据需求进行盘盈、盘亏操作。再在数据制成报表利用 Internet 技术实时传给部门经理和报给财务部。盘点流程如图 11.12 所示。

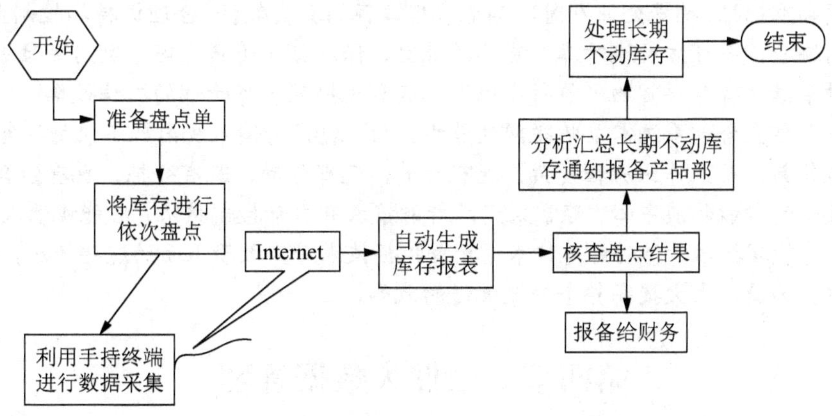

图 11.12　盘点流程

3. 出库

当仓库收到来自销售部门的订单或发货通知时，出库管理模块按预定规则分组，区分先后，合理安排。根据订单要求出库管理模块自动生成拣货方案。按照拣选方案，安排订单拣选任务。操作人员通过射频终端指引到货位，按照拣选方案进行拣选。经扫描货物应答器和货位应答器，确认拣选正确，货物的存货状态转换为待出库。

产品出库时，由设置在仓库出口的出库读写器读取产品的EPC，并通过数据采集接口交由出库管理模块，自动生成产品出库清单，并与订单对比。若有差错，系统将发出提示，提醒仓库管理员进行清查；若两者一致，则顺利出库，打印出库清单，并对产品库存信息进行更新，如图11.13所示。

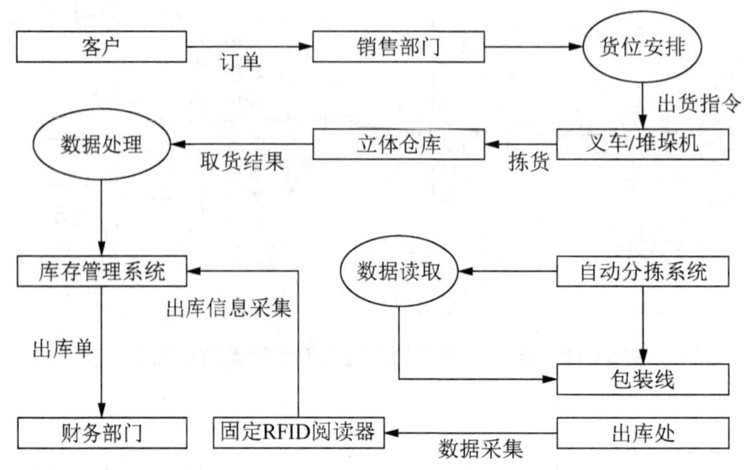

图11.13　出库流程

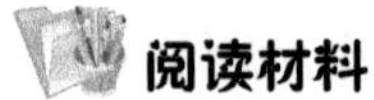
阅读材料

智能仓储

智能仓储是物流过程的一个环节，智能仓储的应用，保证了货物仓库管理各个环节数据输入的速度和准确性，确保企业及时准确地掌握库存的真实数据，合理保持和控制企业库存。通过科学的编码，还可方便地对库存货物的批次、保质期等进行管理。利用库位管理功能，更可以及时掌握所有库存货物当前所在位置，有利于提高仓库管理的工作效率。

建立一个智能仓储系统需要物联网的鼎力支持，现代仓储系统内部不仅物品复杂、形态各异、性能各异，而且作业流程复杂，既有存储，又有移动，既有分拣，也有组合。因此，以仓储为核心的智能物流中心，经常采用的智能技术有自动控制技术、智能机器人堆码垛技术、智能信息管理技术、移动计算技术、数据挖掘技术等。之于上面的这些情况，物联网的应用可以化繁为简，大大提高整个物流配送的效率。

第四节　仓储大数据管理

2015年天猫“双11”购物节，在菜鸟网络及其合作伙伴的努力下，第一单仅用14分钟就完成了送货上门，跨境第一单仅用一个半小时就送到了消费者手中，农村淘宝的第一单也只用了1小时48分。物流行业迎来了拐点，其标志是大数据的全面使用与社会化协同水平加深，2015年的“双11”将成为DT物流元年。2015年“双11”期间商家电子面单的使用占比超过80%；617个中转中心、17.6万个网点已与菜鸟网络的大数据预测系统菜鸟天地完成实时连线和实时同步。这一连串大数据指标已为中国物流行业带来了直观的变化：大数据分单系统让快递分拣效率提升30%以上；通过电子面单对配送网点地址的精确计算，几亿包裹不再多走冤枉路，日均为全国消费者减少1.6亿小时包裹等待时间；通过菜鸟天地，超过50%以上的快递网点得到实时预警预报信息，从而可以对货物进行提前揽收。

在物流仓储行业整体保持稳定发展的背景下，大数据给物流仓储行业带来巨大的冲击。在大数据技术理论的指导下，通过物流仓储业的应用，物流仓储企业获取的数据方式发生改变。数据技术的创新，颠覆了整个物流仓储商业模式。在未来，物流仓储企业必须学会利用大数据，才能促进企业发展壮大。

扫一扫：顺丰仓网

一、大数据概述

大数据（big data）是指“无法用现有的软件工具提取、存储、搜索、共享、分析和处理的海量的、复杂的数据集合”。大数据时代给物流企业信息化带来的最大挑战，是如何通过大数据分析提升自身的物流服务水平。物流行业与材料供应商、产品制造商、批发零售商、消费者紧紧地联系在一起，所涉及的数据量极大且具有一定经济价值。而应用大数据分析恰恰能对这些数据进行快速高效的处理，得到准确的具有潜在价值的信息，对物流行业的发展具有强大的推进作用。

1. 大数据特点

大数据在近几年之所以被越来越多的企业重视，是因为企业已经有较成熟的技术进行存储和有效的数据分析，其产生的洞察力可推动生产力发展。大数据具有四大特点。

1）数据体量巨大，相当于宇宙天体数的3倍。

2）数据类型繁多，如视频、图片、文本信息、网络日志、地理位置信息等。

3）数据知识的聚合能够产生大量的价值，虽然价值密度相对较低，但商业价值很高。

4）数据处理速度快，遵循“1秒定律”，企业可以实时从各种类型的数据中快速获得高价值的信息资料，这与传统的数据挖掘技术有着本质的不同。

在第三次工业革命中，大数据被喻为与蒸汽、电力、石油一样重要的战略资源，企业都会有目的地搜集、处理、分析、索引数据，是企业在市场竞争中抢占先机、优化相关业务的关键，能为企业产生不可预估的价值。

扫一扫：国务院印发《促进大数据发展行动纲要》

2. 大数据关键技术

大数据分析包括可视化分析、数据挖掘算法、预测性分析能力、语义引擎及数据质量及数据管理5个方面，而大数据技术包括数据采集、数据存取、基础架构、数据处理、数据挖掘、统计分析、预测模型和最后结果。首先，进行数据采集和存取；其次，进行数据质量和数据管理，也就是利用数据挖掘和基础架构对数据分析和处理；再次，进行预测分析，得到预测模型；最后，利用语义引擎将所得结果可视化，方便用户使用。

（1）大数据采集技术

数据是指通过RFID射频数据、传感器数据、EDI交互数据及移动互联网数据等方式获得的各种类型的结构化、半结构化（或称为弱结构化）及非结构化的海量数据，是大数据知识服务模型的根本。重点要突破分布式高速高可靠数据爬取或采集、高速数据全映像等大数据收集技术；突破高速数据解析、转换与装载等大数据整合技术；设计质量评估模型，开发数据质量技术。

（2）大数据存储及管理技术

大数据存储与管理要用存储器把采集到的数据存储起来，建立相应的数据库，并进行管理和调用。重点解决复杂结构化、半结构化和非结构化大数据管理与处理技术。主要解决大数据的可存储、可表示、可处理、可靠性及有效传输等几个关键问题。开发可靠的分布式文件系统（distributed file system，DFS）、能效优化的存储、计算融入存储、大数据的去冗余及高效低成本的大数据存储技术；突破分布式非关系型大数据管理与处理技术、异构数据的数据融合技术、数据组织技术；研究大数据建模技术；突破大数据索引技术；突破大数据移动、备份、复制等技术；开发大数据可视化技术。

（3）大数据分析及挖掘技术

研究大数据分析技术，改进已有数据挖掘和机器学习技术；开发数据网络挖掘、特异群组挖掘、图挖掘等新型数据挖掘技术；突破基于对象的数据连接、相似性连接等大数据融合技术；突破用户兴趣分析、网络行为分析、情感语义分析等面向领域的大数据挖掘技术。

二、大数据在仓储管理中的应用

（一）货位管理

仓库货位的分配就是在存储区域的划分、存储设备的设定、存储策略的选择、货架货位的编码等一系列工作完成之后，依据货位分配原则给货品分配最佳的存储货位。在仓库中，货位是一种稀缺的资源，同时，货位的位置同样是一种稀缺的资源，把适当的商品放到适当的位置上能够让货物的进货、出货、补货变得高效，也能大大地降低拣货员、补货员的劳动强度。

扫一扫：UPS大数据应用

通常情况下，仓储企业在对产品的货位规划时采用EIQ（订货件数、货品种类、数量）分析，这种方法能够将出货量大的产品、季节性产品都整理出来。实际操作中，将那些量大的产品放到离出货口近的地方，量小的地方存放于离出货口远的地方。如果将IQ（货品种类+数量）和IK（货品种类+货品收订次数）分析结合，则可以将产品的储位配置划分出来。上述方法是一种通用的方法，但是这种方法还有进一步的改良之处，仓储企业可以通过对产品的进出货数据进行分析，将这些数据整理成不同的类别，通过数据挖掘软件将类别之间的相关关系寻找出来，再配合物流仓储软件波次作业，按照订单特性划分为若干个拣货单和补货单，这样一个优化过的拣货单便出来了。例如，通过选取某仓库的一段时间配货数据（一年或几年的数据做支撑会更有意义）进行分析，将商品划分为不同类别，如酒类、饮料类、冲调类、休闲食品类，统计出每种类别每日的配货量，利用统计分析软件进行类别间的相关性分析，通过相关性分析结果，获得不同类别间的相关程度，如分析结果为酒类和饮料类、冲调类、休闲食品类的相关度低；饮料类与冲调类、休闲食品类相关度高；冲调类与饮料类、休闲食品类的相关度高；休闲食品与饮料类、冲调类相关度高。这个结果表明，在实际的配货作业中，货品的出货是有一定的规律可循的，一类货品的出货很可能就伴随着另一类货品的出货，如果将这种规律在通过 ABC 分类之后对货位进行按类别的细分，出货的效率就会大大提高，拣货人员的工作量也会降低。

另一方面，伴随着自动化立体仓库在我国的迅速发展，各种各样的问题也随之出现，如自动化立体仓库的成本较高，仓储企业的投入资本较大；仓库布局不够合理，影响仓库的作业效率；仓储设备的利用率较低，人工操作比重较大等。这就需要对自动化立体仓库进行优化管理，在尽量不增加投资、保持原有设备的基础上，对仓库的布局、货区的分划、货架的分布、货格的排布、货品货位的分配、货品出入库任务的调度等方面进行优化研究，提高设备的利用率，降低出入库作业时间，提高整个仓库的工作效率，这对于增加仓储企业的经济效益意义重大。利用大数据对货品的出入库次数进行统计和分析，预测货品的出入库趋势，得到货品的近似存取频率及质量和作业所需时间，建立货位优化模型，将是解决问题的很好途径。

（二）仓储信息管理

大数据的价值在于从海量的数据中发现新的知识，创造新的价值。而物流仓储行业正是一个产生大量数据的行业，在货物流转、入库、出库车辆追踪、仓储、报检等各个环节中都会产生海量的数据。应用大数据技术，通过对仓储物流各个环节的数据进行归纳、分类和整合，可以清楚地查看企业网络任何一个网点的仓库经营现状和业务情况等。通过运用科技信息化手段进行分析、提炼，大数据技术还可以为物流仓储企业战略规划、运营管理和日常运作提供重要支持和指导。

随着物流仓储大数据应用领域的拓宽、物流仓储业务的发展、物流仓储业务量的增加，基于大数据的物流仓储管理系统也应该具有良好的扩展性和应用性。物流仓储大数据中的数据管理的实时性要求决定了第三方物流信息系统是集中制数据存储管理模式。集中制物流大数据仓储管理数据存储管理一般可通过 B/S 结构模式实现。基于 Internet 技术的模式将成为新型的现代物流仓储企业管理信息系统的结构范式。基于这种模式的物流仓储大数据信息管理系统的层次结构如图 11.14 所示。

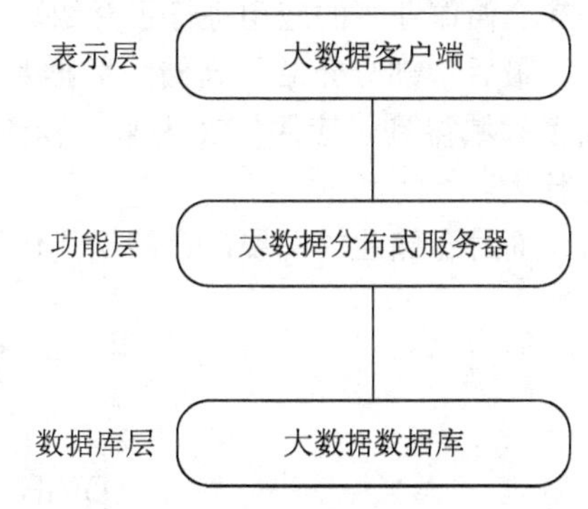

图 11.14　物流仓储大数据信息管理系统层次结构

第一层为表示层，用于客户端，通过 IE 等浏览器实现物流大数据信息的浏览和各种物流指令的下达；第二层为功能层，在具有 Web 服务器上实现，它接受来自客户端的指令申请，并与数据库连接，进行申请处理，并将处理结果返回给客户端。第三层为数据库，对各种物流数据信息进行分布式集中管理，以便物流数据信息的查询、更新操作。

知识拓展

国内电子商务飞速发展，对电子商务企业后端仓储配送的要求也不断提高，物流供应链被重新提到一个新的高度。未来，电子商务企业绝对不是某个点优秀就能成功，而是整个供应链条的衔接和配合出色才能在众多电子商务企业中脱颖而出。

在这种认知下，仓配一体化成为电子商务企业物流和第三方物流的新方向。当前很多企业已经开始进行仓配一体化的尝试，一类如亚马逊和京东等大的平台，拥有自建仓储和配送团队保证客户体验；一类如发网、五洲在线、网仓科技类是专于仓储，整合配送；一类如圆通、申通等速递公司长于配送，始重仓储。

扫一扫：申通仓配一体化服务

仓配一体服务旨在为客户提供一站式仓储配送服务。仓储与配送作为电子商务后端的服务，主要是解决卖家货物配备（集货、加工、分货、拣选、配货、包装）和组织对客户的送货。

仓配一体化是仓和配的结合，既要有仓储的网络，还要有配送的网络，仓储网络和快递网络相结合才能真正解决电子商务企业的一条龙服务要求。

本章小结

科学技术不断发展，仓储的信息化管理也日趋完善，本章主要介绍了仓储信息化管理、客户化仓储管理、物联网技术与仓储管理和仓储大数据管理。

仓储信息化管理部分主要介绍了仓储管理系统的概念、功能及构成，介绍了仓储信息化技术。仓储管理系统是一个实时的计算机软件系统，能够按照仓储运作的业务规则和运算法则，对仓库内部的人员、库存、工作时间、订单和设备进行更加完美的管理，使其最大化地满足有效产出和精确管理。仓储管理系统具有计划和执行的功能。仓储信息化技术众多，本章主要介绍了条形码技术、EDI 技术和电子标签技术。

客户化仓储管理部分介绍了仓储客户化管理的重要性及管理内容。这部分内容在仓储过程中要得到足够的重视，因为良好的客户关系可以为双方带来可观的利润和良好的长期合作关系。

物联网技术与仓储管理部分主要对物联网技术及物联网技术在仓储管理中的应用，特别是在仓储作业中的应用进行了介绍。

最后一部分介绍了仓储大数据管理。大数据是近年来出现的一个概念，发展迅速，在众多领域得到了应用，在未来，物流仓储企业必须学会利用“大数据”，才能促进企业发展壮大。

面对仓储业的发展，仓储现代化管理已经成为仓储管理中不可缺少的一部分。

案例分析

DVIR：物流技术的一项重大创新

物流管理可视化一直是世界物流管理中的一个难点，尤其是大型的国际快递公司更是迫切希望解决这一问题。虽然条形码技术和 RFID 技术能够帮助人们解决很多问题，但由于种种原因造成的丢货现象仍然存在，而人们想要在成千上万件“流动的货物中”准确地查找一件想要的货物的真实图像几乎是件不太可能的事情，而 DVIR 的出现可以很好地帮助人们解决这一问题。

1. DVIR 系统

那么，什么是 DVIR 系统（digital video information identification & inquiry reader system）？它是一种“带有电子标签录像功能的图像识别追踪系统”。这一系统以电子编码为基础，以数字录像为辅助，在电子标签的引导下，实现对大量、快速移动的物体进行精确身份识别和图像追踪记录，是一种全新概念的数字图像识别追踪系统。在物流管理中，为了对每一件货物身份进行确认，物流公司都会在其外包装上贴有条形码（或 RFID 标签），我们把这种由物流公司附加在货物上的带有信息的标贴称为“电子标签”。这些标签号码一般都被当作该货物的运单号。DVIR 系统的工作原理就是在物流作业现场设立若干个以条形码扫描枪（或 RFID 读写器）与视频监控探头组成的物流查验点，当有货物经过时，系统将自动把货物的外观连同它的“运单号”自动记录保存，一旦需要，人们只要在系统中输入货物的运单号，DRIV 系统能够在 1～2 秒之内找到这段录像进行播放。必要时，这段录像可以变成数字文件或图片被下载、打印和转发。

DVIR 系统以其系统的先进性和实用性令人刮目相看。一些专业人士在看过 DVIR 系统的实例演示后认为，这项技术开创了中国人在世界物流史上拥有自主发明的先河，是物流管理中的一项重大的技术创新。

2. 技术特点

首先，DVIR 系统是一种由嵌入式产品构成的网络系统，不怕网络病毒和黑客攻击，是一种完全工业化的安全可靠的网络系统。其次，DVIR 系统是一个开放式的系统，适合对一切由电子编码方式产生的带有电子身份标志的物体、人和事件的动态图像记录和追踪。再次，DVIR 系统所记录的动态图像容量，理论上是无限制的，因此可以满足对大量出库品图像的长时间记录和保存。最后，DVIR 系统支持本地查询、网络查询和模糊查询，而且记录的图像是实时和经过防伪加密的，分辨率也较高，可以达到 DVD 的画质，可以很清晰地播放出来。为了扩大在物流领域的应用，贝通电子还在 DVIR 系统基础上建立了 LVTR 系统（logistics video tracking recognition system）。这是一种“可实现精确定位的物流可视化追踪查询系统”，有了这个系统，要在成千上万件“流动”的货物中查找一件想要的货物真实图像和流经地点就变得非常容易和简单。

例如，香港某国际货运公司每天进出的货物 4 万多件，以前他们要查找一件当天不明去向的货物非常困难，在安装了 DVIR 系统后，哪怕要寻找一个月前的货物图像，DVIR 系统也可以在 2～3 秒完成查找和图像播放，这就大大地提高了工作效率，因此，DVIR 系统是帮助物流公司实现安全、快捷服务的重要工具。

3. 运用领域

由于 DVIR 系统能提供一种操作方便、查询精确的物流识别追踪系统，目前这一技术创新已得到了许多行业的认可，如著名的国际物流快递公司 DHL，目前已在亚太地区推广使用；上海邮政下属的邮政分拣中心也已经利用这一技术对其运输车辆进行追踪记录；某出入境检疫检验局也开始在做网络清关的测试。

DVIR 系统的核心技术是把电子编码信息与数字图像存储相结合，组成一种带有电子标签信息的数字录像查询系统。这一系统完美地实现了图像信息化和信息图像化。因此 DVIR 技术在很多领域将成为一种重要的图像信息识别工具。该项技术可以应用于以下几种领域：

1）在进出口货物查验时，DVIR 系统可以帮助海关、检验检疫等部门在保证货单相符、监管安全的前提下，通过网络实现远程查验和清关，提高执法力度和工作效率。

2）在防伪查验领域，DVIR 系统可以帮助人们实现对商品原产地及产品真伪进行图像对比和认证，是提高防伪技术的有效途径和手段。

3）在交通运输领域，DVIR 系统可以实现对高速移动车辆和集装箱的图像、牌照、号码自动识别和记录，是迄今为止最完美的低成本的图像识别追踪系统。

4）在安防领域，DVIR 系统可以实现图像化的门禁、考勤、人员身份识别及视频追踪，DVIR 将成为一种重要的安防技术手段。

5）在卖场和超市，DVIR 系统可以有效地帮助人们监控收银情况，防止高价货物低价出售、监守自盗等情况的发生。

案例解析

在全球经济一体化带动下，物品流动是最大的特点。大量的物品在全球范围内流动，通过 RFID 技术与条形码技术实现了快速、高效的分类与识别。但是，这两项技术还存在诸多问题需要解决，而 DVIR 技术的出现可以有效地解决这些问题。

（资料来源：沈默．2015．现代物流案例分析．2 版．南京：东南大学出版社.）

练　习　题

一、选择题

1．仓储管理系统的构成包括（　　）。

A．入库管理子系统　　B．出库管理子系统

C．数据库管理子系统　　D．系统管理子系统

2．电子标签系统的组成包括（　　）。

A．标签　　B．读写器

C．芯片　　D．天线

3．大数据技术包含（　　）。

A．数据采集　　B．数据存取

C．基础架构　　D．数据处理

E．数据挖掘　　F．统计分析

二、填空题

1．物联网是一个基于 Internet、传统电信网等信息承载体，让所有能够被独立寻址的普通物理对象实现互联互通的网络。它具有______、______和______等重要特征。

2. 开展客户化仓储使生产和销售的责任界线变得模糊，导致______、______、______和______4 个方面发生重大转变。

3．条形码的字符结构包括____________________。

三、简答题

1．简述仓储管理系统的功能。

2．简述电子标签技术在仓储中的应用。

3．简述制订客户化仓储战略计划遵循的步骤。

4．物联网技术在仓储管理中的应用有哪些方面？

5．大数据技术在仓储管理中的应用有哪些方面？

练习题答案

参 考 文 献

陈立彬．2014．关于物流仓储大数据的研究与应用．中国电子商务，8：46-47．

陈子侠．2015．物流技术与物流装备．2版．北京：中国人民大学出版社．

傅莉萍．2015．仓储管理．北京：清华大学出版社．

李永生．2015．仓储与配送管理．3版．北京：机械工业出版社．

刘云霞．2013．仓储规划与管理．北京：清华大学出版社．

沈默．2015．现代物流案例分析．2版．南京：东南大学出版社．

舒正秋．2012．物联网技术与仓储管理．物流工程与管理，（34）9：33-34．

唐连生，李滢棠．2011．库存控制与仓储管理．北京：中国物资出版社．

田源．2015．仓储管理．3版．北京：机械工业出版社．

田源，张文杰．2009．仓储规划与管理．北京：清华大学出版社．

王东．2010．仓储管理技术．北京：北京大学出版社．

王皓．2013．仓储管理．北京：电子工业出版社．

吴群．2014．物流案例分析．北京：北京大学出版社．

曾益坤．2015．仓储管理实务．3版．北京：电子工业出版社．

张剑芳，黄晓英．2008．商品养护技术．北京：中国石化出版社．

张庆英．2015．物流案例分析与实践．2版．北京：电子工业出版社．

赵小柠．2015．仓储管理．北京：北京大学出版社．

真虹．2015．物流企业仓储管理与实务．北京：中国财富出版社．

周兴建，张兆平．2012．现代仓储管理与实务．北京：北京大学出版社．

周云霞．2015．仓储管理实务．3版．北京：电子工业出版社．

朱长征．2014．物流信息技术．北京：清华大学出版社．

TF